rororo

Reinhard Berkau ist seit 25 Jahren Rechtsanwalt in Hamburg, als ihn ein gewonnener Prozess nach Miami führt. Es geht um eine Geldforderung, und er gerät unschuldig in eine Falle. Das FBI verhaftet ihn wegen angeblicher «Verschwörung zu einer Erpressung»; Strafmaß: bis zu 25 Jahre. Erst nach zwei Jahren und einer Odyssee durch neun Haftanstalten wird er nach Deutschland überstellt. Während alle Welt über Guantánamo spricht, erlebt Berkau hautnah die schockierenden Zustände in den zivilen US-Gefängnissen, Willkür, die Enge und zugleich die Isolation der Gefangenen, ihre Verzweiflung, das Desinteresse an ihnen. Im Jargon der Wärter sind sie nur «bodies» – Körper. Futter für den Moloch eines zum Teil privatisierten gefängnisindustriellen Komplexes, der zum Multimilliarden-Dollar-Geschäft geworden ist.

Berkau lässt sich nicht entmutigen. Mit Hilfe seiner Familie und seiner Freunde nimmt er den Kampf um die Freiheit auf – und kehrt am Ende als ein anderer Mensch nach Hause zurück.

Reinhard Berkau, geboren 1952, ist Rechtsanwalt mit dem Schwerpunkt Wirtschafts- und Strafrecht. Er studierte Soziologie, Englisch und Rechtswissenschaften. 1980 gründete er seine Kanzlei in Hamburg-Altona, in der er bis heute als Anwalt praktiziert.
Irene Stratenwerth, geboren 1954, ist Diplom-Pädagogin und arbeitet seit 1984 als freie Journalistin in Hamburg; außerdem als Ausstellungskuratorin und Buchautorin. Seit 2004 ist sie Mitglied der «Brigitte»-Redaktion. 2009 erschien ihr Kriminalroman «Entführung am Fischmarkt».

Reinhard Berkau
und Irene Stratenwerth

ICH GEGEN AMERIKA

Ein deutscher Anwalt in den Fängen der US-Justiz

Rowohlt
Taschenbuch Verlag

Originalausgabe

Veröffentlicht im Rowohlt Taschenbuch Verlag,
Reinbek bei Hamburg, Mai 2010

Umschlaggestaltung ZERO Werbeagentur, München
(Foto: Ken Glaser/Corbis)
Satz aus der Apollo MT PostScript, InDesign, bei
Pinkuin Satz und Datentechnik, Berlin
Druck und Bindung GGP Media GmbH, Pößneck
Printed in Germany
ISBN 978 3 499 62654 8

«Als ich mich Ende der sechziger Jahre erstmals in der Anti-Gefängnis-Bewegung engagierte, war ich erschüttert, zu erfahren, dass sich zu diesem Zeitpunkt an die zweihunderttausend Menschen in Haft befanden. Wenn mir damals jemand gesagt hätte, dass dreißig Jahre später zehnmal so viele Menschen in Käfigen weggesperrt sein würden, hätte ich mich geweigert, das zu glauben. Ich hätte daraufhin vermutlich etwa Folgendes geantwortet: ‹So rassistisch und undemokratisch dieses Land auch sein mag› – und man erinnere sich, dass zu dieser Zeit die Forderungen der Bürgerrechtsbewegung noch keineswegs endgültig durchgesetzt waren –, ‹glaube ich dennoch nicht, dass der US-Staat es sich leisten können wird, so viele Leute einzusperren, ohne dass es heftigen öffentlichen Widerstand dagegen gibt. Nein, das wird nie passieren; es sei denn, dieses Land fällt dem Faschismus anheim.› So etwa hätte ich wohl vor dreißig Jahren reagiert.»

Angela Y. Davis: Are Prisons Obsolete?, New York 2003
(Zitiert nach: dies.: Eine Gesellschaft ohne Gefängnisse?
Der gefängnisindustrielle Komplex der USA, Berlin 2004)

Ende des Jahres 2009 saßen über 2,5 Millionen Menschen in US-amerikanischen Gefängnissen.

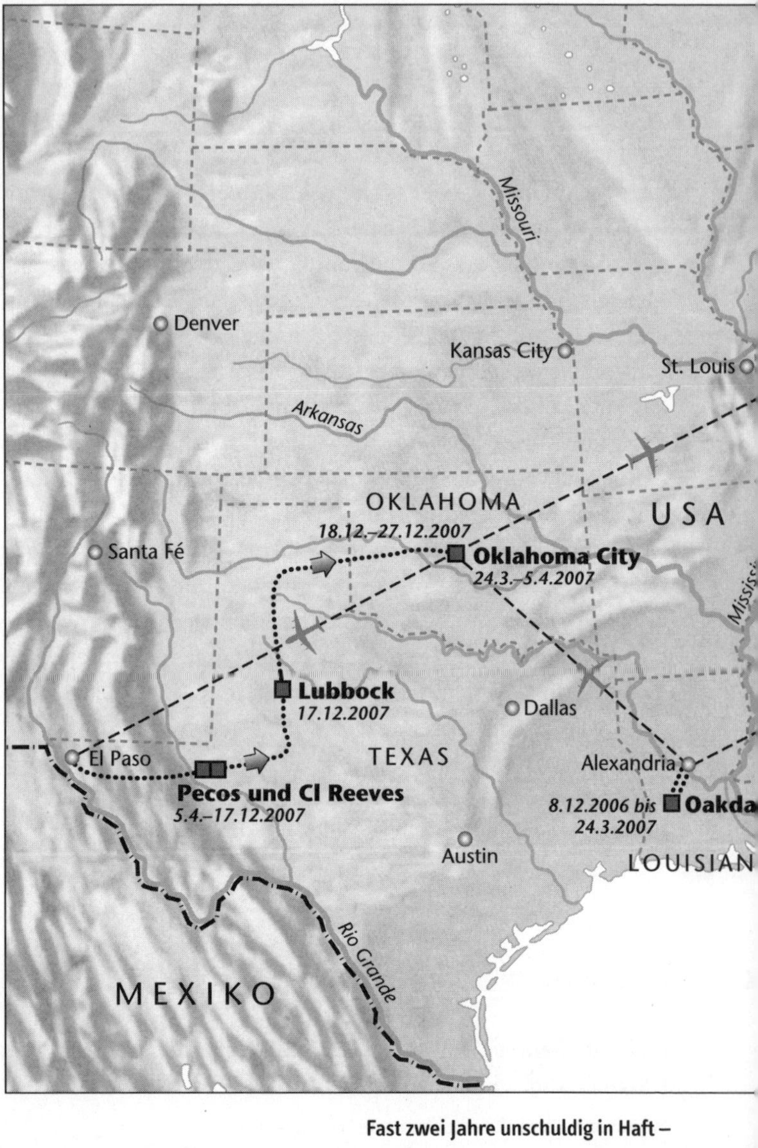

Fast zwei Jahre unschuldig in Haft –

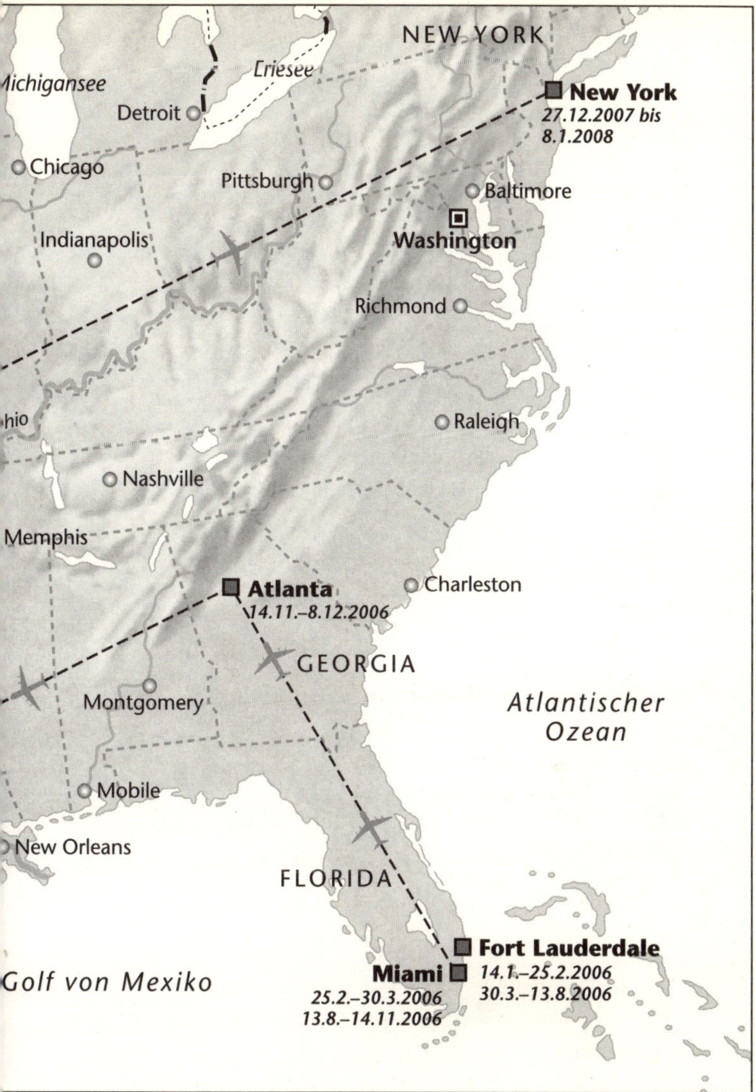

die Odyssee durch US-amerikanische Gefängnisse.

1

Alle persönlichen Sachen hatten sie mir schon abgenommen: meinen Pass, meinen Führerschein, meine Kreditkarten, meinen Rechtsanwalts-Ausweis, meine Schlüssel, mein Handy, meine Uhr und meine Kundenkarte für einen Großmarkt in Hamburg. Und alles, was ich am Körper trug: meine Jeans, mein Sweatshirt, meine Schuhe. Nur meine Unterhose und meine Socken hatte ich noch am Leib, als sie mir einen viel zu großen, grauen Overall und ein paar Badelatschen aus Plastik verpassten.

Es war Samstagabend, und wahrscheinlich wollte sich niemand in diesem Gefängnis mehr als unbedingt nötig mit einem Neuankömmling befassen. Immerhin kam jemand auf die Idee, meinen Blutdruck zu messen. Vermutlich hatten sie einschlägige Erfahrungen mit Neuzugängen. Für kurze Zeit wurde ich von den Handschellen befreit. Ein Krankenpfleger legte mir die Manschette um den Arm und zog ein bedenkliches Gesicht, als er auf das Messgerät sah.

Der obere Wert lag bei 240, an den unteren erinnere ich mich nicht. Über 200 bedeutet akute Gefahr, das war mir klar.

Der Pfleger schüttelte verärgert den Kopf.

«So kann ich den hier nicht aufnehmen!», erklärte er den beiden Männern, die mich hergebracht hatten.

Die Situation hatte etwas Groteskes. Ich hatte nicht um meine Verhaftung gebeten.

«Wir bringen ihn ins Krankenhaus!», entschieden meine Bewacher.

Das war unter den gegebenen Umständen keine schlechte Option.

Die Männer schoben mich wieder in ihr Auto und fuhren mit mir ein paar Kilometer durch Fort Lauderdale. In der Akutaufnahme des *Broward General Medical Center* packten sie mich mit Hilfe einer Krankenschwester in ein fahrbares Bett und fesselten mich mit einem Fuß und einer Hand an das Metallgestell. Ein Arzt wurde geholt.

Er muss mir irgendwas gespritzt haben, was mich beruhigte, sogar etwas schläfrig machte und auch den Blutdruck senkte. Nach ein oder zwei Stunden in der Ambulanz galt ich als haftfähig, und es ging zurück, wieder quer durch Fort Lauderdale.

So richtig zufrieden war der Pfleger dort noch immer nicht. Aber jetzt drückte er gewissermaßen ein Auge zu: Als *Federal Prisoner* Nr. 57459-004, als Gefangener der Vereinigten Staaten von Amerika, nahm er mich ins *Broward County Jail* auf.

Ich wurde fotografiert, meine Fingerabdrücke wurden erfasst. Ich musste nochmal alles ausziehen, und ein Wachmann inspizierte alle Öffnungen und Höhlungen meines Körpers.

Immer wieder ließ man mich dann stundenlang warten. Ich weiß nicht, ob es Schikane war oder pure Gleichgültigkeit. Erschöpft und völlig übermüdet, schockiert und verwirrt saß ich irgendwo auf einer Bank herum, bis es endlich weiterging.

Schließlich sperrten sie mich in eine Zelle. Ein Metallbett mit Plastikmatratze, ein Klo mit Waschbecken aus Edelstahl. Das war alles. Es gab hier noch nicht einmal einen Becher, um Leitungswasser zu trinken.

Es war mitten in der Nacht. Wie spät genau, wusste ich nicht, meine Uhr war ja weg. In Deutschland begann jetzt der Sonntagmorgen. Normalerweise war dies die Zeit, zu der ich auf den Hamburger Fischmarkt fuhr, um für ein ausgiebiges Frühstück mit meinen Kindern einzukaufen.

Niemand würde heute in mein Büro kommen, den Anrufbeantworter abhören oder ein Fax bemerken. Niemand von meinen Angehörigen würde an diesem Sonntag erfahren, was mit mir passiert war. Ich legte mich hin und versuchte, ein bisschen zu schlafen.

Meine Reise nach Amerika hatte knapp 48 Stunden zuvor begonnen, am Freitag, dem 13. Januar 2006. Auf dem Flughafen Hamburg-Fuhlsbüttel checkte ich vormittags nach Miami ein, mit Umsteigen in Paris.

Mein eigentliches Reiseziel aber war Los Angeles. Dort wollte ich zum ersten Mal die legendäre NAMM-Show besuchen, eine der beiden wichtigsten Musikmessen der Welt. Ich freute mich schon seit langem darauf. Auf der Messe würde ich meinen Freund Thomas Weilbier treffen, der in Altona den Gitarrenladen «No 1 Guitar Center» betreibt. Gemeinsam wollten wir uns das internationale Angebot an Vintage-Gitarren ansehen, vielleicht auch etwas kaufen.

Ich hatte in den letzten Jahren viel zu wenig Zeit gehabt, um solchen persönlichen Interessen nachzugehen. Seit 25 Jahren war ich Rechtsanwalt. Anfang Dezember hatten wir dieses Jubiläum mit einem großen Fest gefeiert. Was 1980 mit einem Ein-Mann-Betrieb in einer zugigen Ladenwohnung begonnen hatte, war inzwischen zu einer Kanzlei mit 18 Mitarbeitern angewachsen. Mein Büro kümmerte sich außerdem um die Hausverwaltung für eine Reihe von Wohnhäusern, die ich im

Laufe der Jahre in meinem Stadtteil, in Ottensen, erwerben und sanieren konnte – nicht zuletzt mit dem Ziel, eine gute Wohnsituation für meine eigene Familie zu schaffen. Inzwischen waren meine vier Kinder volljährig und gingen eigene Wege. Aber sie waren alle in Ottensen geblieben.

Die vergangenen Jahrzehnte waren für mich eine ziemliche Hetzjagd gewesen. Das wollte ich jetzt allmählich ändern. Ich wollte mich mehr der Musik widmen, mehr Zeit in unserem Haus auf Mallorca verbringen und auch ein bisschen gesünder leben. Ein knappes Jahr zuvor hatte ich, beinahe unbemerkt, einen Schlaganfall erlitten. Nach ein paar Sekunden mit deutlichen Ausfallerscheinungen war scheinbar alles wieder in Ordnung gewesen. Doch ein befreundeter Arzt bestand darauf, der Ursache auf den Grund zu gehen, und schickte mich zum Kardiologen.

Der diagnostizierte nicht nur den Schlaganfall, sondern stellte auch einen gefährlichen Bluthochdruck fest.

Ich hatte mir danach vorgenommen, meinen Lebensstil zu ändern. Viel war bisher nicht daraus geworden. Aber mir war seitdem viel bewusster, wie zerbrechlich das Leben ist und wie schnell es vorbei sein kann.

Ich war auch nicht besonders begeistert, als sich kurz vor meinem Abflug nach Kalifornien die Frage stellte, ob ich meine Reisepläne nicht ändern und einen Zwischenhalt in Florida einlegen könnte. Ein langjähriger Mandant, Andreas B.*, hatte mir diesen Vorschlag gemacht. Er lebte zeitweise in Fort Lauderdale, und dort wohnte auch Carl F.*, sein ehemaliger Geschäftspartner. Andreas B. hatte noch finanzielle Forderungen gegen ihn, und ich hatte kurz vor Weihnachten in anderer Angelegenheit einen Zivilgerichtsprozess gegen diesen Mann gewonnen.

Jetzt war Andreas B. mit Carl F. ins Gespräch gekommen. Es sah so aus, als sei unser gemeinsamer Schuldner bereit, all diese Angelegenheiten durch einen außergerichtlichen Vergleich aus der Welt zu bringen. Auch sein Hamburger Anwalt, Hermann W.*, sagte zu, zu einer abschließenden Verhandlung nach Florida zu kommen. Es sah alles so aus, als könnte ich diese Akte in wenigen Wochen endlich schließen und mein Honorar in Rechnung stellen. So willigte ich schließlich ein, meinen Flug umzubuchen, das Wochenende im Haus meines Mandanten in Fort Lauderdale zu verbringen und dort unseren Schuldner zu treffen.

2

Das *Broward County Jail* ist ein schmuckloser Zweckbau, der knapp drei Kilometer vom Stadtzentrum von Fort Lauderdale entfernt direkt am *Intracoastal Waterway* liegt. Diese Wasserstraße zieht sich, wenige Kilometer von der Küste entfernt, durch ganz Florida. Vor dem Gefängnisgebäude dümpeln die Yachten der Langzeiturlauber auf dem Wasser, rundherum stehen Apartmenthäuser, deren Bewohner auf ihren Balkonen die Sonne Floridas genießen.

Die Gesichter, die hinter den schmalen Glasscheiben des Gefängnisses gelegentlich auftauchen, sind bleich. Statt Fenstern gibt es nur hohe, mit Drahtglas versehene Schlitze, die

* Namen geändert

so schmal sind, dass sich kein menschlicher Körper hindurchzwängen könnte. Das gibt dem Gebäude von außen die Anmutung eines Bunkers. Von innen sind diese Sehschlitze mit schräg angewinkelten, erkerförmigen Vorbauten versehen. Man kann nicht direkt an die Glasscheiben herantreten. Wenn man überhaupt einen Blick nach draußen erhascht, sieht man vor allem die Fassade des Baus, in dem man sich befindet.

Betrachtet man das Gebäude von oben – was dank *Google map* ohne weiteres möglich ist –, ähnelt seine Form einem in die Breite gezogenen Ypsilon. Während der Fuß dieses Ypsilons und die langen Schenkel des Gebäudekomplexes direkt an die umliegenden Straßen grenzen, erfolgt die Einlieferung der Gefangenen von der Innenseite. Aus der Vogelperspektive ist auch zu erkennen, dass es für die über 1500 Männer, die im *Broward County Jail* eingesperrt sind, keine nennenswerte Freifläche und keinen Sportplatz gibt.

Den Alltag in diesem Gebäude begann ich am ersten Tag nach meiner Inhaftierung kennenzulernen. Ich wurde geweckt, weil meine Zellentür mit einem lauten Knall aufsprang. Ich hatte keine Ahnung, wie spät es war. Ein schwarzer *guard* reichte mir etwas in die Zelle. Wahrscheinlich sollte dies das Frühstück sein: ein Bagel und ein Plastikschlauch mit einer roten Flüssigkeit. Ich hatte schon seit vielen Stunden nichts mehr gegessen, aber ich bekam keinen Bissen hinunter. Ich weiß nicht, wie lange es dauerte, bis das nächste Mal ein *guard* kam, mir Handschellen anlegte und mir befahl mitzukommen. Die schwache Hoffnung, dass sich alles als Irrtum herausgestellt hatte und man mich freilassen würde, währte nicht lange. Ich wurde nur in einen anderen Teil des Gebäudes gebracht. Mit dem Lift ging es in den sechsten Stock.

Diesmal sperrten sie mich in eine Zwei-Mann-Zelle zu einem wortkargen Schwarzen, der Wladimir oder so ähnlich hieß. Ganz hatte ich seinen Namen nicht verstanden. In dem höchstens sechs oder sieben Quadratmeter großen Raum standen ein Etagenbett, die mir schon bekannte Edelstahlkombination von Toilette und Waschbecken und ein winziger Schreibtisch. Wladimir hatte seine Sachen darauf ausgebreitet. Über dem Tisch hingen mehrere Grußpostkarten: zu Weihnachten, zum Geburtstag, zu Weihnachten und zum Geburtstag aus dem Jahr davor und so weiter. Dieses scheinbar harmlose private Arrangement schockierte mich: Mein Zellengenosse saß hier offenbar schon seit Jahren. Und ich wollte in spätestens ein oder zwei Tagen wieder draußen sein! Die Toilette musste ich in Anwesenheit meines *roommate* benutzen. Unser Raum war zudem für die *guards* durch Glasscheiben einsehbar.

Als ich die Zelle zum ersten Mal verlassen konnte, begann ich die Architektur dieser Haftanstalt etwas zu verstehen. Wir befanden uns in einer von zahllosen *units,* die sich wabenförmig aneinanderreihten. Unsere Zwei-Mann-Zellen lagen an der Außenwand des Gebäudes und gruppierten sich in zwei Etagen um einen größeren Gemeinschaftsraum, der vor allem als Esssaal benutzt wurde. Außerdem gab es hier einen Fernseher und mehrere Telefonautomaten. Aber man brauchte, um diese zu benutzen, ein Konto und musste sich von der Vollzugsverwaltung die Nummern seiner Angehörigen freischalten lassen. Bis das geregelt ist, dachte ich, bin ich längst nicht mehr hier.

Zur Gebäudeinnenseite hin waren die Gemeinschaftsräume, Käfigen gleich, vergittert. Dahinter saßen unsere Bewacher, die von ihrem Posten aus das Geschehen in drei bis vier *units* im Blick hatten, ohne mit uns direkt in Kontakt zu treten.

Die Einrichtung war überall auf das Allernotwendigste reduziert. Im Gemeinschaftsraum bestand sie aus ein paar fest montierten Vierer-Sitzgruppen. Die graublauen Fußböden, die Tische und die wenigen anderen Möbelstücke mit ihren wischfesten Oberflächen sollten vermutlich vor allem robust und pflegeleicht sein. Aber alles wirkte klebrig und schmutzig.

Niemals trat hier auch nur für einen kurzen Moment Ruhe ein. Ständig klapperten oder knallten Türen, wurde irgendetwas ausgeteilt oder eingesammelt, schrien Gefangene, stritten sich Männer, waren lautstarke Befehle von Wärtern zu hören. Diese Kakophonie steigerte sich ins Unerträgliche, als abends im Gemeinschaftsraum irgendein schwachsinniges Fernsehprogramm in Überlautstärke lief.

Die meisten Mitgefangenen, die ich bei der ersten gemeinsamen Mahlzeit sah, waren junge schwarze Männer oder Latinos. Ich nahm nicht viel Kontakt mit ihnen auf. Sie begegneten mir zwar freundlich, aber mit einer gewissen Scheu. Irgendwie war ihnen wohl schnell klar, dass dieser langhaarige ältere Herr aus einer anderen Welt kam als sie.

Mein erster Tag im Gefängnis war ein Sonntag. Wie spät es war, konnte ich nur ahnen, auch hier gab es nirgendwo eine Uhr. So konnte ich vorerst nichts anderes tun als warten. Und innerlich immer wieder die Situation durchgehen, die mich hierhergebracht hatte.

Nach zehn Stunden Flug über den Atlantik war ich in Miami gelandet. Andreas B. hatte mich vom Flughafen abgeholt. Florida empfing mich mit schönstem, frühlingshaftem Wetter. Dieser Jahresbeginn meinte es offenbar gut mit mir: Es war gerade mal zehn Tage her, dass ich von Mallorca nach Hamburg zurückgekehrt war.

Andreas besaß ein kleines Wohnhaus mit einem Grundstück direkt am *Intracoastal*. Die Platzverhältnisse – zwei Schlafzimmer, eine offene Küche – waren für amerikanische Verhältnisse eher bescheiden. Aber mit seinen perfekt gepflegten Rasenflächen, dem Swimmingpool vor der Terrasse und den Palmen, die abends effektvoll von unten angestrahlt wurden, verfügte das Grundstück über all jene Attribute, mit denen die bessergestellten Bewohner Floridas demonstrieren, dass sie auf der Sonnenseite des Lebens gelandet sind.

Im Laufe der Jahre, in denen er mein Mandant war, hatten wir uns ein bisschen näher kennengelernt. Andreas war ein Mann etwa in meinem Alter, der einer vermögenden Familie entstammte. Nach seinem Rückzug aus der Autoindustrie hatte er Geld vor allem in Unternehmen investiert, die von Carl F. in Deutschland betrieben wurden – die beiden kannten sich aus Fort Lauderdale. Ich hatte diese Unternehmen seit Mitte der neunziger Jahre immer wieder bei der Vertragsgestaltung beraten.

Doch dann war es zu Streitigkeiten zwischen den beiden gekommen, und aus der Auflösung ihrer geschäftlichen Beziehungen ergaben sich weitere Auseinandersetzungen. Ich hatte, als rechtlicher Vertreter der Firma ACCONSA*, vor wenigen Wochen einen Zivilprozess gegen Carl F. gewonnen und ein Urteil im Gepäck, nach dem Carl F. über eine halbe Million Dollar plus Anwalts- und Gerichtskosten zu zahlen hatte. Ich konnte die Zwangsvollstreckung einleiten. Ich konnte, auf Grundlage des Urteils im Zivilprozess, sogar Strafanzeige wegen Betruges gegen Carl F. erstatten, aber das wollte ich nur tun, wenn es zu keiner gütlichen Einigung kam.

* Name der Firma geändert

Warum also überhaupt außergerichtlich verhandeln? Dafür gab es mehrere Gründe: Weil Carl F. in Berufung gehen konnte und es weitere Monate oder gar Jahre dauern würde, bis die Sache abgeschlossen war. Weil es mühsam werden würde, unsere Forderung mit Hilfe der US-Behörden einzutreiben und ein Strafverfahren nach deutschem und amerikanischem Recht gegen ihn anzustrengen. Weil wir uns letztlich nicht sicher sein konnten, ob Carl F. nicht mit seiner Frau und seinen Kindern aus Florida verschwinden würde, bevor er seine Schulden bezahlt hatte.

Das Treffen mit Carl F. war für Samstagvormittag, den 14. Januar, 10 Uhr im Haus von Andreas B. angesetzt gewesen. Ich war aufgrund der Zeitverschiebung an diesem Vormittag viel zu früh aufgewacht und hatte mehrere Stunden damit verbracht, einen handschriftlichen Vertragsentwurf aufzusetzen. Unser Gegner erschien in Begleitung seiner Ehefrau und seines Rechtsanwaltes Hermann W. Die Stimmung unter den Beteiligten war leicht angespannt, aber durchaus bemüht. Obwohl es draußen ziemlich kühl war – für diesen Tag war eine Kaltfront angekündigt –, setzten wir uns auf die Terrasse. Der Hausherr verteilte Decken und Pullover für seine zu leicht bekleideten Gäste und servierte Getränke.

Zunächst ging es um die Angelegenheit, über die ich vor dem Hamburger Landgericht prozessiert hatte. Anfangs drohte die Diskussion in eine gegenseitige Aufrechnung von Fehlleistungen und Vorwürfen abzugleiten. Aber dann schienen doch alle Beteiligten daran interessiert, den Streit endlich aus der Welt zu schaffen. Wir kamen zu einer Vereinbarung, die am Montagvormittag mit Unterstützung von zwei amerikanischen Rechtsanwälten aufgesetzt und unterzeichnet werden sollte.

Danach nahm das Gespräch eine etwas eigenartige Wendung: Carl F. bat seinen Anwalt, die Verhandlungen für einen Moment zu verlassen und im Auto zu warten. Dieser schien über diese Bitte zwar überrascht, ließ sich dann aber zu dem BMW geleiten, der draußen am Straßenrand stand.

Für mich völlig unvermittelt und unverständlich fingen Carl und Sabine F.* nun an, darüber zu sprechen, dass sie sich persönlich bedroht fühlten, sogar Angst um ihre Kinder hätten. Ein merkwürdiger Besucher, so erzählte Sabine F., sei vor einiger Zeit auf ihrem Grundstück aufgetaucht und habe vorgegeben, ihr Haus kaufen zu wollen. Er habe irgendwas von seinem Anwalt erzählt – ob das eine Drohung gewesen sei? Immer wieder kamen sie auch auf einen Mann zu sprechen, einen Deutschen, der ebenfalls gerade in Florida war und finanzielle Forderungen gegen Carl F. hatte: Gerhard W.*

In erregtem Ton wurden wir aufgefordert, ihnen zu garantieren, dass ihre Familie nicht bedroht werde. Ich verstand schlicht nicht, worum es überhaupt ging. Aber klar, ich versicherte: Von meiner Seite würde es keine Forderungen und keine gerichtlichen Klagen mehr geben, wenn wir uns einig würden. So stand es ja auch in dem Vertragsentwurf, den ich vorbereitet hatte.

Schließlich endete die Debatte wie der erste Teil unserer Verhandlung: mit der Verabredung, sich am folgenden Montag mit den amerikanischen Anwälten zusammenzusetzen. Die F.s hatten es plötzlich eilig, nach Hause zu kommen. Ihr Rechtsanwalt hatte nun doch ziemlich lange im Auto auf sie warten müssen, und gemeinsam fuhren die drei davon.

Es gab für uns bis Montag nicht mehr viel zu tun. Ich plau-

* Namen geändert

derte noch ein wenig mit Andreas und nahm einen kleinen Imbiss ein. Dann beschloss ich, mich nochmal hinzulegen. Ich war müde, ich hatte noch mit den Folgen des Jetlags zu kämpfen.

Zwei Stunden später schreckte ich hoch. Ganz in meiner Nähe splitterte Glas. Noch benommen, nahm ich wahr, dass das Fenster meiner Terrassentür eingeschlagen wurde. Mehrere Personen – mindestens vier Männer in Turnschuhen – stürmten herein. Sie schrien herum, steckten ihre Waffen in die Luft und gebärdeten sich wie schlechte Darsteller in einem amerikanischen Thriller. Sie zerrten mich aus dem Bett, legten mir Handschellen und Fußfesseln an und schoben mich zu Andreas B. in ein Auto, das vor dem Haus stand. Dort ließen sie uns erst einmal schmoren, während sie mit großem Getöse das Haus durchsuchten.

Dies war kein Raubüberfall. Dies war ein Einsatz des *Federal Bureau of Investigation,* kurz FBI genannt. Die Rolle der Kriminellen in diesem Film hatten anscheinend wir.

Wir waren verhaftet. Die Handschellen drückten schmerzhaft auf meine Gelenkknöchel.

3

Mit Wladimir, meinem Zellengenossen, kam ich einigermaßen zurecht. Ich war froh, dass er so schweigsam war, denn ich hatte wenig Lust auf Smalltalk. Wir hatten nur ein kleines Problem miteinander: mein Schnarchen.

Schlafen konnte ich nämlich, sogar hier und trotz der Anspannung. Schlafen kann ich eigentlich immer und überall. Aber ich benötigte damals ein Atemgerät, das mich nachts mit Sauerstoff versorgte. Ich litt unter einer Schlafapnoe, in deren Folge gefährliche Atemaussetzer auftreten können. Ich hatte das Gerät sogar auf meine USA-Reise mitgenommen, aber es war im Gästezimmer in Andreas B.s Haus liegengeblieben.

Meine Schlafgeräusche müssen unerträglich gewesen sein. Der arme Wladimir tat wahrscheinlich kein Auge zu. Immer wieder weckte er mich, nicht wirklich sauer, aber doch ziemlich genervt. Das Ergebnis war aber nur, dass wir dann beide wach lagen, bis ich wieder einschlief – und weiterschnarchte.

An eine geregelte Nachtruhe war ohnehin nicht zu denken. Länger als zwei Stunden am Stück ließ man uns nicht in Ruhe. Mit Vorliebe nach Mitternacht, so erfuhr ich bald, wurden sogenannte *counts* (eine Art Zählappelle) oder *shake downs* (Durchsuchungen) durchgeführt, zu denen Wachleute in unsere Zellen stürmten. Oft hinterließen sie ein unbeschreibliches Chaos. Ich weiß nicht, welchen Sinn es hatte, diese Aktionen mitten in der Nacht durchzuführen. Um vier Uhr morgens wurden wir ja ohnehin schon wieder geweckt, weil es dann Frühstück gab.

In den ersten Tagen rührte ich davon nichts an. Ich aß auch sonst fast nichts. Die undefinierbaren, fettigen Speisen aus der Gefängnisküche ekelten mich genauso an wie die seltsam farbigen Getränke, die dazu serviert wurden. Am dritten Tag schenkte mir ein Mithäftling einen gebrauchten Styroporbecher. Was für ein Fortschritt! Jetzt konnte ich Wasser aus dem Wasserhahn trinken, wann immer ich wollte.

Ich empfand jede Minute, in der ich hier eingesperrt war, als Zumutung. Ich war empört. Aber noch erging es mir damit wie jemandem, der auf einer Reise zu einem seltsamen und unbequemen Zwischenhalt gezwungen ist. Es war unangenehm und ärgerlich, dass ich hier festgehalten wurde, aber zumindest auch ganz interessant. Ich würde etwas zu erzählen haben. Und sobald ich Gelegenheit hatte, einen Richter und einen Anwalt zu sprechen, würde ich dafür sorgen, dass ich hier schnellstens wieder herauskam!

Aber das würde auch am Montag nicht passieren. Am 16. Januar feiert man in den USA den Martin Luther King Day zu Ehren des ermordeten Bürgerrechtskämpfers. Gerichte und Justizbehörden bleiben geschlossen. Ich würde bis Dienstag im Knast sitzen. Und Dienstag wollte ich doch eigentlich schon in Los Angeles sein.

Ich verstand einfach nicht, wie ich in diese Lage geraten war.

Am Montagvormittag gegen neun Uhr begann in meinem Hamburger Büro eine neue Arbeitswoche. Auf dem Anrufbeantworter fand sich eine Nachricht von Mitch McRae, dem amerikanischen Anwalt für Zivilrecht, mit dem wir eigentlich für diesen Tag verabredet gewesen waren. Er teilte mit, dass ich am Samstag zusammen mit Andreas B. verhaftet worden sei. Es gebe in unserem Fall noch einen weiteren Inhaftierten, den er aber nicht kannte. Viel mehr wusste er nicht.

Die ersten Angehörigen, die von meiner Verhaftung erfuhren, waren meine Kinder. Und natürlich Jan Jütting, der Lebensgefährte meiner Tochter Anne Jo, der als junger Rechtsanwalt erst ein paar Monate zuvor in meiner Kanzlei angefangen hatte.

Meine ältere Tochter erreichte die Nachricht auf ihrer Arbeitsstelle, die jüngere war gerade dabei, Handwerker in ihrer Wohnung zu empfangen. Beide reagierten zutiefst erschrocken: Ohne Genaueres zu wissen, ahnten sie, dass etwas Schlimmes passiert war, etwas, das ihr Leben schlagartig verändern würde. Sie wussten von den seit Jahren schwelenden Auseinandersetzungen mit Carl F., sie wussten, dass ich ihn in Florida treffen wollte. Vielleicht hatten sie längst klarer als ich gesehen, dass der Kontakt mit diesem Mann für mich gefährlich werden konnte.

In den USA war es noch mitten in der Nacht. Niemand konnte Auskunft geben, was mir passiert war. So konnten sie in den ersten Stunden nur spekulieren: Hatte ich einen Unfall verursacht, vielleicht mit zu viel Alkohol im Blut? War ich in eine handgreifliche Auseinandersetzung geraten? Aber das passte überhaupt nicht in ihr Bild von mir. Ging es um eine Bagatelle, würde ich vielleicht schon in ein paar Stunden gegen Hinterlegung von ein paar tausend Dollar Kaution freikommen?

Jan Jütting überlegte nicht lange. Er buchte den nächsten erreichbaren Flug nach Miami und war schon wenige Stunden später unterwegs. «Ich hatte dabei noch meine Zweifel», so gestand er später, «ob das nicht vollkommen übertrieben war. Ich dachte, vielleicht ist Reinhard längst wieder draußen, wenn ich in den USA ankomme.»

Meine Töchter organisierten währenddessen einen amerikanischen Anwalt für mich. Es sollte möglichst der beste sein, den sie in den USA auftreiben konnten. Tatsächlich gelang es ihnen, noch am selben Tag mit dem Harvard-Professor Alan Dershovitz zu sprechen, einem der renommiertesten Strafverteidiger in den USA. Dieser empfahl ihnen eine Kollegin in

Miami: Jeanne Baker hatte sich als Präsidentin der *American Civil Liberties Union* (ACLU) für Florida, als Strafverteidigerin und profilierte Kämpferin für Bürgerrechte einen Namen gemacht.

Noch am selben Tag, am Montag, brachte man mich im *Broward County Jail* in einen winzigen Besprechungsraum. Meine Anwältin war gekommen: Eine energische, schwarzhaarige, elegant gekleidete Frau etwa in meinem Alter nahm mir gegenüber Platz. Jeanne Baker war eine sehr erfahrene und kompetente Kollegin, das war mir schon nach den ersten Minuten klar. Mein Vertrauen hatte sie außerdem durch den Hinweis, dass sie von meiner Familie engagiert worden war.

Wir hatten viel zu besprechen und wenig Zeit. Konzentriert und präzise klärte sie mich über die Anklage auf: Angeblich hatte ich, in krimineller Verschwörung mit meinem Mandanten und einem weiteren Gläubiger, versucht, Carl F. zu erpressen. Angeblich hatten wir damit gedroht, seiner Frau und seinen Kindern etwas anzutun, wenn er nicht zahle. Sie erklärte mir, welche Verfahrensschritte in den nächsten Tagen auf mich zukommen würden. Und natürlich brauchte sie jede Menge Informationen von mir; sie wollte wissen, wie ich die Sache sah.

Für Dienstagvormittag war ein erster Haftprüfungstermin angesetzt. Meine Anwältin ließ keinen Zweifel am Ernst der Lage. Sie war längst nicht so überzeugt wie ich, dass ich schon bald wieder frei sein würde.

4

In Häftlingskleidung, an Händen und Füßen gefesselt, wurde ich in den Gerichtssaal geführt. Der große Raum war mit hellen Holzmöbeln, gediegenen Teppichböden und modernsten technischen Einrichtungen ausgestattet. In dieser Atmosphäre kannte ich mich wieder aus, im Gerichtssaal war ich in meinem Element. Der Kontrast zum Lärm und Dreck des *Broward County Jail*, das nur ein paar hundert Meter entfernt lag, war eindrucksvoll: Hier, so dachte ich, würde nach den Spielregeln eines demokratischen Rechtsstaates miteinander verhandelt.

Jeanne Baker war da, und zum ersten Mal sah ich auch Jan Jütting wieder. Erst vor ein paar Tagen hatten wir uns in Hamburg voneinander verabschiedet. Es tat so gut, jetzt einen von meinen Leuten an meiner Seite zu haben.

Wir standen zu dritt vor dem Richter: Sie hatten außer Andreas B. und mir auch Gerhard W. verhaftet. Jener Mann, über den die F.s mit uns gesprochen hatten, war kurz vor seinem Abflug nach Deutschland auf dem Flughafen von Miami festgenommen worden. Ich kannte ihn nur flüchtig als Bekannten von Andreas B. Jetzt standen wir gemeinsam als angebliche kriminelle Bande vor Gericht.

Es gab bereits eine erste, improvisierte Anklageschrift, verfasst von dem FBI-Beamten, der unsere Verhaftung veranlasst hatte. Uns wurde vorerst keine Möglichkeit eingeräumt, zur Sache Stellung zu nehmen. Haftrichter Barry Seltzer hatte bereits entschieden, wie es mit uns weiterging: Wir blieben vorerst im Gefängnis. Jedenfalls bis zum nächsten Termin, in einer knappen Woche. Im Rahmen eines sogenannten *bond hearing* könnten wir dann eine Freilassung gegen eine Kaution beantragen.

Jan Jütting war es noch am Montagabend gelungen, meine «Schlafmaschine» aus Andreas B.s Haus zu holen. Meine Verteidigerin bat den Haftrichter nun um die Erlaubnis, mir den Apparat im Gefängnis auszuhändigen, damit ich zumindest ohne Angst vor lebensbedrohlichen Atemaussetzern schlafen könnte.

Barry Seltzer war offenbar nicht ganz sicher, was er von diesem Gesuch halten sollte. Deshalb fragte er erst mal den Wachmann, der mich hergebracht hatte:

«Wo ist Berkau denn untergebracht?»

«Im *Broward County Jail*, Euer Ehren.»

«Und wie wird da mit solchen medizinischen Geräten umgegangen? Sind die erlaubt?»

«Ich weiß es nicht. Aber sie akzeptieren dort nicht einmal ärztlich verschriebene Medikamente, wenn ein Gefangener so was mitbringt. So streng sind die.»

«Ja, ich weiß davon, dass dort Medikamente nicht ausgegeben werden», erklärte der Richter. Das klang nicht gerade beruhigend. Dann fragte er Jeanne Baker: «Wissen Sie, was die im *Broward County Jail* zu diesem Gerät sagen würden?»

Jeanne Baker hatte die Frage schon geklärt. Ein Krankenpfleger hatte ihr zugesagt, man werde mir den Apparat aushändigen.

Etwas ungläubig hakte Seltzer nochmal nach: Das Gerät würde im Gefängnis wirklich erlaubt? Er bat Jeanne Baker, doch bitte nochmal zu klären, ob das auch kein Missverständnis sei. Und wenn sie dort drüben wirklich nichts dagegen hätten – dann würde auch er, der Richter, den Antrag abzeichnen.

Noch am selben Tag sorgte meine amerikanische Anwältin dafür, dass Jan Jütting als ihrem deutschen *co-counsel* erlaubt wurde, mich unbegrenzt im Gefängnis zu besuchen. Von jetzt an saßen wir jeden Tag in dem winzigen Besprechungsraum beieinander. Durch eine Glasscheibe hatten uns die Wachleute jederzeit unter Kontrolle. Auch Jeanne Baker nahm an einigen Besprechungen teil.

Allerdings waren die Bedingungen, unter denen diese Gespräche stattfanden, grotesk. Besuch durch Anwälte war zwar im Prinzip für bis zu acht Stunden pro Tag erlaubt, aber nur solange keiner von uns auf die Toilette musste. Sobald wir einen Wachmann in Anspruch nahmen, um einen von uns zum WC zu geleiten, war die Besuchszeit beendet. An Speisen oder Getränken waren wir unter diesen Umständen nicht interessiert. Es wäre natürlich auch nicht erlaubt gewesen, in den Besuchsräumen etwas zu essen oder zu trinken.

In den sogenannten *hearing cells* herrschte dank der hocheffektiven Klimaanlage stets eine geradezu arktische Kälte. Übermüdet und erschöpft, wie ich ohnehin schon war, fror ich oft jämmerlich. Doch sobald einer der Schließer bemerkte, dass mir Jan Jütting fürsorglich sein Sakko über die Schulter legte, schritt er ein. Für das Verbot, Kleidungsstücke meines Anwaltes zu tragen, gab es folgende Begründung: Es könnte ja passieren, dass ich, dermaßen verkleidet, unbemerkt das Gefängnis verließ.

Wir haben selbst in dieser bedrückenden Situation manchmal herzlich miteinander gelacht. Nur gelegentlich, so erinnert sich Jan Jütting heute, habe ich doch für einen kurzen Moment die Fassung verloren. Um dann wieder, schnell und konzentriert, an die Arbeit zu gehen.

Wir sprachen darüber, wie wir es ermöglichen könnten,

eine hohe, sehr hohe Kaution anzubieten: Eine Million US-Dollar, den größten Teil davon nicht in bar, sondern in Form von Grundbucheintragungen auf meine Immobilien. Wenn sich das Gericht darauf einließ, würde ich vermutlich in Fort Lauderdale oder Miami bleiben müssen, vielleicht sogar mit einer elektronischen Fußfessel unter Hausarrest in einem Hotelzimmer oder Apartment. Aber ich könnte mir ein Laptop und einen Internetzugang besorgen und jedenfalls aus der Ferne für meine Kanzlei zur Verfügung stehen. Bis ich, in zwei Monaten vielleicht, nach dem Strafprozess nach Hause zurückkehren könnte.

Die Zeit, die uns in dieser kurzen Woche bis zum *bond hearing* noch blieb, nutzten wir dazu, alles vorzubereiten, was in meiner Kanzlei in Hamburg in den nächsten Wochen zu tun war. Jan Jütting und meine Töchter brauchten Vollmachten, Informationen und Handlungsanweisungen, um die Arbeit dort notfalls auch ohne mich zu bewältigen.

5

Die Verhandlung, die am 23. Januar 2006 in Fort Lauderdale stattfand, wurde wortwörtlich protokolliert. Und so kann ich heute noch nachlesen, was ich damals kaum glauben mochte.

Wieder wurden wir zu dritt und gefesselt ins Gericht geführt. Nach den allgemeinen Begrüßungs- und Eröffnungsformeln beantragte meine Anwältin Jeanne Baker, mir die Handfesseln abzunehmen, damit ich die Möglichkeit hatte, mir Notizen zu machen. Ich sei schließlich seit Jahrzehnten als Anwalt tätig und gewohnt, mir während einer Verhandlung etwas aufzuschreiben. Nach einigem Hin und Her stimmte der Richter zu.

Der Staatsanwalt, Christopher Clark, bekam als Erstes das Wort. Er erklärte, warum er dagegen sei, uns auf Kaution freizulassen: Es bestehe Fluchtgefahr, außerdem stellten wir eine Gefahr für die Allgemeinheit dar. Dann eröffnete er uns, was wir zu erwarten hatten: bis zu 25 Jahre Haft. Die Zahl kam mir zu irreal vor, um mir wirklich Angst zu machen.

Als einziger Zeuge der Anklage war Donald VanHoose erschienen, der FBI-Beamte, der die Ermittlungen gegen uns leitete. Seine einzige Quelle wiederum waren Carl und Sabine F. Sie hatten das FBI über die angebliche Bedrohung ihrer Familie informiert. Seit Anfang des Jahres waren ihre Telefongespräche und Begegnungen mit Andreas B. von den Ermittlern überwacht worden. Zu unserem gemeinsamen Treffen war das Ehepaar F. mit Mikrophonen und einer versteckten Videokamera «verwanzt» worden.

Der FBI-Ermittler hatte diese auf Deutsch geführten Gespräche nicht selbst abgehört. Er hatte sich lediglich von einer Übersetzerin grob zusammenfassen lassen, was ihrer Meinung nach da besprochen worden war.

Der Verteidiger von Andreas B. fragte ihn:

«Ist Ihnen eigentlich klar, dass Carl F. der Einzige ist, der jemals ausgesprochen hat, dass er sich Sorgen um seine Frau, seine Kinder oder Familie machen müsse? Ist Ihnen das aufgefallen?»

«Ich habe wahrgenommen, dass Herr und Frau F. sich bedroht fühlten», erklärte VanHoose.

«Okay, aber keine dieser Befürchtungen, keine dieser Behauptungen, keine dieser ‹Drohungen› wurde jemals von einem der drei Angeklagten ausgesprochen, richtig?»

«Ich bin nicht sicher, was Sie meinen, Sir.»

«Wo in Ihrer Anklageschrift ist dokumentiert, dass irgendjemand außer Carl F. selbst über eine Bedrohung spricht?»

«Gut, das geschieht nicht in diesen Worten …»

Und so weiter. Alle weiteren Befragungen machten klar: Es gab keinerlei Beleg für eine Gewaltandrohung, für die Ausforschung der Lebensumstände oder eine Verfolgung der Familie F. durch einen von uns. Niemand von uns war vorbestraft oder Gegenstand polizeilicher Ermittlungen. Jeanne Baker trug vor, dass ich eine Anwaltskanzlei mit 18 Mitarbeitern betrieb und in Hamburg einen untadeligen Ruf genoss. «Wenn die geographischen Verhältnisse es ermöglichen würden, könnten wir hier den ganzen Gerichtssaal mit Menschen füllen, die sich für Reinhard Berkau verbürgen», erklärte sie mit amerikanischem Pathos. Eine Kaution von einer Million Dollar, fügte die erfahrene Strafverteidigerin hinzu, habe sie in ihrer ganzen Karriere noch nie einem Gericht anbieten können. Nach zwei Stunden bedankte sich der Richter bei uns allen für unsere Bemühungen und schloss die Verhandlung. Man legte mir die Handschellen wieder an und führte mich ab in die Arrestzelle. Wenig später kam Jeanne Baker, um mir mitzuteilen, was der Haftrichter entschieden hatte: Wir mussten alle drei im Gefängnis bleiben. Bis zu unserem Strafprozess.

Den Weg aus dem Gerichtsgebäude zum Gefangenentransporter konnte ich nur in Trippelschritten zurücklegen. Meine Füße waren ja aneinandergefesselt, und meine Hände waren zusätzlich an einer Kette fixiert, die um meinen Bauch lag. Draußen schoben sie mich in diesen seltsam flachen Van, der aussah, als sei er eigentlich zum Transport von Tieren bestimmt. Auf zwei harten Bänken konnten hinten maximal zehn Männer hocken. Der Transportkäfig war so niedrig, dass wir darin nicht aufrecht stehen, zum Teil nicht einmal aufrecht sitzen konnten. Sich festzuhalten oder abzustützen war unmöglich. Wir waren zu unbeweglichen Paketen zusammengeschnürt.

Ich wusste natürlich, wohin diese kurze Reise ging. Zurück ins *Broward County Jail*, wo mein Bett in einer Drei-Mann-Zelle noch auf mich wartete. Bis jetzt hatte mich die Tatsache, dass ich im Gefängnis saß, noch nicht besonders beeindruckt. Ich hatte als Strafverteidiger viele Haftanstalten von innen gesehen, schlimme und weniger schlimme. Meine ersten Berufserfahrungen als junger Jurist hatte ich Mitte der siebziger Jahre in der Kanzlei von Wolf Dieter Reinhard in Hamburg gesammelt. Der Rechtsanwalt stand damals partiell unter Berufsverbot, hatte sogar zeitweise in Untersuchungshaft gesessen, weil man ihn der Unterstützung einer kriminellen Vereinigung bezichtigte. Später wurde er freigesprochen und voll rehabilitiert. Dass auch ein Anwalt inhaftiert werden kann, ohne dass er sich etwas hat zuschulden kommen lassen, ist mir seitdem stets bewusst gewesen.

Aber das, was mir hier passierte, war etwas anderes. Ich verstand nur noch nicht, was es war. Ich war in eine Falle gegangen. Ich war unschuldig, ich hatte weder gegen deutsche noch gegen amerikanische Gesetze verstoßen. Aber ich war in ein System hineingeraten, in dem das niemanden zu interessieren schien. Das war der eigentliche Schock.

Um meine Kanzlei machte ich mir in diesem Moment noch keine allzu großen Sorgen: Eine Abwesenheit von vielleicht zwei Monaten war verkraftbar. Jan Jütting würde mich in den wichtigsten Angelegenheiten vertreten. Aber ich dachte an meine Kinder. Anne Jo und Lisa Lou standen beide vor dem Abschluss ihres Studiums, Jakob und Jonathan hatten mit ihrer Berufsausbildung gerade erst begonnen. Wie würden sie damit fertigwerden, dass ihr Vater in den USA im Knast saß? Würden sie ihren Weg unbeirrt weitergehen? Alle vier Kinder waren bis jetzt noch auf meine Unterstützung angewiesen. Jetzt würde möglicherweise ich es sein, der ihre Hilfe benötigte. Das machte mir am meisten zu schaffen.

Ich würde hier nur wieder herauskommen, wenn es mir gelang, meine Unschuld zu beweisen. Meine ganze Kraft, meine ganze Erfahrung als Strafverteidiger musste ich jetzt auf die Vorbereitung des Strafprozesses konzentrieren. Ich brauchte die Texte der Gesetze, gegen die ich angeblich verstoßen hatte, und die Rechtsprechung dazu; ich musste herausfinden, welches «Beweismaterial» der Staatsanwalt vorlegen wollte. Und ich musste meiner amerikanischen Verteidigerin den komplizierten Rechtsstreit erklären, den ich eigentlich hier, in Florida, durch einen Vergleich hatte beenden wollen. Die Unterlagen, die ich zu diesem Zweck mit in die USA gebracht hatte, waren bei meiner Verhaftung natürlich beschlagnahmt worden. Vorläufig verfügte ich nicht einmal über ein Blatt Papier und einen Stift, um einen Brief zu schreiben.

Am nächsten Tag bekam ich meinen ersten Hofgang im *Broward County Jail*. Ich durfte für eine gute halbe Stunde einige Runden um das kleine Basketballfeld im Innenhof des Gefängniskomplexes drehen. Zum ersten Mal wieder frische Luft! In unserem Zellentrakt war kein Fenster zu öffnen. Die Bewegung tat gut und half mir, etwas von der gewaltigen Spannung abzubauen, unter der ich stand. Ich ahnte noch nicht, dass dies der einzige Hofgang blieb, den man mir während meines monatelangen Aufenthaltes im *Broward County Jail* gewährte.

Ich war inzwischen auf die *infirmary* verlegt worden, die Krankenstation im Gefängnis. Nur dort nämlich gab es Steckdosen in den Zellen, an die ich mein Atemgerät anschließen konnte. Das war's aber schon, was uns Bewohnern der *infirmary* an zusätzlichem Komfort geboten wurde: Ansonsten gab es hier nur etwas mehr medizinisches Personal.

Seit dem Tag meiner Verhaftung trug ich noch immer dieselben Socken und dieselbe Unterhose. Es war der einzige persönliche Besitz, den sie mir gelassen hatten. Den grauen Overall, auf dessen Rücken ich als *federal prisoner* gekennzeichnet war, hatten sie inzwischen gegen die übliche Anstaltskleidung ausgetauscht: eine lange Hose ohne Taschen und ein Sweatshirt mit kurzem Arm, beides in Beige, dazu ein Paar billige Plastik-Badelatschen. Außerdem hatte ich ein paar Artikel zur Körperpflege bekommen: Handtücher, Waschlappen, Zahn-Gel, ein Stück Seife, eine Zahnbürste und einen Plastikkamm.

Ein paar Sachen konnte man sich beim zentralen Gefangeneneinkauf bestellen. Aber das war nur einmal in der Woche möglich; bis zur Auslieferung der Ware dauert es weitere sieben Tage. Persönliche Habseligkeiten waren hier im Übrigen einfach nicht vorgesehen. Bücher waren – bis auf die Bibel – grundsätzlich verboten. Es gab weder Schränke noch Regale, in denen man irgendetwas hätte aufbewahren können. Was wir besaßen, mussten wir mit uns herumtragen oder irgendwie in unseren Betten verstauen.

In den schmalen Rahmen aus gekantetem Stahlblech lagen dünne Plastikmatratzen. Statt eines Kopfkissens gab es an einem Ende eine leichte Erhöhung. Zwei Laken und eine Wolldecke gehörten zur Grundausstattung jedes Gefangenen. In den ersten Nächten war mir darunter eiskalt. Das lag wohl auch daran, dass die Medikamente, die mir hier verordnet worden waren, meinen Blutdruck zeitweise bedrohlich absacken ließen.

Am meisten aber belastete mich die erzwungene Untätigkeit. Jeanne Baker hatte mir schon angekündigt, dass sie in den ersten Wochen kaum Zeit finden würde, sich in meinen Fall einzuarbeiten. An juristische Literatur kam ich hier nur nach wochenlangen Bestell- und Wartezeiten heran. Und das FBI hatte seine Videos und Tonaufzeichnungen über die knapp 24 Stunden, die ich in Florida in Freiheit verbracht hatte, noch nicht an meine Anwältin herausgegeben.

Jan Jütting, der mit seinen täglichen Besuchen zum direkten Bindeglied nach Hause, zu meiner Familie geworden war, flog nach dem *bond hearing* wieder zurück nach Hamburg. Dort gab es so viel zu tun – und ich konnte kaum etwas dazu beitragen! Eine Möglichkeit, ins Ausland zu telefonieren, hatte ich nicht. Ich konnte nur Briefe schreiben und wusste, dass ich auf die Antworten bis zu 14 Tage warten müsste.

Die ersten Blätter, die ich beschrieb, lieh ich mir von Mitgefangenen. Dann belieferte mich der Gefangeneneinkauf mit Briefblocks und Kugelschreibern mit einem seltsam kurzen und weichen Griff. Vermutlich galt auch normales Schreibwerkzeug hier als potenzielle Waffe.

Seite für Seite füllte ich mit Beschreibungen der Räume, in denen ich mich befand, der Kleidung, die ich jetzt trug, des Essens, das man uns dreimal täglich vorsetzte, des Wachpersonals und der Mitgefangenen. Ich wollte nichts von alldem vergessen. Vielleicht war das Schreiben auch eine Möglichkeit, mich immer wieder zu vergewissern, dass dies kein Albtraum war, sondern eine Realität, die ich schwarz auf weiß festhalten konnte.

Ich hatte inzwischen gelernt, dass wir in der Sprache der Gefängnisverwaltung *bodies* hießen – es sind Körper, nicht Menschen, deren Leben in den amerikanischen Strafanstalten verwahrt wird. «Es gibt allein im Bundesstaat Florida mehr als 70 *prisons* und geschätzt 150 *jails*: Das bedeutet, dass das Land praktisch voller Gefangener und die Inhaftierung eines Teils der Bevölkerung eine gewisse Normalität ist», schrieb ich an meine Söhne.

Vor meiner eigenen Inhaftierung hatte ich mich nur wenig mit dem Justiz- und Strafvollzugssystem in den USA befasst. Jetzt hätte ich gern mehr darüber gewusst. Meine einzige Informationsquelle waren aber erst einmal die Gespräche mit anderen Inhaftierten. Oder mit meiner Anwältin, aber wir hatten ja immer eine Menge anderer Dinge zu besprechen. So erfuhr ich damals noch nicht, dass ich einer von über zwei Millionen Gefangenen in den USA war und dass in keinem Land der Welt mehr Menschen inhaftiert sind (mehr dazu ab S. 38 ff.). Ich hatte noch nie etwas vom sogenannten gefängnisindustriellen Komplex gehört und davon, dass der Bau und die Ausstattung von Gefängnissen, der Transport, die Bewachung, die Kleidung und Ernährung von Gefangenen ein gigantisches Geschäft darstellen, das der Staat mit ständig wachsender Nachfrage nährt.

Ich zeichnete eine Skizze meiner Zelle auf der *infirmary* und schickte diesen Teil des Briefes dann doch nicht ab: «Ich muss damit rechnen, dass alles gegen mich gedreht und mit den schmutzigsten Tricks gearbeitet wird.» In den USA ist ein Fluchtversuch aus dem Gefängnis ebenso strafbar wie seine Vorbereitung. «Denkt Euch jetzt einfach einen Raum 5,00 m breit und 5,50 m lang, von dem eine Ecke schräg abgeschnitten ist und an dem ein Raum von ca. 1,50 × 1,50 m hängt, in dem Toilette und Waschbecken untergebracht sind und drei Betten stehen», skizzierte ich die Situation stattdessen mit Worten. «Der Raum dürfte auf jeden Fall mehr als 20 qm groß sein, was für die Verhältnisse hier als komfortabel angesehen werden muss. Bett 3 am Fenster mit Blick in Richtung Intracoastal ist meins.»

Ich wollte mich auf keinen Fall unterkriegen lassen. Und so beschloss ich, zumindest einen meiner Vorsätze für das Jahr 2006 sofort in die Tat umzusetzen: Ich wollte abnehmen!

Der Stress, unter dem ich stand, und das katastrophale Angebot aus der Gefängnisküche machten es mir leicht. Ich bekam ohnehin kaum etwas hinunter. Nichts von dem Frühstück, das man uns morgens um halb fünf in die Zelle schob: Cornflakes, Milch, einen Bagel, dazu manchmal diesen Schlauch mit dem undefinierbaren roten Saft, manchmal eine braune, lauwarme Flüssigkeit, die sie Kaffee nannten. Eine Viertelstunde später räumten sie alles wieder ab und warfen, was nicht gegessen worden war, in den Müll. Auch die vier Scheiben weißen Toastbrots zum Mittag, die mit Käsescheibletten oder fetter Wurst belegt waren, rührte ich kaum an. Ich tauschte sie bei Mitgefangenen gegen Äpfel ein, von denen ich mich anfangs fast ausschließlich ernährte. Ein Stück Obst bekam jeder von uns pro Tag.

Bei der Essensausgabe sahen diese Äpfel vorzüglich aus und schmeckten knackig und frisch. Schon am nächsten Tag aber waren sie mehlig und fad. Es machte also keinen Sinn, Vorräte zu bunkern. Außerdem war das streng verboten. «Das Abendessen ist grundsätzlich max. lauwarm und verkocht.

BROWARD SHERIFF'S OFFICE
DEPARTMENT OF DETENTION
REJECTED MAIL NOTIFICATION

02/03/06
Date

900600020
Arrest Number

BERKAU, REINHARD
Print or type inmate's Last and First Name

3MED1-6
Print or type inmate's location (Facility/Housing Area/Cell Number)

Correspondence addressed to you was received on 02/03/06 (Date) and did not Comply with the Department of Detention correspondence guidelines for the following reasons:

UNAUTHORIZED CONTENT - VITAMINS

Correspondence was rejected and:

[XX] Returned to Sender

[ ] Other: ____________________

BSO DJ#15 (Revised 4/04)

Vitamine – nicht erlaubt!

Gemüse (z. B. Erbsen, grüne Bohnen oder Mais) schwimmt noch im Kochwasser und wird ohne Salz oder sonstige Gewürze zubereitet», reportierte ich an meine Kinder. Dass ich bereit war, auch die einzige warme Mahlzeit des Tages gegen einen zusätzlichen Apfel oder ein hartgekochtes Ei einzutauschen, sprach sich unter meinen Mitgefangenen rasch herum. Ich fand immer Abnehmer.

Allmählich trudelten die ersten Briefe aus Hamburg ein. Alles, was mir meine Kinder schickten, wurde von der Poststelle im Gefängnis gnadenlos kassiert: darunter Bücher, Fotos, Schreibpapier oder Vitaminpillen. *Unauthorized Content – Vitamins*, stand auf einem Formular, das mir einmal statt des Inhalts eines Päckchens ausgehändigt wurde. Ich schickte das Blatt mit meinem nächsten Brief nach Hause zurück und bat darum, es für mich aufzubewahren – ein Souvenir an die abstrusen Verhältnisse, in die ich hier geraten war.

Einer von hundert – die Gefangenenzahlen in den USA

Über neun Millionen Menschen auf der ganzen Welt sitzen in Gefängnissen, ein gutes Viertel davon in den USA. Die Vereinigten Staaten von Amerika stellen aber nur etwa ein Zweiundzwanzigstel der Weltbevölkerung: Schon diese Zahlen machen die immense Dimension der amerikanischen Gefängnispolitik deutlich.

Mitte des Jahres 2008 – so die aktuellsten offiziellen Zahlen – waren rund 2,4 Millionen Erwachsene in amerikanischen **prisons** und **jails** inhaftiert. Nicht mitgerechnet sind Jugendliche unter 18, die Strafen in Camps und anderen Spezialeinrichtungen verbüßen; nicht mitgerechnet sind außerdem Insassen von inländischen Militärgefängnissen, von Haftanstalten in Indianerreservaten und Abschiebegefängnissen der **U.S. Immigration and Customs Enforcement (ICE)**. Sie machen insgesamt knapp fünf

Prozent aller Inhaftierten aus, ihre Zahl liegt also bei ca. 120 000 zusätzlichen Gefangenen.

Mit anderen Worten: Mindestens einer von 100, inzwischen eher einer von 99 erwachsenen Bewohnern Amerikas sitzt heute im Gefängnis.

Damit sind die USA unter allen Ländern, die die Zahl ihrer Strafgefangenen dokumentieren (und das tun fast alle), weltweit die Nation mit der mit Abstand höchsten Inhaftierungsrate: Auf 100 000 Einwohner kommen in den Vereinigten Staaten mehr Häftlinge als in Russland, in Kuba, in der Volksrepublik China, im Iran oder in Singapur – Ländern, die wegen ihres gnadenlosen Vorgehens gegen Straftäter oder Regierungskritiker gefürchtet und berüchtigt sind.

Die Zahl der Inhaftierten in den USA hat sich seit den fünfziger Jahren verzehnfacht, während sich die Zahl der Bevölkerung nur knapp verdoppelt hat. Der steile Anstieg der Gefangenenzahlen begann um 1980, und die Zahlen steigen bis heute jedes Jahr, wenn auch in etwas langsamerem Tempo – in den letzten Jahren um etwa zwei Prozent pro Jahr.

Doch nicht nur die aktuell Inhaftierten sind in den USA «Gefangene» des Strafjustizsystems. Weitere über fünf Millionen Menschen stehen jahrelang unter Aufsicht der Strafjustiz, nachdem sie aus der Haft entlassen wurden **(parole)** oder eine Strafe zur Bewährung ausgesetzt wurde **(probation)**. Das Leben unter **parole** oder **probation** ist riskant: Schon kleine Verstöße gegen Bewährungsauflagen – etwa ein versäumter Anruf beim Bewährungshelfer – können eine Inhaftierung nach sich ziehen.

Insgesamt etwa 7,5 Millionen Menschen – einer von 31 erwachsenen Bewohnern der USA – sind also der direkten Kontrollen durch dieses System ausgesetzt, entweder als Strafgefangene oder mit einem Leben «auf Bewährung».

Inhaftierung im internationalen Vergleich – Die USA und Europa

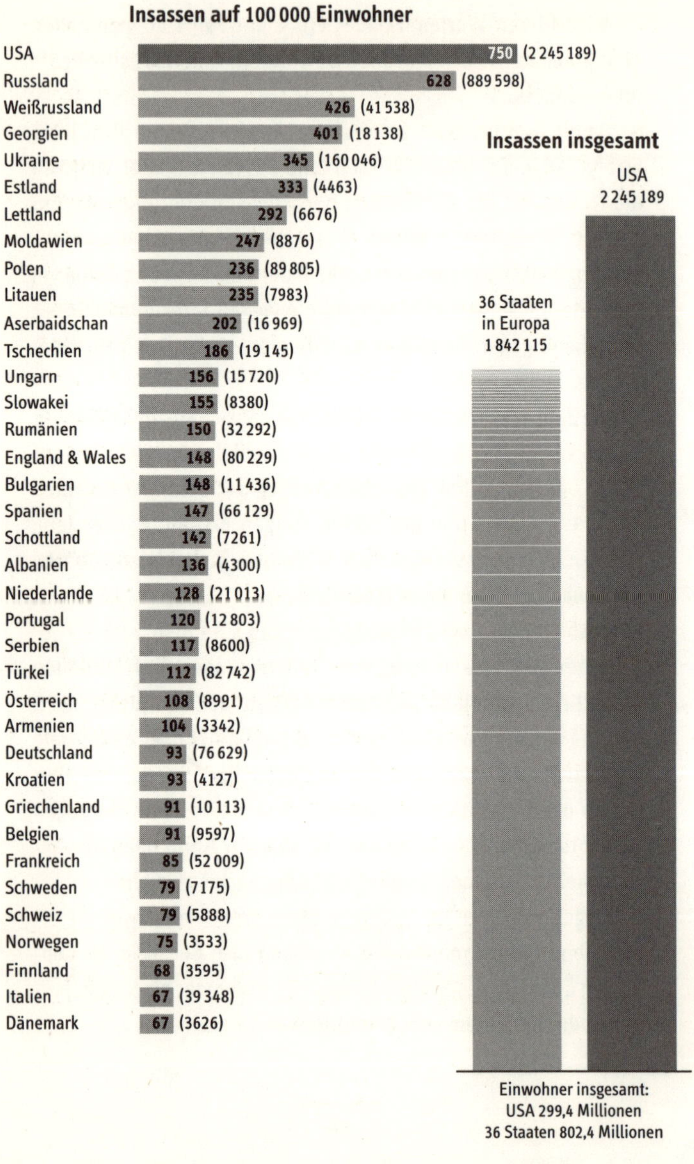

Der lange Arm der Justiz reicht weit über den Ablauf der Strafe oder Bewährungszeit hinaus. Wer ein zweites Mal vor Gericht steht, wird in der Regel zu einer sehr viel härteren Strafe verurteilt – in einigen Bundesstaaten fällt die Strafe dann regelmäßig doppelt so lang aus («Two Strikes»): Das gilt sogar dann, wenn die zweite «Tat» Jahrzehnte nach der ersten geschieht und einen völlig anderen Hintergrund hat. Wer zum Beispiel schon einmal als jugendlicher Verkehrssünder bestraft wurde, muss auch dann mit härteren Konsequenzen rechnen, wenn er 30 Jahre später eine Unterschrift fälscht. In vielen Bundesstaaten, und mit besonderer Härte in Kalifornien, gilt das Prinzip «Three Strikes»: Wer sich zum dritten Mal strafbar macht, kann zu einer lebenslangen Freiheitsstrafe verurteilt werden – auch bei Scheckbetrug, Autoaufbrüchen oder Kaufhausdiebstahl. Das Strafmaß ist für alle Straftaten in den USA in den vergangenen Jahrzehnten drastisch gestiegen und liegt heute etwa drei- bis viermal höher als in Deutschland.

3207 Strafgefangene in den USA sind zum Tode verurteilt (Stand: Ende 2008) und sitzen auf **Death Row**; 52-mal wurde die Todesstrafe 2009 exekutiert.

Nicht die Kriminalitätsrate ist in den USA besonders hoch, sondern die Kriminalisierungsrate, darauf haben Kritiker des Strafjustizsystems immer wieder hingewiesen. Die Zahl der Gewaltdelikte begann bereits zu sinken, als die Inhaftierungsrate zu steigen begann. Und nur an dieser Zahl lässt sich überhaupt ablesen, wie hoch das kriminelle Potenzial bzw. das

Quelle der nebenstehenden Graphik: International Centre for Prison Studies at King's College, London, «World Prison Brief». Stand: Januar 2008. Die Jahre, aus denen die aktuellen Daten pro Land stammen, variieren, ebenso die Ermittlungsmethoden. Die Einwohnergesamtzahlen beziehen sich auf alle, nicht nur auf erwachsene Einwohner. Tabelle nach: One in 100: Behind Bars in America 2008, Hg.: The PEW Center on the States, Washington 2008

Schutzbedürfnis einer Gesellschaft ist, das polizeiliches und gerichtliches Eingreifen erfordert. Die Zahl vieler anderer Straftatbestände – Eigentumsdelikte, Schwarzfahren, Betrug, Drogenkriminalität, Wehrdienstverweigerung, Volksverhetzung, Sexualstraftaten oder die Störung der öffentlichen Ordnung – ist hingegen abhängig davon, was eine Gesellschaft verbietet, als kriminell definiert oder toleriert und inwieweit sie Straftaten vielleicht sogar provoziert.

Und wer sitzt hinter Gittern? Sehr viel mehr Männer als Frauen – wobei der Anteil der weiblichen Gefangenen seit einiger Zeit ansteigt. Sehr viel mehr Schwarze als Latinos und mehr Latinos als Weiße. Das absolut höchste Risiko, im Gefängnis zu sitzen, haben junge schwarze Männer im Alter von 20 bis 34 Jahren. Einer von neun dieser Bevölkerungsgruppe sitzt in einer Strafanstalt. Einer von dreien steht unter Kontrolle des Strafjustizsystems. (Siehe auch Graphiken im Anhang.)

6

Auf der *infirmary* herrschte ein ständiges Kommen und Gehen. Viele Gefangene wurden nur für wenige Tage hierher verlegt, um eine Verletzung oder akute Krankheit auszukurieren. Andere kamen direkt von der Straße: Alkoholiker und Obdachlose, die unsere Abteilung füllten, seit die Nächte in Florida kälter wurden.

So war die Krankenstation im Knast permanent überbelegt. Wer keins der rund 25 Betten mehr abbekam, wurde in einem der blauen *boats* einquartiert, die überall auf den Gängen, im Gemeinschaftsraum und in den Zellen herumstanden: Kunststoffwannen, in denen die üblichen Plastikmatratzen lagen, und darin meist ein ziemlich verwahrloster oder schwer gestörter Mann mitten im Alkoholentzug. Die Schließer reagierten auf die drangvolle Enge, indem sie immer häufiger Einschluss für die gesamte *infirmary* verfügten. Das bedeutete: Keine Freistunde auf dem Hof, kein Zugang zum Gemeinschaftsraum, kein Fernsehen, keine Möglichkeit zu telefonieren. Und zum Duschen kamen wir bestenfalls alle zwei Tage.

In den sechs Einzelzellen, die rund um den Gemeinschaftsraum angeordnet waren, waren diejenigen Gefangenen eingeschlossen, die man für gewalttätig oder selbstmordgefährdet hielt. Manche von ihnen schrien die ganze Nacht – ein hilfloser, quälender Ausdruck von Wut, die kein anderes Ventil fand. Oft lag ich stundenlang wach, weil mich ihr Gebrüll nicht zur Ruhe kommen ließ.

Als wären die ständige Unruhe im ganzen Gebäude und die Schlafgeräusche meiner Zellengenossen noch nicht genug, wurde die kurze Nachtruhe auch noch ständig durch die *guards* unterbrochen. Wenn sie nicht zum Durchzählen der Häftlinge oder zur Durchsuchung der Zelle auftauchten, so kamen sie manchmal mitten in der Nacht mit Rasierzeug herein: Wer sich rasieren wollte, konnte das nur nach Mitternacht tun. Dafür musste natürlich das Licht angemacht werden, und alle Mitbewohner der Zelle waren ebenfalls um ihre Nachtruhe gebracht.

Ich spürte, wie mich der ständige Schlafentzug zu zermürben begann. Einen Menschen dauerhaft an der Einhaltung ausreichend langer Schlafphasen zu hindern gilt als Folter, das wusste ich, und mir war nicht ganz klar, ob das hier nicht sogar mit Absicht geschah. Aber das war auch egal. Ich sprach meine Anwältin mehrmals darauf an, aber sie hielt es für aussichtslos, dagegen vorzugehen.

Neben den ständig wechselnden Mitbewohnern auf der *infirmary* gab es hier, wie ich allmählich herausfand, auch eine kleine Gruppe von *permanent residents*: Die meisten waren, wie ich, schon in etwas gesetzterem Alter und auf ständige ärztliche Betreuung oder auf irgendwelche medizinischen Geräte angewiesen. Im Mittelpunkt dieser Gruppe stand Martino, ein smarter Mittdreißiger, der so wie ich nachts ein Atemgerät benutzte. Martino genoss bei den *guards* offenkundig eine Sonderstellung. Er hatte Möglichkeiten, Dinge zu organisieren, an die andere nicht herankamen. Und das tat er, hilfsbereit wie er war, auch für seine Mitgefangenen, jedenfalls für einige von uns. Schon in den ersten Tagen trieb er ein Kopfkissen für mich auf, und er kümmerte sich darum, dass mir ein anderer Gefangener ein T-Shirt schenkte, damit ich nachts nicht so fror.

Martino war sichtlich am Kontakt zu mir interessiert. Einmal steckte er mir, während wir im Gemeinschaftsraum auf das Essen warteten, die Ohrhörer seines Radios in die Ohren. Ich hörte ein paar Takte «Sweet Home Alabama», gespielt von Lynyrd Skynyrd.

«Do you like music from the sixties …?», fragte er.

Was für eine Frage! Musik gehört für mich zum Wichtigsten im Leben. Wegen der Musik war ich eigentlich in die USA gekommen. Und sogar hier, im Knast, hatte ich schon nach ein paar Tagen begonnen, einen eigenen Song zu schreiben. Martino freute sich, dass er mit seiner Frage offenbar ins Schwarze getroffen hatte.

«Was hältst du davon, deine Zelle zu wechseln?», fragte er mich ein paar Tage später. «Ich sorg dafür, dass bei uns was frei wird.»

Dieses Angebot verblüffte mich. Seit wann konnten wir Gefangene uns aussuchen, mit wem wir eine Zelle teilten? Die Aussicht, mit Martino und den anderen *permanent residents* zusammen untergebracht zu werden, war nicht schlecht. Es würde mir die ständigen Wechsel und vor allem die Verlegung in eins der *boats* ersparen, die mir schon mal von einem *guard* angekündigt worden war. Ich hatte schon mitbekommen, dass die Gefangenen aus der Zelle 10, in der Martino lag, etwas respektvoller behandelt wurden und ein paar Privilegien genossen. Martino hatte mir quasi die Aufnahme in diesen Kreis angeboten.

«Klar», antwortete ich, «sehr gern!»

Noch am selben Abend kam ein Schließer zu mir.

«Einpacken! Umziehen!», wies er mich an. Viel zu packen hatte ich ja nicht. Im Grunde war es einfach ein Bettentausch. Die Belegschaft der Nummer 10 hatte offenbar einen unliebsamen Mithäftling loswerden wollen, und dieser bezog nun meine Zelle.

«Was für eine Veränderung! Ich habe das nicht für möglich gehalten, ich bin von der *infirmary* sozusagen in den Olymp gekommen. Wir sind hier zu fünft auf dem Zimmer, eine Wanne gibt es hier nicht. Alle sind nicht nur schwer in Ordnung, dieses Zimmer hat einfach einen Sonderstatus. Hier hat jeder Bücher und Papier, so viel er will, außer mir bunkert hier jeder Essen, *cookies* und alles Mögliche, Kontrollen finden kaum statt. Jeder – außer mir, das kommt noch – hat eine Plastikkiste als Regalersatz, Sam hat einen halben Zentner Akten an der Wand gestapelt, jeder hat ein Kopfkissen und

Decken, so viel er braucht, jeder – außer mir, das kommt auch noch – hat ein Radio mit Kopfhörer! Man könnte fast sagen, dass die Situation beinahe wohnlich ist. Die *trustees* stecken unserem Zimmer immer extra was zu, Klopapier kommt von alleine, ohne dass Du darum betteln musst», schrieb ich am 5. Februar 2006 an meine Familie.

Es war eine ebenso makabre wie illustre Gesellschaft, mit der ich von jetzt an meine Tage verbrachte: Neben Martino und mir gehörte dazu Sam, ebenfalls gebürtiger Brasilianer und mit seinen 58 Jahren der Zellenälteste. Sam hatte ein Universitätsstudium absolviert und das Auftreten eines Weltmannes. Er redete gern und viel; ob man ihm alles glauben konnte, war mir aber nicht so ganz klar. Sein Vater war angeblich als Architekt am Bau der Weltausstellung in Montreal beteiligt gewesen und zeitweise sogar Minister in Brasilien. Sam war Rollstuhlfahrer. Er saß seit über sechs Jahren im Knast, verurteilt als *murder 2nd degree*, was nach deutschen Recht so viel wie Totschlag bedeutet. Er selbst bezeichnete sich als unschuldig.

Auch Habib saß im Rollstuhl und hatte, wie Martino und Sam, studiert. Sein Gefährt nutzte er regelmäßig, um bei den gemeinsamen Mahlzeiten Essensvorräte mitgehen zu lassen. In unserer Zelle teilte er seine Beute großzügig mit jedem, der daran teilhaben wollte. Habib war Pakistani und seit einem guten Jahr in Haft. Er hatte einen schweren Autounfall überlebt, den er angeblich in der Absicht herbeigeführt hatte, sich selbst und seine Geliebte zu töten.

Von Rocky, unserem fünften Mitbewohner, bekamen wir nicht viel mit. Er schlief fast den ganzen Tag, weil er mit Medikamenten ruhiggestellt wurde. Ich vermutete, dass es sich um eine Schmerztherapie handelte. Er war um die fünfzig, Amerikaner mit italienischen Vorfahren, und offensichtlich schwerkrank. Wenn er ausnahmsweise einmal wach war, spielt er mit uns *spade*, eine vereinfachte Skatvariante. Rocky war ein ausgezeichneter Spieler.

Martino erzählte mir auch, warum er seit gut anderthalb Jahren im Knast saß. Er war gebürtiger Brasilianer, von Beruf Pilot und Flugunternehmer, und für seine Tat war er in den Medien zeitweise als Held gefeiert worden: Er hatte ein fünfjähriges Mädchen gekidnappt. Die Großeltern des Kindes hatten ihn um Hilfe gebeten: Das Kind lebte erst seit kurzem bei seiner Mutter, einer drogenabhängigen Frau, die in der Sexbranche arbeitete. Diese war, zumindest sah es die Familie so, mit der Betreuung ihrer Tochter völlig überfordert; außerdem deutete das Kind an, dass es vom Freund der Mutter belästigt würde.

Dass er sich strafbar machen würde, darüber hatte Martino offenbar nicht einmal nachgedacht: Er verkleidete sich als Polizist, fuhr zu der jungen Frau und drohte, sie wegen Drogenbesitz zu verhaften, wenn sie ihre Tochter nicht gehen ließ. Der Plan ging auf, er konnte das Mädchen mitnehmen und brachte es zu dessen Großeltern. Wenige Tage später wurde er verhaftet.

Seitdem saß er im *Broward County Jail*, ohne Anklage und ohne Urteil, aber er hatte Hoffnung: Sein Anwalt verhandelte mit der Staatsanwaltschaft und wollte ihn in wenigen Monaten freibekommen. Fast täglich telefonierte Martino mit seiner Freundin, die draußen seine Geschäfte weiterführte. Er freute sich darauf, bald wieder zu Hause zu sein.

Noch ahnte er nicht, welches Urteil ihn wirklich erwartete.

Auch meine Verteidigerin stand in Verhandlungen mit dem Ankläger. Mitte Februar überreichte mir Jeanne Baker bei einem ihrer Besuche zwei mehrseitige Schriftsätze. «Das ziehen Sie bitte gar nicht erst in Erwägung», erklärte sie dazu.

Plea offer stand über den beiden Dokumenten. Unterschrieben waren sie von Staatsanwalt Chris Clark, und es war leicht zu erkennen, dass sie im Wesentlichen aus vorgefertigten Textbausteinen bestanden.

Mir wurde ein Handel vorgeschlagen, ein *plea bargain*, auch *plea agreement* genannt. Ich sollte mich einer Erpressung oder jedenfalls des Versuches dazu schuldig bekennen. Eine nähere Prüfung der Tatvorwürfe würde dann nicht mehr stattfinden. Mein Geständnis würde sich mildernd auf das Strafmaß auswirken. Wie meine Strafe ausfallen würde, konnte ich dem Papier nicht entnehmen, aber Jeanne Baker rechnete es anhand der Ausführungen des Staatsanwaltes für mich aus: Sie kam auf eine Haftstrafe von 48 Monaten. Das Papier brachte allerdings auch zum Ausdruck, dass das Gericht, auch wenn ich bereits unterschrieben hatte, in keiner Weise an diesen Handel gebunden war. Die Staatsanwaltschaft hatte gleich zwei Versionen vorbereitet: die eine für den Fall, dass ich bereit war zu «kooperieren», also andere zu belasten. Die andere, falls ich nicht aussagen wollte.

Mich zu einer Straftat bekennen, die ich nicht begangen hatte? Das kam für mich überhaupt nicht in Frage. Meine Mitgefangenen aber verblüffte es, dass ich ernsthaft bereit war, diesen Deal auszuschlagen. «You go to trial?», – du gehst vor Gericht? – fragten sie immer wieder ungläubig. Schließlich war bekannt, dass die Strafe, die man zu erwarten hatte, in der Regel um einiges höher ausfiel, wenn man ein solches Angebot erst einmal ausgeschlagen hatte.

Plea Bargaining oder: Ein Schnäppchen vom Staatsanwalt

Plea bargain bedeutet laut Wörterbuch «Vereinbarung im Strafverfahren». Das Wort **bargain** kann man aber auch mit «Sonderangebot» oder «günstige Gelegenheit» übersetzen. Tatsächlich werden in den USA heute rund 90 Prozent der Strafverfahren mit einem **plea bargain** (offiziell: **plea agreement**) beendet, mit einem angeblichen Schnäppchen vom Grabbeltisch der Staatsanwaltschaft. Ohne **plea bargaining** wären die amerikanischen Gerichte mit der Durchführung von Strafprozessen so überlastet, dass das Justizsystem kollabieren würde.

Es gibt diese Form des Aushandelns von Urteilen in Strafverfahren schon seit Beginn des 19. Jahrhunderts in den USA, doch lange fanden sie einer rechtlichen Grauzone statt. Erst 1970 erklärte der Supreme Court – der Oberste Gerichtshof der USA – das **guilty plea** eines Angeklagten und seine Folgen zum regulären Bestandteil der Rechtsprechung. Damit wurden alle Schleusen zu einer Art Schnellgerichtsbarkeit geöffnet: Wer ein **plea agreement** abschließt, tritt vor einen Einzelrichter, wird dort über seine Rechte belehrt, legt ein sogenanntes Geständnis ab und bekommt eine Strafe zugemessen. An den Wahrheitsgehalt dieses Schuldbekenntnisses werden kaum irgendwelche Anforderungen gestellt, andere Beweise oder Zeugenaussagen spielen in dem Verfahren überhaupt keine Rolle mehr.

Die ohnehin schon große Macht der Staatsanwälte in den USA wird mit diesem Instrument auf die Spitze getrieben – die Ankläger können, quasi nach Belieben, mit dem Beschuldigten aushandeln oder eigenmächtig entscheiden, welche Tatvorwürfe sie erheben und welche nicht. Dabei geht es nicht selten um Leben und Tod: Ein Angeklagter, dem die Todesstrafe droht, kann versuchen, sein Leben zu retten, indem er sich nicht des Mordes, aber der «einfachen Tötung» **(manslaughter)** für schuldig bekennt. Für eine solche Tat geht er dann «nur» lebenslänglich ins Gefängnis. Ob ein Unschuldiger hinter Gittern sitzt und der wahre Täter noch frei herumläuft, interessiert nach Abschluss dieses Handels niemanden mehr. Es ist möglich und auch schon vorgekommen, dass ein **plea agreement** mit einem Angeklagten abgeschlossen wurde, der sich einer Tötung schuldig bekannte, zugleich aber erklärte, er sei nicht der Todesschütze gewesen.

Fatalerweise haben fast alle Beteiligten im Justizsystem ein Interesse daran, Strafverfahren auf diese Art und Weise zu beschleunigen und abzuschließen. Für den Staatsanwalt, dessen beruflicher Erfolg in den USA unmittelbar an der Zahl der «gewonnenen» Verfahren gemessen wird, gilt ein abgeschlossenes **plea agreement** als Sieg. Ihm bleibt ein langes Verfahren, die mühsame Beweisführung und das Risiko eines Freispruchs durch die Jury erspart. Ein Strafverteidiger, der als Honorar oft eine pauschale Summe mit seinem Mandanten vereinbart hat, spart durch einen **plea bargain** viel Zeit. Und die Gerichte sind ohnehin völlig überlastet. Der Beschuldigte oder auch nur Tatverdächtige aber trägt das volle Risiko: Entscheidet er sich für den Strafprozess, kann dieser mit einem Freispruch durch die Jury enden – oder dem Schuldspruch und einer oft drakonischen Freiheitsstrafe. Mit dem **plea agreement** wird der Preis berechenbar, doch er zahlt ihn möglicherweise für eine Tat, die er (so) nie begangen hat.

Welches Risiko Angeklagte eingehen, die auf einem Gerichtsverfahren bestehen, zeigt der Fall eines Mannes, der wegen Scheckbetruges angeklagt war. Es ging um eine Schadenssumme von 88 Dollar. Der Staatsanwalt hatte ihm angeboten, im Rahmen eines **plea bargain** eine Haftstrafe von fünf Jahren zu akzeptieren. Andernfalls, so seine Drohung, würde er den bereits zwei Mal Vorbestraften als Gewohnheitsverbrecher anklagen. Der Angeklagte nahm den Handel nicht an – und wurde in einem Jury-Prozess schließlich zu einer lebenslangen Gefängnisstrafe verurteilt. Der Oberste Gerichtshof der USA hat die Rechtmäßigkeit dieses Vorgehens bestätigt.

7

«Mit ihrem Strafjustizsystem wollen die US-Amerikaner keineswegs nur ‹abstrafen›, statt erzieherisch zu wirken, damit wollen sie Existenzen und Familien zerstören und tun das auch recht erfolgreich», schrieb ich einmal an einen Freund. «Je niedriger jemand im sozialen Gefüge steht, desto anfälliger ist er dafür. Diese Leute werden total entwurzelt. Hiervon eine Ausnahme machen nur diejenigen, die bereits entwurzelt sind, also nicht mehr im sozialen Gefüge stehen. Das sind vor allen Dingen die Leute, die als Alkoholiker (meistens) auf der Straße leben. Im *Broward County Jail* auf der *infirmary* habe ich sie ja erlebt. Wenn das Wetter schlechter wurde, kamen von diesen Leuten mehr in den Knast. Nicht etwa, weil die Cops Samariter spielen, sondern weil die Jungens wissen, was sie machen müssen, um für ein paar Wochen ein festes Dach über dem Kopf zu bekommen, und weil sie wissen, dass sie dann wieder rausgeworfen werden. Das sind eigenartigerweise die freiesten unter den *inmates* – aber auch die, die irgendwann einfach tot im Dreck liegen bleiben.»

Als weißer, gebildeter und älterer Mann gehörte ich im

Gefängnis zu einer kleinen Minderheit. Ich wurde als solcher von den Mitgefangenen und *guards* durchaus respektiert. Von Martino und den anderen Zellengenossen in meinem «Olymp» bekam ich zudem mit, wie man sich verhielt, wenn man das eine oder andere Privileg herausschlagen wollte. Man konnte zum Beispiel mit dem Hinweis auf eine notfalls erfundene jüdische Großmutter an deutlich besseres Essen, nämlich *kosher food,* herankommen. Martino bekam das und gab mir manchmal etwas davon ab: «Der Hamburger besteht wirklich aus Fleisch, das Essen ist sehr fettarm, es gibt gelben feinkörnigen Reis, der auch allein lecker ist, und angekochtes und nicht verkochtes Gemüse (ebenfalls lecker). Hähnchenfleisch kommt unpaniert und ohne irgendwelche Pampe», schrieb ich nach Hause und ahnte schon, was meine Kinder fragen würden: «Warum ich nicht auch versuche, koscheres Essen zu bekommen? Später, wenn ich genug abgenommen habe, das ist jetzt zu gefährlich.»

Dies nämlich war das einzige Vorhaben, das ich hier wirklich realisieren konnte: Ich hatte begonnen, radikal an Gewicht zu verlieren. Woche für Woche brachte ich vier bis fünf Kilo weniger auf die Waage. Mir waren in vielerlei Hinsicht die Hände gebunden, aber zumindest über meinen eigenen Körper konnte ich Kontrolle gewinnen. Und anscheinend ging das im Gefängnis sogar besser, als es in meinem Alltag draußen geklappt hatte.

Allmählich fand ich auch heraus, welche der Ärzte, die auf der *infirmary* aus und ein gingen, für die gesundheitlichen Anliegen von uns Insassen ansprechbar waren. Ein junger Doktor genehmigte mir schließlich, im Beisein eines Schließers, eine zweite Wolldecke, die ich mir dann auch ganz unbürokratisch aus dem Materialraum holen durfte. Ein anderer

Wachmann wollte sie mir allerdings zwei Tage später wieder wegnehmen, weil die Erlaubnis des Arztes nicht schriftlich vorlag.

Auch mit dem älteren farbigen Arzt, der jeden Tag Dienst auf der *infirmary* tat, kam ich ins Gespräch. Immer wieder sprach ich ihn auf die Medikamente an, die ich hier nehmen musste, wollte mehr über Wirkungen und Nebenwirkungen wissen. Ich hatte das Gefühl, dass die Betablocker, in Kombination mit meinem rapiden Gewichtsverlust, viel zu stark waren, und wollte die Pillen nicht länger nehmen. Der Arzt versprach mir eine Reduktion *little by little,* weil ein plötzliches Absetzen zu riskant sei. Allmählich begann ich darauf zu vertrauen, dass man hier zumindest in medizinischer Hinsicht an meinem Überleben interessiert war.

Um mich herum aber regierte das Elend. Die Männer, die direkt von der Straße kamen und hier ihren Drogen- oder Alkoholentzug durchmachten, stöhnten, kotzten und schrien in ihren blauen Plastikwannen, die überall herumstanden. Soweit sie ihre Notdurft überhaupt kontrollieren konnten, mussten sie für den Gang zur Toilette jedes Mal um Einlass in eine der Zellen bitten, in der sich schon mehrere Männer befanden. Natürlich waren sie nirgendwo willkommen. «Heute Vormittag hatte einer der *detox*-Patienten – das sind Schwerstalkoholiker – offenbar einen Herzstillstand. Er war in einer der Wannen mit Matratzen im Flur untergebracht, wir wurden in unserem Zimmer erst durch die Aufregung auf dem Flur aufmerksam», berichtete ich nach Hause. Krankenschwestern und Pfleger reagierten schnell und professionell, holten den Patienten mit Herzmassage und Elektroschocks ins Leben zurück und alarmierten die Feuerwehr: «Der Mann fing an zu atmen, ich meine, ein Tropf wurde angelegt, auf die Bahre und ab ins Krankenhaus. Warum ich das schreibe? Das können sie hier auf der *infirmary,* danach ist allerdings auch Schluss. Das ist aber, wie ich finde, eine ganze Menge.» Ich wollte meinen Angehörigen mit dieser Schilderung signalisieren, dass sie keine Angst um mich haben mussten. Später hatte ich noch Gelegenheit, den Einsatz der *firefighters* am eigenen Leib zu erleben.

Kann man sich an das Leben im Knast gewöhnen, selbst in einem so verwahrlosten Bau wie dem *Broward County Jail?* Aus heutiger Sicht würde ich sagen: Man kann nicht nur, man muss sogar. Den größten Teil meiner Energie verbrauchte ich dort damit, mich um die Befriedigung meiner unmittelbaren Bedürfnisse zu kümmern: Essen, Trinken, Schlafen und ein paar Kleidungsstücke, die halbwegs passten und warm genug waren. Der Gang zur Toilette unter Wahrung einer minimalen Intimsphäre. Kontakt nach Hause, in Form von Briefen oder Telefonaten. Aber auch ein bisschen Kommunikation mit den Menschen, die mich jeden Tag umgaben. Ich lernte sehr schnell zu unterscheiden, mit welchen *guards* man reden, vielleicht sogar mal einen Scherz riskieren konnte, und mit welchen nicht. Ich suchte mir meine Verbündeten unter den Mithäftlingen. Und ich hörte keinen Augenblick auf, mich damit auseinanderzusetzen, wie ich hier möglichst schnell wieder rauskam. Mir kam dabei eine Eigenschaft zu Hilfe, die mich schon mein ganzes Leben lang begleitet: Ich habe noch nie lange mit den Umständen gehadert. Wenn ich eine Niederlage erlitten hatte, gab es für mich immer nur eine Blickrichtung – nach vorne.

In einer Hinsicht konnte ich meine Familie sogar beruhigen: «‹Übergriffe› von Gefangenen untereinander habe ich bisher weder erlebt noch berichtet bekommen. Wenn, dann passiert schon eher was von einem *deputy* zu einem Gefangenen, aber dann muss es normalerweise auch schon weit kommen. Also bitte, an dieser Stelle gibt es keinen Anlass für Sorgen.» Ich hatte offenbar Glück. Dass die Situation in vielen amerikanischen Haftanstalten anders aussieht, zeigt eine neue Studie, die der US-Kongress in Auftrag gegeben hat: Sie belegt über 60 000 Fälle von sexueller Gewalt in amerikanischen Gefängnissen allein für das Jahr 2007.

Aber es gibt auch eine ganz andere Seite des Zusammenlebens im Knast, und die wurde mir im *Broward County Jail* bewusst: Erst durch die Solidarität und Fürsorge unter den Häftlingen wurde das Leben dort überhaupt erträglich.

Habib schenkte mir seine gute Lesebrille, als er Mitte Februar überraschend in eine andere Anstalt verlegt wurde. Meinen Zellengenossen fiel der Abschied richtig schwer. Wir waren in wenigen Wochen zu einer kleinen Schicksalsgemeinschaft zusammengewachsen.

Trotzdem wollte ich keinen Tag länger als nötig im *Broward County Jail* bleiben. Das FBI hatte inzwischen Kopien der Tonband- und Videoaufnahmen an Jeanne Baker herausgegeben. Um diese Mitschnitte und deren Übersetzungen genau auszuwerten und um endlich an die juristische Fachliteratur heranzukommen, die für meinen Fall relevant war, bemühte ich mich um Verlegung in eine Haftanstalt mit etwas besseren Arbeitsmöglichkeiten. Jeden Tag wartete ich darauf, dass meinem Antrag auf Verlegung ins *Federal Detention Center* (FDC) Miami zugestimmt würde.

8

Als Jan Jütting mich am 20. März 2006 im FDC Miami wiedersah, hat er mich zunächst nicht erkannt. Ich saß mit etwa zehn weiteren Insassen, die alle Besuch bekamen, auf einer langen Bank, quasi zur Abholung bereit. Jan Jütting aber erblickte in dieser Reihe niemanden, der auch nur entfernte Ähnlichkeit mit mir hatte.

Ich hatte 25 Kilo abgenommen. Meine Haare waren kurz geschnitten – zum ersten Mal seit Jahrzehnten –, mein Bart war ab. Meine Haut war aschfahl, ich war seit zwei Monaten nicht mehr an der frischen Luft oder gar an der Sonne gewesen, und das mitten im Frühling in Florida. Ich hatte tiefe Schatten unter den Augen, eine Folge des ständigen Schlafentzuges.

Erst als sich dieser schmale, blasse Mann, der ich damals war, von seinem Stuhl erhob und auf ihn zuging, dämmerte meinem Juniorpartner, um wen es sich handeln könnte. Und dann haben wir uns natürlich beide sehr gefreut.

Meine Verlegung ins *Federal Detention Center* (FDC) Miami lag damals schon vier Wochen zurück. Ich hatte ja seit einiger Zeit damit gerechnet und darauf gewartet, doch mein Umzug kam dann doch überraschend.

Sie begann mit dem Ausruf «Berkau to Court!», der am Dienstag, dem 21. Februar 2006, aus einem Lautsprecher von der Decke unserer Zelle auf mich herabschallte. Ich sollte zum Gericht? Was bedeutete das? Zunächst bedeutete es das übliche Ritual: In Handschellen wurde ich in die Arrestzelle gebracht. Bevor ich aus dem Gebäude treten konnte, wurden mir auch noch Fußfesseln angelegt. Eine Handvoll Gefangener stand, zum Transport aufgereiht, bereits auf dem Hof: unter ihnen meine beiden Mitangeklagten, Andreas B. und Gerhard W. Zum ersten Mal seit Wochen konnten wir ein paar Worte miteinander wechseln. «Wir werden verlegt, ins FDC Miami», erklärte mir Andreas. Man hatte die beiden zwar auch nicht früher informiert als mich. Aber immerhin waren sie geistesgegenwärtig genug gewesen, ein paar persönliche Sachen mitzunehmen: Sie hatten große braune Umschläge mit ihrer Post und ihren Prozessunterlagen bei sich.

Wieder einmal mussten wir das Kunststück bewältigen, die hohe Stufe zu dem Gefangenentransporter mit aneinandergefesselten Füßen hochzuklettern. Die Enge in diesem Fahrzeug wirkte beängstigend und beklemmend. Uns gegenüber aber saßen drei Mitgefangene, die offenkundig bester Stimmung waren: Auch sie, so erfuhren wir bald, wurden ins FDC Miami verlegt, und deshalb hatten sie so gute Laune.

«Kennt ihr das FDC Miami?», fragte Andreas B., «ist das Essen dort besser?»

Die drei brachen in schallendes Gelächter aus.

«Der Unterschied zwischen diesem Jail hier und dem Knast dort ist ungefähr so wie zwischen einer Jugendherberge und dem *Four Seasons»*, erklärte einer von ihnen, nachdem sie sich etwas beruhigt hatten. Ich überlegte kurz, was er meinte, bis mir klar wurde: Er sprach von einem Luxushotel.

Wir fuhren aber tatsächlich erst mal zum *court*. Dort mussten wir aussteigen und wieder einmal in einer *holding cell* warten. Kaum eine Dreiviertelstunde später holte uns ein komfortabler, gutgepolsterter Van ab; ein Auto mit ganz normaler Bankhöhe und vollem Fensterblick nach draußen. Fahrer und Beifahrer waren zwei ältere Herren in Privatkleidung, die uns beim Einsteigen behilflich waren. Niemand schrie herum, alles lief ruhig und freundlich ab. So weich hatte ich seit fünf Wochen nicht mehr gesessen. Für ein paar Augenblicke fühlte ich mich, trotz meiner Fesseln, tatsächlich wie ein Fahrgast in einem Hotelbus. Draußen schien die Sonne, während wir durch die von Palmen gesäumten Straßen von Fort Lauderdale nach Miami rollten.

Ich war froh über diese Verlegung; ich hatte sie ja selbst beantragt. Aber natürlich machte ich mir in diesem Moment Sorgen um meine Briefe und persönlichen Unterlagen, die ich im *Broward County Jail* zurückgelassen hatte. Und ich lernte zum ersten Mal das Gefühl kennen, das von nun an jede meiner Verlegungen begleiten würde: Angst. Im *Broward County Jail* war es furchtbar, aber jedenfalls kannte ich die Verhältnisse und die Menschen dort inzwischen ein bisschen. Jetzt kam eine neue Situation auf mich zu, der ich nicht ausweichen konnte. Und das war überhaupt kein gutes Gefühl.

Das *Federal Detention Center* Miami liegt nur drei Blocks von der Küste und dem *bayside marketplace* mit seinen schicken Shopping-Centern entfernt. Auf dem Foto, mit dem das *Federal Bureau of Prisons* diese Einrichtung im Internet präsentiert (www.bop.gov/locations/institutions/mim/index.jsp), ragen malerisch Palmen ins Bild. Das Hochhaus wirkt beinahe wie eins der nahe gelegenen Business- und Ferienhotels, wie das *Holiday Inn* oder das *Continental* im Hafen von Miami.

Gemessen an den Verhältnissen, die ich während meiner ersten fünf Wochen in amerikanischer Haft erlebt hatte, war der Vergleich mit dem *Four Seasons* nachvollziehbar. Ich war tatsächlich in einem der Luxus-Resorts der amerikanischen Knastlandschaft angekommen.

Das galt allerdings nicht für den Empfang. Noch einmal

erlebte ich die volle Prozedur, die ich nach meiner Verhaftung durchlaufen hatte: Mir wurde wieder einmal alles abgenommen, was ich am Leib hatte. Mein Körper wurde nach allen Regeln der Kunst inspiziert. Und vor allem musste ich stundenlang irgendwo herumsitzen und warten.

Alles, was wir am Leib hatten, kam in die Tonne. Wir fingen wie Neugeborene von vorne an. Unterhose, Strümpfe, T-Shirt, Overall, Plastiklatschen: Alles, was sie uns verpassten, war viel zu groß. «Take it easy», vertröstete mich einer der *guards,* der meine Verzweiflung bemerkte, «morgen bekommt ihr eure eigene Wäsche.»

Als *federal prisoner* war ich im *Broward County Jail* quasi nur Logiergast gewesen. Nun war ich also in einem Bundesgefängnis untergebracht, einer der Einrichtungen, die das nationale *Bureau of Prisons* für all jene Inhaftierten vorhält, gegen die nach Bundesgesetzen ermittelt und geurteilt wird. Maßgeblich für diese Unterscheidung ist nicht die Schwere der Straftat, sondern – vereinfacht ausgedrückt – die Frage, ob zu ihrer Begehung Ländergrenzen überschritten wurden, und sei es auch nur in Form finanzieller Transaktionen.

Die Zwei-Mann-Zelle, die man mir zuwies, war etwa acht Quadratmeter groß. Das übliche Interieur kannte ich ja schon, aber neben dem Doppelstockbett gab es hier immerhin einen kleinen Metallschrank für jeden Bewohner und eine etwas längere Schreibplatte, die sich unmittelbar an den Waschtisch anschloss. Diesen Platz hatte mein Zellengenosse fast vollständig mit Schreibpapier und persönlichen Unterlagen bedeckt. Mit diesem freundlichen, älteren Herrn verstand ich mich auf Anhieb sehr gut: Carlos Alvarez war, wie er mir erklärte, Professor für Psychologie an der International University of Florida. Zumindest war er das dreißig Jahre lang gewesen. Was ihn hierher verschlagen hatte, erzählte er mir erst, nachdem wir uns ein bisschen näher kennengelernt hatten.

Wir waren im 11. Stock des Gebäudes untergebracht. Das Zentrum unserer Abteilung bildete ein ovaler Gemeinschaftsraum, der etwa 80 Quadratmeter groß war. Darum herum waren, in zwei Stockwerken übereinander, 66 Zellen für jeweils zwei Männer angeordnet. Am einen Ende des Gemeinschaftsraumes liefen – stumm – drei TV-Geräte mit verschiedenen Programmen, den Ton dazu konnte man über Kopfhörer auf einem Extra-Kanal empfangen, wenn man ein Radio besaß. Wir konnten unsere Zellen mehrmals am Tag für einige Stunden verlassen. Wenn man sich untereinander absprach und den Sehschlitz in der Zellentür mit Klopapier abdeckte, konnte man unbeobachtet in seiner Zelle auf die Toilette gehen. Das war schon mehr Privatsphäre, als ich aus dem *Broward County Jail* gewohnt war.

Das Essen war hier deutlich besser. Es gab zwei warme Mahlzeiten am Tag, mehrmals in der Woche Fleisch, oft Gemüse, dafür wenig Obst. Ich beschloss, meine Hungerkur erst einmal zu unterbrechen, aber weiter auf mein Gewicht zu achten. Wir hatten außerhalb der Essenszeiten Zugang zur Küche und konnten dort kleine Mahlzeiten selbst bereiten, sodass es gelegentlich sogar zu Essenseinladungen unter Gefangenen kam. Ich füllte schon am ersten Tag eine Einkaufsliste aus und wurde bald darauf mit neuer Kleidung, Körperpflegeartikeln, Papier, Kugelschreibern und ein paar Lebensmitteln beliefert. Im Vergleich zu meinem letzten Knast war dies hier ein Einkaufsparadies.

Aber an die frische Luft kamen wir auch hier nie, wenn man mal von dem großen, überdachten Raum mit einem Basketballfeld absah, zu dem es einen Zugang aus dem Gemeinschaftsraum gab. Dort war man nur durch Gitterstäbe von Sonnenschein und Regen getrennt, und es kam Luft von draußen herein. Das war schon ein Luxus, den es auch in diesem Gebäude nirgendwo sonst gab.

Ich hatte wieder einmal nichts. All meine privaten Sachen – meine Post, mein Beatmungsgerät, Fotos, mein Radio – hatte ich im *Broward County Jail* zurückgelassen. Später erfuhr ich von meiner Anwältin, dass meine aufmerksamen Zellengenossen die meisten Sachen in Sicherheit gebracht und an ihr Büro geschickt hatten, sonst hätte ich vermutlich nichts davon je wiedergesehen. Briefe, die in den Tagen nach meiner Verlegung im *Broward County Jail* für mich ankamen, wurden mit einem roten Stempel versehen und an die Absender zurückgeschickt. *Not in custody* stand darauf, «nicht in Haft».

Nach ein paar Tagen im FDC Miami konnte ich zum ersten Mal direkt nach Hause telefonieren. Bislang hatte das nur einige wenige Male geklappt – ich rief eine Nummer in Florida an, und mein Anruf wurde von dort aus nach Deutschland weitergeleitet. Meistens aber endete dieser Versuch mit irgendeiner technischen Panne und für mich mit einer bodenlosen Enttäuschung. Hier waren zwar Anrufe nach Übersee prinzipiell möglich, aber natürlich gab es zahlreiche Einschränkungen: Erstens kam man an die Fernsprecher nur heran, wenn die Zellen zum Gemeinschaftsraum hin aufgeschlossen wurden. Dann durfte man nur 15 Minuten lang sprechen und musste danach eine Pause von mindestens einer halben Stunde einlegen. Ich stellte mich also am Ende meiner Sprechzeit gleich wieder in die Warteschlange vor den öffentlichen Fernsprechern im Gemeinschaftsraum. Trotzdem konnte ich nicht sicher sein, dass 30 Minuten später wieder einer der Apparate frei war – die meisten waren nämlich ständig defekt. Eine Viertelstunde vor Einschluss in die Zellen wurden die Telefone ohnehin abgeschaltet.

Ich musste außerdem die Zeitverschiebung berücksichtigen: Wenn ich mittags telefonieren konnte, war es in Deutschland schon Abend, wenn ich erst abends an ein Telefon herankam, wurde zu Hause jemand mitten in der Nacht geweckt. Hatte ich schließlich den richtigen Zeitpunkt getroffen und endlich jemanden aus meiner Familie oder in der Kanzlei erreicht, musste alles ganz schnell gehen. Denn es gab ja immer eine Menge zu klären: finanzielle Fragen, laufende Mandate in meinem Büro, Unterlagen, die zu meiner Prozessvorbereitung benötigt wurden, und so weiter.

Manchmal standen Jan Jütting und meine Kinder regelrecht Schlange am Telefon: «Man stand da mit einer Stoppuhr, jeder hatte drei Minuten – das war schon Stress. Wenn viel Geschäftliches zu besprechen war, war es fast unangebracht, auch noch irgendwas aus dem eigenen Leben zu erzählen», erzählte eine meiner Töchter später. Für meine Kinder war es schlimm, wenn die Stimmung am Telefon dann angespannt und hektisch wurde, wenn sie das Gefühl hatten, dass es mir nicht gutging. «Man hat schon gemerkt, wenn Panik durchschlug. Das war ja für uns auch eine ganz neue Situation. Bis dahin war es so gewesen: Wenn es irgendein Problem gab, hat unser Vater das eben gelöst. Aber dass er im wahrsten Sinne des Wortes mit gebundenen Händen dasteht und nicht einmal mehr richtige Entscheidungsgrundlagen hatte, das war ganz ungewohnt», erinnert sich Lisa Lou.

Freie Marktwirtschaft in geschlossenen Anstalten – zum Thema Telefontarife

Die Kosten für ein Telefongespräch sind in den letzten zwanzig Jahren überall auf der Welt drastisch gesunken. Fast überall: Das Telefonieren in den amerikanischen Gefängnissen ist im selben Zeitraum sehr viel teurer geworden. Wie teuer genau, muss man in jeder Haftanstalt neu herausfinden: Denn überall gelten unterschiedliche Tarife und Regelungen.

In vielen Gefängnissen sind zum Beispiel nur **collect calls** möglich: Der Angerufene wird, bevor eine Verbindung hergestellt wird, gefragt, ob er bereit ist, das Gespräch anzunehmen und zu bezahlen. Neben einer Grundgebühr für die Herstellung der Verbindung wird bei **collect calls** im Minutentakt abgerechnet, und mancherorts kostet jede Einheit einen US-Dollar oder mehr. Wenn so ein Gespräch nach 15 Minuten beendet wird, sind also bis zu 20 Dollar fällig geworden – aufseiten des Angerufenen. Zwei oder drei solcher Anrufe pro Woche können das Durchschnittsbudget einer amerikanischen Familie schon empfindlich belasten, insbesondere dann, wenn durch die Verhaftung ohnehin ein Verdiener ausfällt.

Das Telefon stellt aber, besonders für die ärmeren Gefangenen, über lange Zeiten fast die einzige Möglichkeit dar, überhaupt mit ihren Familien oder Freunden in Verbindung zu bleiben. Oft sitzen Verurteilte ihre Strafe nicht in ihrer Heimatstadt ab, sondern in einer Anstalt, die Hunderte oder Tausende Meilen entfernt liegt. Besuche sind mit aufwendigen Reisen verbunden. Viele Menschen aus den bildungsfernen Schichten in den USA können nur rudimentär schreiben und lesen: Briefe sind für sie keine Alternative. Strafgefangene haben oft ohnehin nur fragile Verbindungen zu ihren Familien, zu einem noch halbwegs intakten sozialen Umfeld. Durch die fehlenden Kommunikationsmöglichkeiten werden diese noch weiter beeinträchtigt. So kommt es, dass sich Mütter, Ehefrauen oder andere Angehörige verschulden, um regelmäßig Kontakt zu «ihren» Gefangenen zu halten. Manchen werden früher oder später auch einfach ihre häuslichen Telefonanschlüsse gekappt, weil sie die Rechnungen nicht mehr bezahlen können.

Das alles ist Folge eines einfachen ökonomischen Prinzips, das im Gefängnissystem paradoxe Folgen hat: Durch die Konkurrenz auf einem unfreien Markt steigen die Preise. Gefängnisverwaltungen haben heute die Möglichkeit, Verträge mit einzelnen Anbietern auszuhandeln und dabei mitzuverdienen. Wo Gefangenen und ihren Familien hohe Telefonkosten abgeknöpft werden, kassieren die Gefängnisbetreiber entsprechend hohe Provisionen. Und deshalb bekommt oft der teuerste Anbieter den Zuschlag.

Das **Federal Bureau of Prisons** erwirtschaftete, so zeigt eine schon etwas ältere Studie, auf diese Weise über 20 Millionen US-Dollar allein im Jahr 2000. Mindestens zehn regionale Vollzugsbehörden verschiedener Bundesstaaten nahmen auf dieselbe Art und Weise über 10 Millionen US-Dollar ein. Es gibt keinen Grund, anzunehmen, dass diese Erträge inzwischen zurückgegangen sind – im Gegenteil.

9

Im FDC Miami konnte ich endlich selbst etwas tun, um meine Verteidigung vorzubereiten. Ich hatte, auf Antrag, Zugang zur *law library* und die Möglichkeit, dort juristische Literatur und Fallsammlungen durchzusehen. Ich las alles, was ich zum Thema *extortion* – also Erpressung, unserem Tatvorwurf – in die Hände bekam. Ich lernte aus dieser Lektüre, dass eine Erpressung auch nach amerikanischem Recht grundsätzlich nicht vorliegt, wenn der vermeintliche Täter seinem Opfer gegenüber einen rechtmäßigen Anspruch hat. Aber genau das war bei mir doch der Fall! Ich hatte ein vollstreckbares Urteil des Hamburger Landgerichts in meiner Tasche gehabt, als ich zu Carl F. nach Florida fuhr!

Ich lernte allerdings noch mehr über die Definition des Begriffes Erpressung in der amerikanischen Rechtsprechung, und das war weniger beruhigend. Selbst die Androhung einer gerichtlichen Klage – etwas, was ich in meiner anwaltlichen Praxis jeden Tag getan hatte – konnte hier offenbar im Zweifelsfall als Erpressung gewertet werden. Das zeigte mir der Fall von James Scott Pendergraft.

Der farbige Arzt war ein streitbarer Betreiber mehrerer Abtreibungskliniken in Florida, ein Kämpfer der Bewegung für das Recht auf Schwangerschaftsabbruch. Insbesondere um seine Klinik in Ocala im Marion County gab es Ende der neunziger Jahre heftige Konflikte: Die Mitarbeiter und Patientinnen des medizinischen Zentrums wurden immer wieder von Anti-Abtreibungs-Demonstranten bedroht und belästigt. Pendergraft machte sich zu Recht Sorgen: In Florida waren bereits zwei seiner Kollegen von radikalen Abtreibungsgegnern ermordet worden. Die Klinik seines Vorgängers in Ocala war 1989 nach einem Anschlag bis auf die Grundmauern abgebrannt, die Tat nie aufgeklärt worden. Pendergrafts Geschäftspartner Michael Spielvogel hatte schon vor der Klinikeröffnung von einem Kommunalpolitiker zu hören bekommen, es sei keine Frage, *ob* ein Bombenanschlag auf das Zentrum verübt würde, sondern nur *wann*.

Dennoch weigerte sich der Sheriff von Marion County, das Haus unter Polizeischutz zu stellen. Er verbot seinen Mitarbeitern sogar, außerhalb ihrer Dienstzeiten als Wachdienst für die Klinik zu arbeiten, ein Service, den andere Geschäftsleute durchaus in Anspruch nehmen konnten. Pendergraft, der nur noch mit kugelsicherer Weste und Helm zur Arbeit fuhr, beschloss schließlich, die Regierung von Marion County zu verklagen: weil sie seinen Patientinnen und Mitarbeitern den notwendigen Schutz verweigere und ihm den Betrieb seiner Klinik praktisch unmöglich mache. Daraufhin bot ihm ein Vertreter des Countys an, sein Klinikgebäude zu kaufen. Der Arzt erklärte sich zu einer Verkaufsverhandlung bereit, natürlich nicht ahnend, dass das Gespräch vom FBI heimlich aufgezeichnet wurde.

Als man dem Arzt in dieser Sitzung einen lächerlich geringen Kaufpreis anbot, platzte ihm der Kragen: Er werde das County verklagen und damit in den Bankrott treiben, brüllte er. Und sich selbst würde er aus dem Gewinn ein Denkmal errichten lassen.

Das war in den Augen des FBI und der Staatsanwaltschaft eine klare und vor allem illegale Drohung. Gemeinsam mit seinem Geschäftspartner Michael Spielvogel wurde Pendergraft der *conspiracy to commit extortion* beschuldigt, der Verschwörung, um eine Erpressung zu begehen. Im Mai 2001 wurden die beiden Männer von einer Jury für schuldig erklärt, zu Gefängnisstrafen von 46 und 41 Monaten verurteilt und sofort inhaftiert. Neun Monate später, am 27. Februar 2002, hob ein Appellationsgericht die absurden Urteile auf und ließ Pendergraft und Spielvogel frei. Für die Zeit, die sie im Gefängnis verbracht hatten, wurden sie ebenso wenig entschädigt wie für die wirtschaftlichen Verluste, die ihre Klinik durch die Verhaftungen erlitten hatte.

Was bedeutete dieses Verfahren für meinen Fall? Könnte eine amerikanische Jury es tatsächlich als versuchte Erpressung bewerten, dass ich Carl F. gegenüber erklärt hatte, er müsse mit Zwangsvollstreckungsmaßnahmen und einer Strafanzeige wegen Betruges rechnen? Und dass dies – selbstverständlich – aufenthaltsrechtliche Konsequenzen für ihn und seine Familie in den USA haben könnte? Solche Gespräche hatte ich in meiner Berufspraxis oft mit Mandanten oder Prozessgegnern geführt. Aber nichts von dem, was ich bislang für Recht gehalten hatte, schien in diesem Land noch zu gelten.

Jeanne Baker besuchte mich mehrmals pro Woche im FDC Miami, um mit mir über solche Fragen und alle Details der Verteidigung zu sprechen. Es würde ein *speedy trial* durchgeführt, ein Prozess innerhalb weniger Monate nach der Inhaftierung. 14 Tage vor Beginn meines Strafverfahrens kam auch Jan Jütting nach Miami. Sosehr ich mich darüber freute, ihn wiederzusehen: Er brachte schlechte Nachrichten aus Deutschland mit. Die finanzielle Konsolidierung meiner Kanzlei sollte eigentlich durch den Verkauf einer Immobilie gesichert werden. Das hatte nicht so schnell geklappt wie geplant, der Käufer war abgesprungen. Die Hamburger Sparkasse machte Druck, hatte uns die Kreditlinien gekündigt, und auch das Finanzamt stellte Forderungen. Unsere laufenden Kosten konnten nur noch beglichen werden, weil ein paar Freunde meiner Familie sofort und bedingungslos Geld liehen.

In den zwei Wochen, die uns bis zum Prozessbeginn noch blieben, saßen Jan Jütting und ich jeden Tag zusammen. Er hatte sein Laptop und die CDs mit Tonaufnahmen des FBI dabei. Ich verbrachte endlose Stunden damit, die Aufzeichnungen der Telefongespräche zwischen Andreas B. und Carl F. und von unserem Treffen am 14. Januar abzuhören und die Texte mit den Übersetzungen ins Englische abzugleichen, die das FBI vorgelegt hatte. Und ich verstand noch immer nicht, was sie uns eigentlich vorwarfen.

10

Mein Zellengenosse Carlos Alvarez verbrachte viele Stunden am Tag damit, Briefe an seine Familie und seine Freunde zu schreiben. Nach ein paar Tagen erzählte er mir, dass auch seine Frau Elsa verhaftet worden war und irgendwo in diesem Gebäude saß. Die beiden wurden beschuldigt, Spione im Dienste Kubas zu sein. Für mich hörte sich die Geschichte an, als stamme sie aus den Zeiten des Kalten Krieges.

Carlos Alvarez war auf Kuba geboren und 1961, auf dem Höhepunkt des militärisch-politischen Konfliktes zwischen den USA und dem Revolutionsregime Fidel Castros, mit seinen Eltern aus dem Land geflohen. Zwölf Jahre später wurde er amerikanischer Staatsbürger. Seine Frau arbeitete wie er an der Universität. Die beiden hatten fünf Kinder: Die jüngste Tochter war 13, die größeren waren schon lange berufstätig.

Über seine Verhaftung, die jetzt etwa zwei Monate zurücklag, war er noch immer fassungslos. Über die konkreten Tatvorwürfe sprach Carlos nicht viel – uns wurde von unseren Anwälten stets zur Verschwiegenheit geraten, denn man wusste nie, welche Wege solche Informationen nahmen. Aber dass das FBI jahrelang seine privatesten Lebensbereiche bespitzelt hatte, das hat mir Carlos schon erzählt. Sogar in seinem Schlafzimmer hatten sie eine Wanze versteckt, sodass sich die FBI-Ermittler jahrelang mit den Bettgesprächen des Ehepaares Alvarez amüsieren konnten. Der Lauschangriff auf das Ehepaar hatte – so war es später auch in den Zeitungen zu lesen – schon lange vor dem 11. September 2001 begonnen, als solche Abhöraktionen im privaten Bereich noch eindeutig illegal waren. Doch letztlich hatte das Ehepaar Alvarez während dieser sieben Jahre nichts gesagt, was auf irgendwelche illegalen Aktivitäten hinwies.

Für mich war Carlos Alvarez ein typischer linksliberaler Intellektueller, der an Politik noch nicht einmal sonderlich interessiert schien. Er hatte, so betonte er immer wieder, bislang geglaubt, in einem demokratischen Rechtsstaat zu leben, in dem nur Leute im Gefängnis landeten, die wirklich etwas verbrochen hatten. Und nun saß er selbst hier. Ihm drohten bis zu 30 Jahre Haft und die Zerstörung all dessen, was er ein Leben lang aufgebaut hatte.

Später habe ich mehr über die Geschichte von Carlos und Elsa Alvarez erfahren. Ihre Akte hatte offenbar schon etwas Staub angesetzt, als irgendjemand beim FBI Miami im Frühsommer 2005 eine Idee hatte, wie man Carlos Alvarez eine Falle stellen konnte. An einem Junitag lauerten sie ihm auf:

Er hatte frühmorgens die Messe in seiner Kirchengemeinde besucht und ging danach einen Kaffee trinken. Sie sprachen ihn an, wiesen sich als FBI-Beamte aus und forderten ihn auf, ihnen unauffällig zu folgen. «Dies wird der wichtigste Tag in Ihrem Leben», versprachen sie ihm.

Sie nahmen ihn mit in ein Hotelzimmer, wo er sieben Stunden lang verhört und unter Druck gesetzt wurde. Sie warnten ihn, irgendjemandem zu erzählen, wo er gewesen war und mit wem er den Tag verbracht hatte. Sie erklärten ihm, dass er sein gewohntes Leben nur dann unbeeinträchtigt fortsetzen könne, wenn er mit dem FBI kooperiere. Sie versprachen ihm Straffreiheit, wenn er alles zugeben würde. Sie machten ihm klar, dass sie alles über die Lebensgewohnheiten seiner Kinder wussten. Über seine jüngste Tochter sprachen sie besonders teilnahmsvoll: So ein hoffnungsvolles Mädchen, das sein ganzes Leben noch vor sich habe!

Am Ende des Tages war Carlos Alvarez offenbar bereit, alles zu unterschreiben, was von ihm verlangt wurde – wenn man nur seine Familie in Ruhe ließ. Ihm war klar, dass das FBI trotz intensivster Überwachung keinerlei Beweis gegen ihn in der Hand hatte. Und er stimmte zu, sich weiter mit ihnen zu treffen.

Das alles klingt nach Geheimdienstmethoden, nach Polizeistaat, nach einer finsteren Diktatur. Ist aber nachzulesen in Tageszeitungen wie dem «Miami Herald» oder der «Palm Beach Daily Business Review». Die Ermittler ließen Carlos Alvarez noch ein halbes Jahr in Freiheit, wahrscheinlich so lange, bis klar war, dass er ihnen kaum nützlich werden würde. Dann nahmen sie ihn, gemeinsam mit seiner Frau, am 6. Januar 2006 fest. Als sein Verteidiger gegenüber dem Richter monierte, dass Alvarez bei seinen Vernehmungen durch das FBI nicht auf das Recht hingewiesen wurde, einen Anwalt zu sprechen, bekam er eine zynische Antwort: Sein Mandant sei schließlich freiwillig mitgegangen.

Der Fall zog rasch Kreise. Selbst der Präsident der Universität, Mitch Maidique, ein stockkonservativer Exilkubaner, galt jetzt als «belastet», weil er mit dem Ehepaar Alvarez befreundet gewesen war. Und weil er es wagte, gemeinsam mit anderen Kollegen der Universität als Zuschauer zu seinem *bond hearing* zu erscheinen. Maidique trat wenige Monate später zurück, angeblich hatte der Fall Alvarez auch seinen Ruf beschädigt. «Der Fall schickte eine Welle einer McCarthy-artigen Paranoia durch Miamis akademische Zirkel und brachte ein Gesetz hervor, das es für Professoren an staatlichen Universitäten praktisch unmöglich macht, nach Kuba zu reisen», kommentierte der «Miami Herald» am 9. Juni 2006.

Elsa Alvarez wurde im Sommer 2006 gegen eine Kaution vorläufig freigelassen. Ein halbes Jahr später, im Dezember 2006, unterschrieben Carlos und Elsa jeweils ein *plea agreement*. Carlos räumte darin ein, dass er kubanische Regierungskreise mit Berichten über das Leben der Exilkubaner in Florida versorgt habe – aber niemals mit irgendwelchen militärisch relevanten Informationen. Vor Gericht erklärte er immer wieder, er habe nichts anderes getan oder gewollt, als einen friedlichen Dialog mit Kuba zu ermöglichen. Aus diesem Grund hatte der ausgesprochen beliebte Universitätsdozent auch mehrmals Studentenreisen nach Kuba organisiert.

Möglicherweise hat er einfach gar nichts von dem getan, was man ihm vorwarf und was er schließlich einräumte. Möglicherweise war der *plea bargain,* mit dem er sich eine Gefängnisstrafe von fünf Jahren einhandelte, seine einzige Chance, in diesem Leben überhaupt noch einmal aus dem Gefängnis zu kommen. Seine Frau Elsa wurde zu drei Jahren verurteilt – mit dem einzigen Tatvorwurf, dass sie ihren Mann nicht an die amerikanischen Behörden verpfiffen hatte.

Ihr Strafmaß wurde im Februar 2007 festgesetzt. Vor Gericht bat Carlos Alvarez inständig darum, seine Ehefrau nicht wieder zu inhaftieren, sondern lieber ihn eine zusätzliche Strafe absitzen zu lassen. Natürlich ging der Richter darauf nicht ein: Auch Elsa Alvarez musste noch einmal für über zwei Jahre hinter Gitter. Ende Juli 2009 wurde sie entlassen.

Man muss die Geschichte, die Carlos und Elsa Alvarez passiert ist, im Licht eines anderen Falles sehen, der damals schon für Schlagzeilen sorgte und bis heute nicht abgeschlossen ist: den Fall der *Miami Five* (mehr dazu auf den folgenden Seiten). In jenem Sommer 2005, in dem FBI-Beamte nach dem Kirchgang auf Carlos Alvarez warteten, hatte die Auseinandersetzung um die fünf Männer aus Kuba, die seit 1998 in amerikanischer Haft saßen, einen ersten Höhepunkt erreicht: In Kuba wurden die fünf als Volkshelden im Kampf gegen den Terror verehrt, international protestierten Menschenrechtsgruppen gegen den Umgang mit den fünf Strafgefangenen. In der exilkubanischen Gemeinde aber wurde weiter der fanatische Hass gegen die Castro-Regierung kultiviert – und gegen all jene, die einen friedlichen Dialog mit Kuba suchen.

Carlos Alvarez wurde am 24. Dezember 2009 aus der Haft entlassen. Ich kann ihm nur wünschen, dass er gesund nach Hause zurückgekehrt ist und tun kann, wovon ich damals auch nur träumen konnte: die USA so schnell wie möglich zu verlassen.

Die Miami Five: Amerikas Kampf gegen fünf Anti Terror Kämpfer

Die exilkubanische Gemeinde in Miami zählt heute 750 000 Mitglieder. Nicht selten war sie bei den amerikanischen Präsidentschaftswahlen das Zünglein an der Waage: Exilkubaner wählen in großer Mehrheit republikanisch. Die Wahlergebnisse in Florida waren es, die George W. Bush im Jahr 2000 mit hauchdünner und umstrittener Mehrheit an die Macht gebracht haben.

Dass im Schutz dieser Gemeinde auch Terrorgruppen agieren, die immer wieder Anschläge gegen Kuba organisieren, hat die kubanische Regierung oft beklagt. Im Juni 1998 übergab der kubanische Geheimdienst dem FBI eine 1200 Seiten starke Dokumentation: Sie handelte von den Aktionen militanter Exilkubaner, deren Anschläge seit 1959 fast 3500 Menschen das Leben gekostet und 2000 schwer verwundet hatten. Unter den Gruppen, die als Verursacher genannt wurden, war auch die Organisation von Orlando Bosch, der international als Terrorist und Urheber von Bombenanschlägen bekannt ist, aber seit vielen Jahren unbehelligt in Miami lebt.

Doch das FBI nutzte das umfangreiche Material nicht dazu, gegen die exilkubanischen Terrororganisationen in Miami vorzugehen. Es verhaftete stattdessen die Autoren der Dokumentation – jene Männer, die das brisante Material zusammengetragen hatten. Der Vorwurf: Spionage.

Nach jahrelanger Isolationshaft wurden die fünf Angeklagten 2001 in Miami zu zum Teil lebenslangen Haftstrafen verurteilt. Ihr **appeal** gegen die Verurteilung zog sich sehr lange hin, möglicherweise aus Rücksicht auf die Präsidentschaftswahl 2004, die von George W. Bush wiederum in Florida gewonnen wurde. 2005 wurden die Urteile vom Berufungsgericht in Atlanta aufgehoben und eindeutig als «Willkürakt» gekennzeichnet. Das Gericht forderte eine Wiederaufnahme des Verfahrens an einem anderen Ort, da in der von Vorurteilen beladenen und von Exilkubanern dominierten Atmosphäre in Miami ein fairer Prozess nicht möglich sei. Kurz zuvor hatte die UN-Arbeitsgruppe «Willkürliche Verhaftungen» einen ausgesprochen kritischen Bericht über die Behandlung der **Miami Five** veröffentlicht. Zahlreiche Menschenrechtsgruppen, Amnesty International und internationale Größen wie der Nobelpreisträger Günter Grass, der Linguist und Philosoph Noam Chomsky, die Pulitzer-Preisträgerin Alice Walker, die Schriftstellerin Nadine Gordimer und der Komponist Mikis Theodorakis hatten sich mit den **Miami Five** solidarisiert.

Nach drei weiteren Jahren wurden 2008 die Urteile gegen zwei der fünf Angeklagten in einem erneuten Verfahren in Atlanta bestätigt: Für René Gonzáles bedeutete das eine Freiheitsstrafe von 15 Jahren, für Gerardo Hernández zwei Mal lebenslänglich plus 15 Jahre. Der Supreme Court lehnte 2009 in einer weiteren Entscheidung eine Revision ab.

Gegen drei Angeklagte wurde im Herbst 2009, wieder in Miami, erneut verhandelt: Im Oktober 2009 wurde gegen den Angeklagten Antonio Guerrero Rodrigues eine lebenslange Haftstrafe auf 21 Jahre und 10 Monate reduziert. Die Begründung der Richterin dafür, dass sie mit ihrem Strafmaß über die Forderung des Staatsanwaltes hinausging: Rodrigues habe zwar keine Geheiminformationen der US-Regierung in Erfahrung gebracht, aber die Beweislage zeige, «dass er es sehr gern getan hätte». Am 9. Dezember 2009 wurde die Freiheitsstrafe von Ramón Labañino auf 30 Jahre «verkürzt», Fernando González' Strafe von 19 Jahren auf 17 Jahre plus 9 Monate.

Die Ehefrauen und Kinder der **Miami Five**, die auf Kuba leben, bekommen bis heute von den amerikanischen Behörden kein Einreisevisum, um ihre Angehörigen im Gefängnis zu besuchen. Auch unter einem Präsidenten Barack Obama und einer Außenministerin Hillary Clinton hat sich daran bislang nichts geändert.

11

Jan Jütting hatte bei mir Maß genommen und bei *Syms* in Fort Lauderdale, einem örtlichen Herrenbekleider, einen dunkelblauen Nadelstreifenanzug für mich gekauft. Es sei nicht der erste feine Zwirn, der hier für einen Auftritt vor dem Strafgericht erworben würde, hatte ihm der Verkäufer, ein netter älterer Herr, verraten. Immerhin, das Jackett saß tadellos. Die Hose war mir viel zu weit. Aber das war ziemlich egal. Das sah die Jury sowieso nicht.

Für die zwölf Geschworenen durfte nicht erkennbar sein, ob der Angeklagte, der vor ihnen saß, aus dem Gefängnis kam oder ein freier Mann war. Um dies zu ermöglichen, folgte mein Transfer vom Knast ins Gericht jeden Tag einer komplizierten Dramaturgie: Im *Broward County Jail* – dorthin war ich kurz vor Prozessbeginn wieder verlegt worden – wurde ich von der *infirmary* geholt, gefesselt und in die *holding cell* gebracht, in der ich auf den Sammeltransport zu warten hatte. Dann ging es in dem inzwischen vertrauten Auto zum Gericht. Dort angekommen, wurde ich als Erstes wieder in eine Arrestzelle gesperrt, die Fußfesseln wurden mir abgenommen. Erst wenn die Tür hinter mir verschlossen war, steckte ich meine Hände durch die Gitter, sodass meine Bewacher auch diese Ketten lösen konnten.

Dann durfte ich meinen schicken Zweiteiler anziehen.

Nach dem Umkleiden wurde ich erneut gefesselt und in den Gerichtssaal geführt. Bevor die Jury in den Saal kam, nahm man mir nur die Handschellen ab. Da ich hinter einer hölzernen Balustrade saß, konnten die Jurymitglieder meine Füße nicht sehen – jedenfalls rein theoretisch. Am ersten Verhandlungstag wurde von unseren Anwälten längere Zeit darüber diskutiert, ob bei dem einen oder anderen von uns nicht doch eine Kette im sichtbaren Bereich aufgeblitzt war. Das Ganze war sowieso eine Farce. Die Anwesenheit mehrerer Bewacher machte klar, dass wir aus dem Gefängnis kamen.

Der Strafprozess begann mit der Auswahl der Jurymitglieder, und das war eine zeitraubende und mühsame Prozedur. Die Idee hinter der Jury-Gerichtsbarkeit ist eigentlich zutiefst demokratisch: Urteile in Strafverfahren und Zivilprozessen sollen im wahrsten Sinne des Wortes «im Namen des Volkes», nämlich durch das Volk selbst, gefunden werden. In der Realität aber führt das heute oft dazu, dass Angehörige eher bildungsferner Schichten über hochkomplexe juristische Tatbestände zu Gericht sitzen. Eine halbwegs repräsentative Auswahl von Menschen aus dem Volk kommt in einer zwölfköpfigen Jury in der Regel nicht zusammen. Zwar kann jeder wahlberechtigte Bürger der USA per Zufallsstichprobe als Laienrichter ins Gericht einbestellt werden. Der Mehrheit der Amerikaner und Amerikanerinnen passiert das auch irgendwann im Laufe ihres Lebens. Doch angesichts einer Ladung zum Gericht heißt es für die meisten: Rette sich, wer kann. Der Dienst an der Gerechtigkeit ist eine Bürgerpflicht, für die berufliche und finanzielle Nachteile in Kauf genommen werden müssen, und sie können beträchtlich sein. Arbeitgeber dürfen zwar niemandem kündigen, weil er wochenlang im Gericht festsitzt, aber sie sind nicht verpflichtet, den Lohn weiterzuzahlen. Die Aufwandsentschädigungen, die von den Gerichten gezahlt werden, sind dagegen bescheiden: Sie liegen, je nach Bundesstaat und Länge des Verfahrens, zwischen 15 und 30 Dollar pro Tag.

Jeder, der einen einigermaßen gut bezahlten Job oder sonst etwas Besseres zu tun hat, versucht also, dieser Verpflichtung zu entkommen. So sind unter den Geschworenen in der Regel wenig junge Menschen, wenig Akademiker oder erfolgreich Berufstätige, wenig Liberale, aber viele eingefleischte Patrioten.

Für unseren ersten Verhandlungstag hatte das Gericht 42 potenzielle Jurymitglieder vorgeladen. Richter William Dimitrouleas informierte sie zunächst über den Fall, über die Namen der Angeklagten und der Zeugen: Kannte jemand den Fall oder daran Beteiligte? Niemand hob die Hand. Mehr Wortmeldungen gab es, als andere Hinderungsgründe vorgebracht werden durften, am Prozess teilzunehmen: Eine Frau ließ über ihren Ehemann mitteilen, dass sie kaum Englisch verstand. Mehrere brachten anstehende Krankenbehandlungen vor, unter ihnen ein Mann, der 92 Jahre alt war. Einige sprachen von pflegebedürftigen Angehörigen, andere mussten ihre Kinder morgens zur Schule bringen und später wieder abholen. So mancher hatte wichtige berufliche Verpflichtungen, einer musste zur Schule gehen, ein anderer hatte einen Urlaub gebucht. In jedem einzelnen Fall entschied der Richter, ob dies ein triftiger Grund zur Befreiung von der Jury-Pflicht war. Am Ende dieser Runde war ein Drittel der Anwesenden entlassen.

Die Verbliebenen wurden nach ihren persönlichen Lebensumständen befragt: Waren sie berufstätig, verheiratet, hatten sie Kinder? Waren sie selbst schon einmal Angeklagte oder Opfer in einem Strafverfahren gewesen? Gab es in ihrem Freundeskreis Polizei- oder FBI-Beamte? Welche Hobbys hatten sie?

Dann wurde sie über die Grundzüge ihrer Aufgabe belehrt: Sie hatten von der Unschuld der Angeklagten auszugehen. Wenn sie mit einzelnen Gesetzen nicht einverstanden waren, die hier angewandt wurden, sei der Gerichtssaal nicht der richtige Ort, dagegen zu protestieren. Die Anklageschrift der Staatsanwaltschaft sollten sie bitte nicht als Beweis einer Straftat verstehen. Und Zeugen waren zwar verpflichtet, die Wahrheit zu sagen; aber die Jurymitglieder sollten sich stets bewusst sein, dass sie auch lügen könnten – selbst wenn Polizeibeamte als Zeugen gehört würden.

Die Kandidaten sollten sich auch Gedanken darüber machen, ob sie eventuell befangen waren: Wer schon beim Umgang mit der Justiz irgendwie einen bitteren Nachgeschmack aus einem anderen Verfahren spürte, sollte sich melden. Wer glaubte, dass er gegen deutsche Angeklagte nicht objektiv urteilen könne, ebenso. Auch nach Vorbehalten gegen Banker und Investmentgeschäfte wurde gefragt: Hatte einer der Anwesenden auf dem Finanzmarkt schon einmal Geld verloren?

Ein Mann trug vor, dass er seiner Meinung nach eindeutig zu viele Tickets wegen Schnellfahrens von der Polizei kassiert hatte. Eine Frau fand, ihr Neffe sei mit 15 Jahren Haft für einen Autodiebstahl viel zu hart bestraft worden. Ein anderer Mann hatte mehrere Söhne, die im Knast saßen. Eine Frau las gerade ein Buch über den Holocaust und war sich nicht sicher, ob das ihre Gefühle gegenüber Deutschen beeinflusste. Ein

Mann hatte aus religiösen Motiven grundsätzliche Bedenken, über andere zu urteilen. Zwei oder drei Kandidaten wollten nichts mit einem Fall zu tun haben, in dem Off-Shore-Banken eine Rolle spielten. Aber alle bemühten sich, beim Vorbringen dieser Bedenken bloß nicht den Eindruck zu erwecken, als wollten sie sich vor ihrem Einsatz als Geschworene drücken.

Dann zogen sich Richter, Staatsanwalt und Verteidiger zur Beratung zurück. Jeder der Beteiligten hatte das Recht, eine bestimmte Zahl von Kandidaten abzulehnen. Und so geschah etwas, was William Dimitrouleas in seinen acht Jahren als Strafrichter noch nie passiert war: Am Ende des Tages waren keine 12 Geschworenen übrig. Weitere 17 Kandidaten mussten für den nächsten Tag einbestellt werden, die ganze Prozedur wiederholte sich.

Erst am Nachmittag des zweiten Tages stand die Auswahl fest: Sechs Männer und sechs Frauen, unter ihnen Weiße, Schwarze und Latinos. Die meisten von ihnen waren jenseits der 50 und hatten bereits erwachsene Kinder. Einige waren Rentner, einige noch berufstätig: etwa als Buchhalter, als Auslieferungsfahrer und in anderen Jobs im Dienstleistungsbereich. Es gab auch eine Lehrerin, einen Flugbegleiter und einen Computerdesigner. Mindestens zwei Mitglieder der Jury sprachen, soweit ich das mitbekam, nur gebrochen Englisch.

Die Geschworenen wurden vereidigt und von Richter Dimitrouleas ausführlich über ihre Pflichten, den Fall und die Straftatbestände belehrt, die in der Anklageschrift standen. Diese zwölf Männer und Frauen, von denen einige wohl noch nie zuvor einen Gerichtssaal betreten hatten, würden am Ende einstimmig darüber entscheiden müssen, ob wir im Sinne der Anklage «schuldig» oder «nicht schuldig» waren. Sie wurden zwar nicht wie in John Grishams «Die Jury» für die Dauer des Prozesses in einem Hotel interniert, sondern durften abends nach Hause gehen. Aber jeden Tag wurden sie wieder und oft mehrmals ermahnt, mit niemandem über das, was sie im Gericht gesehen und gehört hatten, zu sprechen.

Und wenn Staatsanwalt und Verteidiger am Tisch des Richters die Köpfe zusammensteckten, um Verfahrensfragen zu diskutieren, würde man sie hinausschicken oder mit einer Art Klangteppich beschallen. So sollte gewährleistet werden, dass zwölf einfache Männer und Frauen aus dem Volk ganz objektiv darüber urteilen konnten, wer hier im Recht war.

12

Fort Lauderdale, 7. April 2006

«Lieber Reinhard!

Heute haben wir erfahren, dass die Besuchszeiten im Broward County Jail so ungünstig sind, dass wir Dich, bevor Montag der Prozess weitergeht, nicht sehen können. Wir wissen genau, dass es eine schwere Situation sein wird, wenn wir uns im Gerichtssaal begegnen und uns dann nach so langer Zeit das erste Mal wieder sehen und uns dann nicht mal begrüßen können. Auf jeden Fall nicht so, wie wir uns es dann wünschen. Wir bereiten uns hier jetzt schon auf diesen Moment vor und versuchen uns vorzustellen, wie wir trotz aller Betroffenheit die Fassung bewahren können.

Sicherlich wird das eine oder andere Tränchen verdrückt werden, daran lässt sich gar nichts machen. Du sollst aber wissen, dass wir voller Zuversicht und Mut kommen. Auch wenn wir nicht mit Dir sprechen können, sollst Du wissen, dass wir im Gerichtssaal nicht nur wortwörtlich hinter Dir sitzen, sondern auch vorbehaltlos sinnbildlich hinter Dir stehen.

Auch Du bereitest Dich wahrscheinlich schon auf unser Zusammentreffen vor. Sei versichert, dass wir unerschütterlich an Dich glauben und wir uns trotz der Umstände wahnsinnig freuen, Dich wiederzusehen.

Wir begreifen unser Wiedersehen als Chance, unseren unerschütterlichen Zusammenhalt zu demonstrieren.

Wir freuen uns auf Dich!

Deine Anne Jo, Lisa Lou, Jakob und Jonathan»

«Wie ein Theatersaal», so erzählte eine meiner Töchter später, sei ihr der Gerichtssaal vorgekommen, als sie ihn zum ersten Mal betrat. Das Erste, was ich wiederum erblickte, als ich am 8. April hereingeführt wurde, waren meine vier Kinder, die als Zuschauer hinter der Balustrade saßen.

Alle vier waren nach Florida gekommen, um mir beizustehen. Aber auch um dem Gericht zu zeigen, wer hier auf der Anklagebank saß: ihr geliebter Vater. Ich hatte die vier zuletzt vor drei Monaten in Hamburg gesehen. Es war unglaublich schön und unglaublich schlimm, ihnen in dieser Situation wieder zu begegnen.

Später erzählten meine Kinder, dass ich anfangs nur kurz zu ihnen hinübergeschaut und mich dann sofort abgewandt hätte. Wahrscheinlich hätte es uns alle sonst einfach zerrissen.

Der Platz, der mir zugewiesen wurde, lag ganz nah bei den Zuschauerbänken. Wir saßen nur etwa zwei Meter voneinander entfernt, aber wir durften uns nicht berühren und anfangs auch nicht miteinander sprechen. Dabei war so viel passiert! Die Kinder, die natürlich alle fein zurechtgemacht waren, sahen einen Vater wieder, den sie so nicht kannten: abgemagert, in Ketten gelegt, in einen Anzug gesteckt und bartlos. Und natürlich unter ständiger Bewachung durch mehrere *marshals*.

Später habe ich mich dann doch zu ihnen umgedreht. Wir konnten nicht viel mehr tun, als einander zuzuwinken und uns stumm in die Augen zu sehen. In diesem Moment fragten wir uns wohl alle, wann dieser Albtraum ein Ende haben würde.

Ein paar Tage später konnten mich meine Söhne und Töchter im Gefängnis besuchen. Dann jedenfalls konnten wir miteinander reden, auch wenn wir dabei durch eine Glasscheibe getrennt waren. Meine Kinder lernten durch diese Besuche eine andere Seite der Knastrealität kennen – die der Angehörigen.

Sie betraten das *Broward County Jail* durch eine große Halle, in der meist Gewimmel herrschte. Für einen Großteil der schwarzen oder hispanischen Besucher gehörte diese Situation ganz selbstverständlich zu ihrem Alltag. Ganze Familien hielten, während sie auf ihre Besuchszeiten warteten, ihr Picknick ab. «Die saßen da im Jogginganzug, in dreckigen Klamotten, stritten sich und pöbelten herum. Chips flogen durch die Gegend, überall lagen zerfetzte Plastiktüten, manchmal kam es auch zu Handgemengen. Dazwischen liefen kleine Kinder herum … die taten mir so leid, weil sie das alles erleben mussten», erinnert sich Lisa Lou.

Meine Kinder, die in dieser Gesellschaft wie Exoten gewirkt haben müssen, wurden von Wachmännern am Eingang abgeholt und relativ zügig durch das Tohuwabohu hindurchgeschleust. Weil sie nur kurz in den USA waren, waren sie für besondere Besuchszeiten angemeldet.

Natürlich mussten sie diverse Sicherheitskontrollen absolvieren. Danach traten sie in einen langen, gebogenen Gang, der an den Fenstern vorbeiführte, hinter denen wir Gefangenen Platz nehmen würden. Wir, die Besuch zu erwarten hatten, waren auf der anderen Seite in einem großen halbrunden Raum versammelt.

Sonntags war Besuchstag für die *juveniles* – die Gefangenen, die noch unter 14 waren. Dann warteten auch viele Jungen, die wirklich noch Kinder waren, mit uns auf ihren Besuch. Sie trugen orangefarbene Overalls, die ein bisschen wie Strampelanzüge wirkten und damit ihr kindliches Aussehen noch unterstrichen. Auf der anderen Seite der Glasscheibe nahmen afroamerikanische Mütter im Sonntagsstaat Platz.

Andere Gefangene, die oft nur wenige Jahre älter waren, waren bereits selbst wieder Väter. Ihre kleinen Kinder bekamen sie zu sehen, wenn irgendjemand die schreienden und zappelnden Bündel hoch vor die Scheibe hielt.

Lisa Lou, Jakob, Anne Jo und Jonathan kamen jeweils zu zweit ins *Broward County Jail* und teilten sich, während sie mit mir sprachen, einen Telefonhörer. Gemeinsam quetschten sie sich in eins der nach hinten offenen Abteile, die nur seitlich durch dünne Wände voneinander getrennt waren. Während meine Kinder versuchten, sich halbwegs sinnvoll mit mir zu unterhalten, bekamen sie also in voller Lautstärke mit, was in den Nachbarkabinen geschah. «Du hörst nur durch den Telefonhörer, was der Mensch hinter der Scheibe gerade sagt –

aber was die ganze Gang neben dir sagt, das verstehst du sehr deutlich! Alle schreien total ins Telefon. Und das sind dann locker 60 Leute, die da lachen, schreien, weinen … es war extrem anstrengend», erinnert sich Lisa Lou. Auf meiner Seite der Trennscheibe sah es nicht anders aus.

Aber dies waren die einzigen Augenblicke, in denen wir uns über ganz normale, private Themen austauschen konnten. Darüber, wie es mir ging, wie mein Alltag im Knast aussah und was in ihrem Leben so passierte, wenn sie nicht gerade mit meinem Fall beschäftigt waren. Und wir konnten trotz allem auch zusammen lachen. Stolz präsentierte ich ihnen hinter der Glasscheibe meine neue, so viel schlankere Figur.

Ihre Besuchserlaubnis war auf jeweils eine Stunde begrenzt. Danach traten sie aus dem *Broward County Jail* und fanden sich draußen im schönsten Sonnenschein wieder, in einer Umgebung, die ihnen nach dem soeben Erlebten völlig irreal vorkam. Menschen flanierten in Sommerkleidung durch die Straßen, saßen in den Cafés am Ufer des Intracoastal und genossen ihre Freizeit. Am Wochenende wurden Parkplätze vor dem Gefängnis zur teuren Mangelware, denn hier ging es auch zu einer besonders beliebten Bar am Wasser.

Direkt gegenüber dem Gefängnisgebäude lag ein An- und Verkaufsgeschäft, das auch Kredite vergab. Man konnte sich dort, gegen horrende Zinsen, sofort Geld leihen. Die wichtigste Zielgruppe für dieses Angebot waren augenscheinlich Leute, die eine Kaution aufbringen mussten, um einen ihrer Lieben aus dem Knast zu holen.

Eine Leuchtreklame machte Werbung für das teure, schnelle Geld. Ihre Farbe wechselte in rhythmischen Abständen von Rot auf Blau, 24 Stunden lang, den ganzen Tag und die ganze Nacht.

13

Die Umstände, unter denen die Besuche meiner Kinder im *Broward County Jail* stattfanden, waren bedrückend. Aber die Stimmung unter uns war eigentlich ziemlich gut: Wir hofften darauf, wir rechneten in diesen Tagen heimlich damit, dass wir uns schon in wenigen Wochen in einer ganz anderen Umgebung wiedersehen würden: zu Hause, in Hamburg. Niemand konnte sich wirklich vorstellen, dass die Jury mich schuldigsprechen würde. Auch meine Anwältin war optimistisch, aber sie versuchte, unsere Erwartungen zu dämpfen: Man musste mit allem rechnen.

Die Anklage, formuliert von Staatsanwalt Christopher Clark, lautete nicht auf Erpressung, sondern auf *conspiracy to commit extortion*, auf eine «Verschwörung, um eine Erpressung zu begehen», einen Straftatbestand, den es in Deutschland gar nicht gibt (mehr zum Thema *conspiracy* s. Seite 90 f.). Und dies war nicht der einzige der Unterschiede, die ich erst jetzt zu verstehen begann: In unserem Rechtssystem gilt die Staatsanwaltschaft als «neutralste Behörde der Welt»; sie ermittelt gegen den Angeklagten, muss aber auch Beweise prüfen, die ihn entlasten. Im amerikanischen Strafprozess hingegen stehen sich Staatsanwalt und Verteidigung als streitende Parteien gegenüber.

Der Gerichtssaal wird dadurch zum Schauplatz eines Wettstreites: Vorne sitzen, um den eigentlichen Kampfplatz herumgruppiert, die Richter, der Staatsanwalt, die Angeklagten mit ihren Verteidigern und, auf einer Tribüne leicht erhöht, die Geschworenen. In der Mitte befindet sich der Zeugenstand, vor allem aber viel Platz. Auf diesem Feld läuft fast immer jemand herum, um seine Worte mit großen Gesten und raumgreifenden Bewegungen zu unterstreichen.

Staatsanwalt und Verteidiger stehen in Zivilkleidung vor Gericht. Jedes Detail ihres Auftritts ist wichtig, weil es Eindruck auf die Geschworenen machen könnte – das sind ja Menschen, die oft zum ersten Mal in ihrem Leben an so einem Spektakel teilnehmen. Meine Anwältin Jeanne Baker erschien stets sorgfältig zurechtgemacht in einem edlen Kostüm. Staatsanwalt Clark trug immer einen dunklen Anzug, und zwar jeden Tag einen anderen.

Richter Dimitrouleas gab sich diesem ganzen Spektakel gegenüber demonstrativ entspannt. Meist saß er zurückgelehnt auf seinem Stuhl, wippte ein wenig hin und her und wirkte, als seien seine Augen fast geschlossen. Seine übrigen Gesichtszüge verschwanden fast vollständig hinter seinem dunklen Bart. Es war unmöglich, zu erkennen, was in ihm vorging.

Donald VanHoose war der erste Zeuge, der für die Staatsanwaltschaft in den Zeugenstand trat: Der FBI-Ermittler war ein eher unauffälliger Mann von etwa 30 Jahren. Vor Gericht erschien er im dunklen Anzug. Und so saß er auch neben Bill Schureck, seinem Vorgesetzten, und Staatsanwalt Clark während des gesamten Verfahrens im Gerichtssaal.

VanHoose präsentierte sich als schlichter, aber eifriger Ermittlungsbeamter. Bis vor anderthalb Jahren war er einfacher Polizist in Kansas gewesen; mit ein paar Fortbildungsmaßnahmen hatte er es jetzt zum FBI geschafft, wo er in der *Eurasian Organized Crime Unit* diente. Von internationalen Geschäftsbeziehungen verstand er nichts, wie er mehrmals freimütig bekannte, ebenso wenig beherrschte er irgendeine

Fremdsprache. Donald VanHoose hatte am Silvestertag des Jahres 2005 von Bill Schureck erfahren, dass es einen neuen Fall gab, den er verantwortlich übernehmen sollte. Für Montagmorgen, den 2. Januar, um acht Uhr war ein Treffen im Haus von Carl F. angesetzt.

In den zwei Stunden, die sich die beiden Ermittler an diesem frühen Montagmorgen nahmen, um sich von angeblichen Erpressungsopfern den Fall schildern zu lassen, hatte Frau F. angeblich überhaupt nichts gesagt – bis auf die Frage, ob man Wasser oder Tee trinken wolle. Carl F., ein wohlhabender Geschäftsmann und Familienvater in einem der besten Wohnviertel von Fort Lauderdale, machte dafür einen überaus glaubwürdigen Eindruck auf Donald VanHoose. Fast kindlich beteuerte er in der Vernehmung immer wieder: «Ich habe F. geglaubt, weil er es so gesagt hat!» Er wusste nicht, dass es ein deutsches Gerichtsurteil gegen diesen honorigen Kaufmann gab – und als er es schließlich kennenlernte, verstand er es nicht. «Mit solchen Sachen kenn ich mich nicht aus», wiederholte er fast stereotyp.

VanHoose hatte auch nichts unternommen, um die F.s und ihre Kinder vor der angeblichen Bedrohung zu schützen. Er hätte Carl F.s Auto mit einer GPS-Ortungsbox ausstatten können, so etwas besaß das FBI. Er hätte durch einen Blick ins Telefonbuch feststellen können, ob die Adresse der Familie für jedermann zugänglich war. Er hätte versuchen können, etwas über unsere angebliche Tatwaffe, seinen angeblichen unmittelbaren Bedroher – Gerhard W. – herauszufinden, der mit Frau und Kindern zum Weihnachtsurlaub in Florida weilte. Nichts davon war geschehen.

Der FBI-Ermittler hatte noch ein weiteres Problem: Er konnte nichts von den Gesprächen verstehen, die Carl F. am

Telefon und später auch mit uns im Haus von Andreas B. auf Deutsch führte. Er war auf Übersetzer angewiesen, und die brauchten viel Zeit, um Transkripte und Übersetzungen anzufertigen, diese nach Washington zu schicken, dort überprüfen, abzeichnen und wieder zurückschicken zu lassen. Für die Übertragung eines Telefongesprächs von fünf Minuten in die deutsche Sprache, so gab eine der FBI-Übersetzerinnen vor Gericht an, brauche sie vier Stunden, für ein Meeting von einer Stunde Dauer etwa drei Tage. So viel Zeit hatte VanHoose nicht, bevor er uns verhaften ließ.

Letztendlich war es auf den Inhalt des Gespräches am 14. Januar 2006 also nicht mehr angekommen. Meine Festnahme hatte bereits festgestanden, als mein Flugzeug auf dem Rollfeld von Miami zum Stehen kam. Schon an diesem 13. Januar hatte VanHoose einen Durchsuchungsbefehl für Andreas B.s Haus beantragt – und wie sich jetzt herausstellte, war dieser Antrag fast wortgleich mit der «Anklageschrift», die er drei Tage später dem Haftrichter vorlegte. Unser Termin mit Carl F. und seinem Anwalt hatte nur noch dem Zweck gedient, mich nach Florida zu locken, um mich zu verhaften.

VanHoose hatte Carl und Sabine F. mit versteckten Mikrophonen und einer Videokamera ausgestattet und ihnen genau gesagt, was sie zu tun hatten. Sie sollten, nach einigen Scheingefechten, alle unsere Forderungen und Bedingungen akzeptieren und sich so als willfährige Erpressungsopfer präsentieren. Und auch Hermann W., ihr deutscher Anwalt, wurde genau in diese Inszenierung eingewiesen. Ich verstehe bis heute nicht, warum mein Hamburger Kollege an diesem abgekarteten Spiel teilgenommen hat.

Während der FBI-Mann stundenlang, erst vom Staatsanwalt, dann von den Verteidigern befragt wurde, dämmerte mir allmählich, warum Carl F. in diesem Teil des Gespraches ganz unvermittelt auf ein paar Dinge zu sprechen gekommen war, die Jahre zurücklagen und hier eigentlich überhaupt nichts zu suchen hatten: Es hatte tatsächlich einmal eine ziemlich massive verbale Auseinandersetzung zwischen Carl F. und mir als dem rechtlichen Vertreter der ACCONSA in Deutschland gegeben. Einer der Anleger verlangte sein Geld zurück, und das lag bei Carl F. Um ihn auszahlen zu können aber war die ACCONSA auf die Rückgabe des Betrages angewiesen. Ich hatte F. im Rahmen einer unserer Verhandlungen ziemlich wütend auf diese Situation hingewiesen. Jetzt war er darauf plötzlich wieder zu sprechen gekommen. Er hatte mich dazu bringen wollen, etwas über die Gefährlichkeit der Anleger der ACCONSA zu sagen, mit denen ich mich auseinanderzusetzen hatte. Und damit sollte ich dann zum Dritten im Bunde seiner angeblichen Erpresser und Bedroher werden.

Ich war an diesem fatalen Vormittag des 14. Januar 2006 über diese Wendung in unserem Gespräch irritiert und verärgert gewesen. Schließlich war ich nicht nach Florida gekommen, um mir diffuse Befürchtungen der F.s anzuhören oder über Vorfälle zu sprechen, die längst Schnee von gestern waren – zumal der betreffende Anleger von der ACCONSA längst aus anderen Mitteln abgefunden worden war. Ich sagte deshalb, was dazu zu sagen war: dass er sich garantiert keine Sorgen machen müsse, wenn wir den Konflikt nun durch eine Einigung ein für alle Mal beenden könnten.

Das sollte eine Erpressung darstellen? Am 6. Februar 2006, zwei Monate vor dem Prozess, hatte ich einen langen Brief an meine Anwältin geschrieben, in dem ich mich mit diesem Vorwurf ausführlich auseinandersetzte. «Berkau erklärte, dass er für die Sicherheit der Familie garantieren könne», so zitierte ich damals den amerikanischen Staatsanwalt. Und ich fragte Jeanne Baker: «Gut, ich habe gelernt, dass das, rechtlich gesehen, eine Erpressung darstellt. Aber was wäre die Schlussfolgerung, wenn ich gesagt hätte, dass ich *nicht* für die Sicherheit der Familie garantieren könnte? Du wirst mir erklären, Jeanne, dass dies auch eine Drohung und auch eine Erpressung wäre. Was also tun? Aufstehen und sofort die Polizei anrufen, wenn eine Frage wie diese während einer Geschäftsverhandlung aufkommt? Aber halt: Das kann auch eine Drohung sein! Täusche ich mich?»

Damals war ich ziemlich fassungslos über die kafkaeske Logik des Systems, in das ich hineingeraten war. Jetzt, zwei Monate später, fühlte ich mich schon sehr viel besser. Die Aussagen von VanHoose hatten oft Gelächter im Gerichtssaal und bei Bill Schureck und Chris Clark offensichtliches Entsetzen ausgelöst. Es lief ziemlich gut für uns.

In Dubio: Conspiracy

Den Straftatbestand der **conspiracy**, der Verschwörung, gibt es im amerikanischen Recht schon seit über hundert Jahren. Diese strafrechtliche Klammer macht es möglich, praktisch das gesamte soziale Umfeld, in dem eine Straftat stattfindet oder auch nur beabsichtigt wird, zu kriminalisieren. Besonders bei der Bekämpfung organisierter Kriminalität oder politischer Gruppen ist diese Möglichkeit von Beginn an ein willkommenes Instrument für die Strafverfolger gewesen. Inzwischen wird es in den USA aber praktisch gegen jede Form von Kriminalität eingesetzt und stellt eine Einladung zur Willkür dar: Der Vorwurf lautet

conspiracy, wenn sich zwei Menschen darüber unterhalten, dass man doch mal versuchen könnte, eine Bank zu überfallen. Und wenn einer von den beiden sich dann zum Beispiel auf den Weg macht, um sich die Überwachungskameras in dieser Bank etwas genauer anzusehen. **Conspiracy** kommt als Vorwurf auch in Frage, wenn jemand auf der Party eines Drogendealers zu Gast ist. Wegen **conspiracy** kann ein Werkstattbesitzer verurteilt werden, in dessen Werkhalle nachts geklaute Autos umgespritzt werden, ohne dass er es mitbekommt. Die **conspiracy** erlaubt es, alle Personen im Umfeld einer Tat für alles verantwortlich zu machen, was auch nur einer von ihnen tut oder sagt.

Der deutsche Innenminister Wolfgang Schäuble schlug 2007 vor, im Zuge der Terrorbekämpfung auch in Deutschland den Straftatbestand der «Verschwörung» einzuführen. Er erntete dafür massive Kritik und hat diesen Vorstoß nicht weiterverfolgt. Ähnliche, aber erfolglose Proteste hatte es gegeben, als 1976 der Paragraph 129a ins deutsche Strafrecht eingeführt wurde: Er stellt die «Mitgliedschaft in einer terroristischen Vereinigung» unter Strafe. Auch hier können Menschen für Straftaten verurteilt werden, die andere begangen haben oder zu begehen beabsichtigen – wenn sie deren Zwecke explizit unterstützen. Dennoch gelten für die Anwendung dieses Paragraphen sehr viel deutlichere Einschränkungen als für die **conspiracy** im amerikanischen Recht.

14

Die Verhandlungen an den 15 Prozesstagen, die zwischen dem 3. und dem 22. April 2006 vor dem Distriktgericht von Südflorida in Fort Lauderdale stattfanden, wurden von einem Protokollanten wortwörtlich mitgeschrieben und auf Tausenden Manuskriptseiten festgehalten. Allein die Akten, die meine Anwältin für diesen Prozess angelegt hat, füllen vier große Umzugskartons. Trotz dieser gigantischen Materialschlacht ging es in meinem Fall nur um die Aufklärung von zwei verhältnismäßig schlichten Fragen: Hatte ich irgendetwas gesagt oder getan, was man als Drohung verstehen konnte, Carl F. und seiner Familie Gewalt anzutun? Und war ich im Besitz eines rechtmäßigen Anspruches gewesen, eines *legal claim*, als ich nach Florida kam, um mit ihm zu verhandeln?

Nachdem Donald VanHoose zwei Tage lang von drei Verteidigern ins Kreuzverhör genommen worden war, konnte einem der FBI-Mann eigentlich nur noch leidtun. Er war, vor Publikum, komplett demontiert worden. Er hatte Carl F. blind vertraut und sich von ihm manipulieren lassen, er beherrschte die simpelsten Grundsätze der Ermittlungstechnik genauso wenig wie die Gesetze der Logik. Und er hatte nahezu alles versäumt, was notwendig gewesen wäre, wenn er die Familie F. tatsächlich vor einer Bedrohung hätte schützen wollen.

Mit Sabine F. stand nun eine Frau als Zeugin vor Gericht, von der so mancher amerikanische Mann wohl sein Leben lang träumt: groß, blond, langhaarig, gekleidet in ein braves Matrosenkostüm. Sie hatte Carl F. vor über 20 Jahren kennengelernt und war ihm überallhin auf der Welt gefolgt, nach Spanien, nach Thailand und dann in die USA. Dann hatte, so berichtete sie dem Gericht, das Ehepaar erkannt, dass Florida der beste Ort auf der Welt war, an dem ihre Kinder aufwachsen könnten. Ihre Söhne waren inzwischen Teenager, ihre kleine Tochter war sieben und ihr besonderer Augenstern.

Sabine F. war 43 Jahre alt. Sie glaubte, was ihr Mann ihr erzählte, und sie tat, was er ihr sagte. In verschiedenen Firmen hatte er sie als Geschäftsführerin oder Inhaberin eingesetzt, ohne dass sie Näheres über deren Tätigkeit wusste. Sie nahm ihrem Mann nicht weiter übel, dass er ihr unangenehme Aspekte seiner geschäftlichen Situation verschwieg und sie über vergangene Strafverfahren belogen hatte – etwa die Tatsache, dass er in den neunziger Jahren in einem Bordell verhaftet worden war. Ihr Englisch war bescheiden, aber auf den immer wieder angebotenen Übersetzer verzichtete sie, weil sie «ein Mitglied der amerikanischen Gesellschaft» sein wollte. Das gab ihr Gelegenheit, bei schwierigeren Fragen um Wiederholung zu bitten – und sich Zeit mit der Beantwortung zu lassen. Ob sie selbst glaubte, was sie vor Gericht erzählte, blieb unter uns umstritten.

Dass sie um das Leben ihrer Kinder fürchten musste, und zwar aufgrund von Bedrohungen durch uns drei Angeklagte, hatte sie ausschließlich von ihrem Mann gehört. Andreas B., den sie ganz gut kannte, schilderte sie als friedliebenden Herrn mit tadellosen Manieren, Gerhard W. war ihr nie begegnet. Mich hatte sie ein paarmal getroffen, als ich in früheren Jahren zu Beratungen in Florida gewesen war, aber viele Worte hatten wir da nicht miteinander gewechselt.

Ein diffuses Gefühl der Bedrohung basierte bei ihr vor allem auf zwei Erlebnissen.

Mitte Dezember 2005 war vor ihrem Haus ein Mann in einem ziemlich schäbigen Auto vorgefahren und hatte sein Interesse an der Immobilie erklärt. Das war nicht besonders erstaunlich, denn das Haus der F.s stand zum Verkauf. Doch für Sabine F. passten das Auto und der schlechtgekleidete Mann nicht zu dem Kaufpreis, den sie sich erhoffte. Der Typ war ihr unheimlich, und sie verwies ihn an ihren Makler. Bloß: Was hatte das mit uns zu tun?

Das zweite «Ereignis» fand weit nach unserer Inhaftierung statt. Eines schönen Vormittags, als sich Gartenarbeiter auf dem Grundstück der F.s zu schaffen machten, fiel Sabine F.s Blick auf die große Mülltonne vor ihrer Tür. Plötzlich wurde ihr bewusst, wie einfach es wäre, ihr kleines Mädchen in diese große Tonne zu stecken und abzutransportieren. Sie brach in Tränen aus, als sie diese schreckliche Vorstellung im Zeugenstand schilderte. Und sie beschloss an diesem Tag, ihre kleine Tochter, die doch schon so selbständig war, nicht mehr allein zur Schule gehen zu lassen. Das alles hatte zwar überhaupt nichts mit unserem Fall zu tun – aber es zeitigte Wirkung. Einige Jurymitglieder waren zu Tränen gerührt.

Wenn man die Aussage von Sabine F. heute schwarz auf weiß nachliest, ist die große Wirkung, die sie bei den Geschworenen hinterließ, kaum nachvollziehbar. Die Frau hatte nichts gesagt, was ernsthaft zum Beweis einer Bedrohung taugte. Aber sie hatte sich als liebende Mutter und Ehefrau präsentiert: Sie war eine von ihnen, die ihre Kinder in Fort Lauderdale großzogen oder schon großgezogen hatten. Und wir standen als Vertreter jener dunklen Mächte da, die einen Schatten auf dieses wohlbehütete Leben warfen.

Aus der Zeugenaussage von Sabine F. erfuhren wir schließlich auch, wie der Kontakt der F.s zum FBI zustande gekommen war. Carl F. war, nachdem er das Verfahren vor dem Hamburger Landgericht verloren hatte, der Ernst seiner Lage bewusst geworden: Es gab hohe finanzielle Forderungen gegen ihn, es drohte ein Strafverfahren, und das wiederum konnte aufenthaltsrechtliche Konsequenzen haben. Sein komfortables Dasein in Florida stand in Frage.

Er tat, was er tun musste: Er sprach mit seiner Frau darüber. Er erzählte ihr, dass er viel Geld bezahlen sollte, dass ihm ein Strafverfahren drohte und man ihn bei der Ausländerbehörde anschwärzen könnte. Er erzählte ihr außerdem, dass ihr Leben und das ihrer Kinder nicht mehr sicher sei, weil ein paar dunkle Gestalten es bedrohten. Sabine F. war schockiert, empört und stand angesichts dieser Gefahr natürlich zu hundert Prozent auf der Seite ihres Mannes. Was also tun? Sie hatte eine Idee: Da gab es doch diesen Klassenkameraden ihres Sohnes, dessen Eltern beide beim FBI arbeiteten. Ob man den Vater nicht mal ansprechen sollte? Das FBI, so erklärte Sabine F. vor Gericht, garantiere irgendwie doch noch mehr Sicherheit als die Polizei.

Wie gut sich Bill Schureck und die F.s wirklich kannten, wissen wir bis heute nicht. Auf jeden Fall lebten sie nur ein paar Blocks voneinander entfernt, hatten Söhne, die in dieselbe Klasse gingen und in der derselben Baseballmannschaft spielten. Gute Nachbarn helfen einander. Und so nahm das FBI die Ermittlungen auf.

Die Frau von Bill Schureck übrigens, Rosa Schureck, gehörte zu den FBI-Beamten, die Carlos Alvarez im Sommer 2005 nach dem Kirchgang aufgelauert hatten. Sie war es, die genau darüber Bescheid wusste, wie seine Kinder lebten. Und die ihn in diesem Verhör daran erinnerte, dass er seiner 13-jährigen Tochter doch sicher nur das Beste wünsche.

15

Niemand wusste genau, wie lange der Prozess dauern würde. Jeden Tag gab es, jedenfalls theoretisch, die Chance eines plötzlichen Freispruchs oder einer plötzlichen Einstellung des Verfahrens. Darauf wollte ich vorbereitet sein, und dabei gab es etwas, was mir Sorgen machte: Ich war am 13. Januar 2006 als Tourist in die USA eingereist. Meine Aufenthaltserlaubnis endete 90 Tage später, am 13. April. Nicht zuletzt aus diesem Grund wollte ich die USA nach meiner Entlassung so schnell wie möglich verlassen oder notfalls im Deutschen Konsulat in Miami Zuflucht suchen. Ich bat deshalb Jan Jütting und meine Töchter, jeden Tag eine gepackte Tasche und ein Fahrzeug bereitzuhalten, damit sie gegebenenfalls direkt aus dem Gericht mit mir wegfahren konnten. Alle Beteiligten waren genau instruiert, was sie zu tun hatten, wenn ich tatsächlich freikäme.

Nachträglich hört sich so etwas verrückt an. Aber tatsächlich gilt es in den USA als Straftat, nur einen Tag länger als erlaubt im Land zu bleiben, und zwar ganz unabhängig davon, ob man diese «Aufenthaltsverlängerung» selbst zu verantworten hat oder nicht. Man kann deswegen sofort festgenommen und in Abschiebehaft genommen werden. Und manche müssen dann ziemlich lange auf ihre Abschiebung warten.

War es wirklich denkbar, dass ich von einem auf den anderen Tag freikam? William Dimitrouleas, unser Richter, signalisierte uns im Laufe des Verfahrens mehrmals, dass er nicht mehr an eine Verurteilung glaubte. Drei Mal forderte er uns auf, einen Antrag auf sofortige Beendigung des Verfahrens nach *rule 29* zu stellen: Danach kann der Richter die

Jury entpflichten und die Angeklagten sofort freisprechen, wenn er die Anklage für offensichtlich unbegründet hält. Als wir diesen Antrag dann schließlich stellten, lehnte Dimitrouleas ihn ab. Ob das gut oder schlecht für uns war, konnten wir damals nicht einschätzen. Nach einem Freispruch durch den Richter nämlich hätte der Staatsanwalt in Berufung gehen können. Ein «nicht schuldig» durch die Jury aber ist nicht anfechtbar. Wahrscheinlich rechnete unser Richter damals einfach damit, dass uns nur noch wenige Tage von der Freiheit trennten.

Auch die Bewacher, die mich jeden Tag aus der Arrestzelle auf die Anklagebank führten, waren von meiner Unschuld inzwischen überzeugt. Ich würde wohl bald schon wieder zurück sein, auf der *German Autobahn*, sagte einer einmal zu mir, und er meinte es nicht im Scherz. In den Verhandlungspausen durfte ich mich inzwischen über die Balustrade hinweg mit meinen Kindern unterhalten, allerdings nur auf Englisch.

Am Ende der zweiten Verhandlungswoche reisten Lisa Lou, Jakob und Jonathan nach Hamburg zurück. Schließlich gab es auch dort sehr viel zu tun. Nur meine älteste Tochter Anne Jo würde den Prozess bis zum Ende mitverfolgen.

Tagelang beschäftigten sich die Verfahrensbeteiligten jetzt mit allen möglichen Verästelungen der komplexen Geschäftsbeziehungen zwischen Andreas B., Carl F. und der ACCONSA. Mit der Frage, wer wem was schuldete, und mit finanziellen Transaktionen über amerikanische Banken. Das alles musste der Jury weitgehend unverständlich bleiben und spielte für die Urteilsfindung auch keine große Rolle. Allerdings bemühte sich Staatsanwalt Chris Clark immer wieder darum, mich als kriminelles *mastermind* hinter einer irgendwie dubiosen Verflechtung verschiedener Firmen darzustellen – auch wenn nichts von dem, was die ACCONSA betrieben hatte, ungesetzlich war.

Der letzte Zeuge der Anklage war der Anwalt Hermann W., der Kollege also, der Carl F. in dem Verfahren gegen ACCONSA vertreten hatte. Natürlich stand W. auf der Seite seines Mandanten. Doch das hatte die Zeugenaussage von VanHoose deutlich gemacht: Er war in seiner Parteilichkeit deutlich weiter gegangen, als ich es von einem Kollegen erwarten konnte. Er war über die Falle, die Carl F. und das FBI mir gestellt hatten, vollständig informiert gewesen, und er hatte mitgespielt.

Die für uns wichtigste Tatsache aber würde W. im Zeugenstand kaum bestreiten: dass die ACCONSA vor dem Hamburger Landgericht gegen seinen Mandanten Carl F. gewonnen hatte und dass dieses Urteil vorläufig vollstreckbar war. Dies wiederum bedeutete, dass der Vorwurf einer erpresserischen Absicht nicht nur gegen mich hinfällig war, sondern auch gegen meine Mitangeklagten: Selbst wenn andere Forderungen gegen Carl F. noch streitig waren, konnten auch Andreas B. und Gerhard W. nicht als Erpresser belangt werden, wenn nur ein Teil der Ansprüche durch ein Gericht als rechtmäßig festgestellt war.

Mein Kollege Hermann W. hat die Existenz dieses Urteils in seiner Zeugenaussage auch nicht bestritten. Ich hatte das Dokument mit Übersetzung und Apostille (einer international anerkannten Form der Beglaubigung) schließlich in meinem Reisegepäck mit in die USA gebracht. Aber er tat vor Gericht alles, um der Jury einzureden, wir hätten uns dieses Urteil auf irgendwie unlautere Weise erschlichen. Er titulierte die Entscheidung der Hamburger Richter wörtlich als «Katastrophe», und er beklagte, dass in diesem Prozess elementare

Grundregeln eines jeden Gerichtsverfahrens nicht eingehalten worden seien. Das Urteil des Landgerichts Hamburg, so teilte er im Zeugenstand der Jury mit, werde deshalb in der Berufungsinstanz aufgehoben.

Ich verstehe bis heute nicht, was meinen Kollegen zu dieser Aussage bewogen hat. Hätten wir früher gewusst, dass er bereit war, ein Hamburger Gericht vor einer amerikanischen Jury dermaßen zu verunglimpfen, hätten wir wahrscheinlich alle Hebel in Bewegung gesetzt, um eigene Zeugen zu diesem Thema in die USA zu holen.

Aber wir standen am Ende des Strafprozesses. W.s Aussage hatte uns zwar beunruhigt, aber wir sahen trotzdem nicht, auf welcher Grundlage die Jury mich «schuldig» sprechen sollte.

Es muss unter den Geschworenen heftige Diskussionen gegeben haben. Nachdem sie sich am 14. Verhandlungstag zur Beratung zurückgezogen hatten, verlangten sie, noch einmal alle Aufzeichnungen des FBI zu sehen und zu hören. Verschiedene technische Schwierigkeiten waren zu überwinden. Ein ganzer Tag verging, an dem ich in der Arrestzelle im Gericht saß und wartete. Dann wurde die Urteilsverkündung noch einmal auf den nächsten Tag verschoben.

Am Freitag, dem 21. April 2006, betraten die zwölf Jurymitglieder den Gerichtssaal. Es war 10 Uhr 36. Eines von ihnen, eine jüngere Frau, wirkte verweint. Der Sprecher der Jury übergab der Gerichtsschreiberin ein Blatt Papier. Jeanne Baker, meine Anwältin, die neben mir saß, nahm meine Hand und hielt sie ganz fest.

Der Richter forderte die Gerichtsschreiberin auf, das Dokument vorzulesen. Alle erhoben sich, und die Frau las vor:

«In der Sache USA gegen Reinhard Berkau stellen wir, die Jury, einstimmig fest:

Schuldig.»

In diesem Moment zeigte William Dimitrouleas zum ersten Mal eine deutlich wahrnehmbare Regung seiner Gefühle: Seine Kinnlade klappte herunter. Er war über dieses Urteil echt verblüfft. Interessant, dachte ich, so etwas habe ich noch nie gesehen.

Ich hatte mich nach Meinung der Jury der «Verschwörung zu einer Erpressung» schuldig gemacht, außerdem war ich, so ein weiterer Anklagepunkt, aus dem Ausland eingereist, um diese Straftat zu begehen. Dasselbe Urteil wurde über Andreas B. gesprochen. Bei Gerhard W. entfiel nur der Vorwurf der «Auslandsreisen» – warum auch immer.

Dann wurden, auf Wunsch eines unserer Verteidiger, alle Jurymitglieder noch einmal einzeln gefragt, ob sie die Richtigkeit dieses Urteils bestätigten.

Zwölfmal hintereinander sagte einer nach dem anderen: «Ja, das ist mein Urteil.»

An meine eigenen Gefühle in dieser Situation kann ich mich nur undeutlich erinnern. Ich weiß, dass ich eine gewisse Verärgerung und Empörung empfand; ich fand das Urteil der Jury lächerlich und absurd. Aber dabei ging es mir eher so, wie ich mich als Anwalt manchmal gefühlt hatte, wenn ich fand, dass ich einen Prozess wirklich zu Unrecht verlor. Noch ließ ich das, was dieses Urteil für mein Leben bedeutete, nicht wirklich an mich herankommen.

Vermutlich hat niemand mehr hingehört, während sich der Richter bei der Jury bedankte und einige abschließende Worte sprach. Genau neun Minuten nachdem die Geschworenen den Saal betreten hatten, schloss der Gerichtsschreiber sein

Protokoll. Die Verhandlung war beendet. Mehrere Leute im Gerichtssaal waren in Tränen ausgebrochen. Unter ihnen meine Tochter Anne, aber auch ein älterer *marshal*, der mich drei Wochen lang bewacht hatte.

Ich wurde abgeführt. In einer Besprechungszelle durfte ich, durch Gitterstäbe hindurch, noch einmal kurz meine beiden Anwälte, Jeanne Baker und Jan Jütting, sprechen. Wenige Minuten zuvor hatte ich noch zwischen ihnen gesessen und gehofft, als freier Mann das Gericht zu verlassen.

Gegen jede Vorschrift und Gepflogenheit sprach währenddessen ein junger, schwarzer *marshal* meine Tochter Anne an, die ziemlich aufgelöst auf dem Gerichtsflur stand, und forderte sie auf mitzukommen. Dass er sie zu uns in die Besprechungszelle lotste, hätte ihn seinen Job kosten können.

Ich weiß nicht mehr genau, worüber wir in dieser Situation geredet haben. Wahrscheinlich haben wir uns gegenseitig Mut zugesprochen und überlegt, welche Schritte jetzt als nächste zu tun wären. Lange ließ man uns ohnehin nicht beieinandersitzen.

Interview: «Unschuldig verurteilt – das passiert sogar den besten Anwälten im ganzen Land»

Jeanne Baker, Sie haben Reinhard Berkau verteidigt, können Sie sich an Ihre erste Begegnung mit ihm erinnern?

Ja, klar. Ich hatte die Information, dass ein deutscher Anwalt verhaftet worden war, und war dann sehr überrascht über sein Aussehen – da saß ein Langhaariger, der eher wie ein Hippie wirkte. Ich dachte sofort, dass wir etwas tun müssen, damit er vor Gericht eher wie ein seriöser Kollege aussieht und nicht wie der Gitarrist einer Band.

Und wie ging es ihm damals, in den ersten Tagen nach der Verhaftung?

Er saß mir bei diesem ersten Besuch in einem sehr kleinen Raum schräg gegenüber. Er war völlig verstört, schockiert, fassungslos über das, was ihm passiert war. Er machte sich vor allem Sorgen um seine Gesundheit ... und ich hatte anfangs auch große Sorge um ihn.

Konnten Sie sich vorstellen, wie er mit der Situation im Gefängnis zurechtkommt?

Er saß ja als **federal prisoner** in einem **local jail**, wo die meisten Leute wegen Gewaltverbrechen einsitzen. Sie sind ungebildet und arm und kommen aus einer Welt, zu der Gewalt einfach dazugehört. Der ethnische und soziale Hintergrund von Reinhard Berkau war natürlich ein ganz anderer. Ich war sehr beeindruckt und überrascht, wie er das hinbekommen hat, dort zurechtzukommen. Und wie es ihm gelungen ist, einen aufrechten Gang zu behalten und immer positiv zu bleiben.

Gibt es in solchen Situationen irgendwelche Methoden, die helfen, psychisch einigermaßen stabil zu bleiben?

Wir haben von Anfang an darüber gesprochen, und er hat auch sehr schnell verstanden, dass er gegen dieses Gefängnissystem nicht gewinnen kann. Dass es für ihn keinen Sinn hat, gegen alle möglichen Vorschriften und gegen das Wachpersonal zu rebellieren. Wenn man es sich im Gefängnis erlaubt, sich über jeden Angriff auf die eigene Würde aufzuregen, verliert man nur.

Reinhard Berkau hat sich praktisch von Anfang den **guards** gegenüber umgänglich und kooperativ gezeigt und hat sich, soweit möglich, an die dort herrschenden Regeln gehalten. Dadurch ist es ihm gelungen, in einem extrem stressigen Umfeld so wenig zusätzlichen Stress wie möglich zu produzieren.

Und Sie als seine Anwältin – waren Sie gleich von seiner Unschuld überzeugt?

Ich bin Strafverteidigerin. Mir geht es nicht darum, ob jemand schuldig ist oder nicht, sondern an welchen Punkten ich ansetzen kann, um ihn in seiner Situation bestmöglich zu unterstützen. Manche Mandanten bedrängen mich da geradezu, sie wollen unbedingt, dass ich an ihre Unschuld glaube – aber ich versuche, ihnen zu erklären, dass meine persönliche Überzeugung für das Verfahren völlig irrelevant ist.

Reinhard Berkau hat so etwas nie von mir erwartet. Aber ich hatte von Anfang an großes Vertrauen zu ihm und habe gleich erkannt, dass er ein aufrichtiger Mensch und Kollege war. Für mich war wichtig, dass er feste Prinzipien und Werte hatte – unabhängig davon, ob er im Sinne der Anklage schuldig war oder nicht. Um das herauszufinden, mussten wir die Transskripte dieser Aufzeichnungen auswerten: Konnte ein objektiver Zuhörer «ohne vernünftige Zweifel» einen Beleg für eine Erpressung darin finden, wie es von Beweismaterial im amerikanischen Strafverfahren gefordert wird? Das hatte den Charakter einer technischen Frage, die wir miteinander zu klären hatten.

Gab es für die Verteidigung auch problematische Aspekte?

Das eine Problem ist, dass wir in den USA diese **conspiracy**-Gesetze haben. Und das bedeutet, dass Sie für etwas verantwortlich gemacht werden können, was jemand anderes getan oder gesagt hat. Diese Gesetze sind furchtbar – das denkt jeder gut ausgebildete Strafverteidiger im ganzen Land. Sie ermöglichen es, viele Leute zu verhaften und ihre Verurteilung zu erwirken, auch wenn sie selbst keine strafbare Handlung begangen haben.

Hinzu kam noch etwas anderes: Es gibt hier in den USA bestimmte Spielregeln, die man kennen muss, wenn man geschäftliche Verhandlungen führt. Es gilt zum Beispiel als unethisch, jemandem mit der Polizei oder mit Kriminalisierung zu drohen, um mit ihm zu einer Einigung zu kommen. Aber Reinhard Berkau ist als Anwalt nicht in den USA ausgebildet worden und kannte diese Gepflogenheiten nicht.

Das größte Problem hatten wir aber mit der Zeugenaussage von diesem schrecklichen deutschen Anwalt. Seine Aussagen waren extrem schädlich. Ich hatte keine Möglichkeit, ihn zu dem Eingeständnis zu bringen, dass er im Zeugenstand nicht die Wahrheit sagte. Ich hätte seine Aussage Punkt für Punkt durch eigene Zeugen widerlegen müssen. Aber es stellte sich heraus, dass es schwierig war, diese zur Gerichtsverhandlung in die USA zu holen. Und wir haben trotz dieser Aussagen des Anwaltes nie geglaubt, dass das Verfahren so negativ für uns ausgehen würde.

Ist dieses Urteil gegen Reinhard Berkau für Sie ein Skandal, ein Ausnahmefall, oder spiegelt es eher den Alltag, die Normalität im amerikanischen Justizsystem wider?

Diese Frage ist wirklich schwer zu beantworten. Es kommt vor, es passiert wiederholt, und es passiert sogar den besten Anwälten im ganzen Land, dass jemand verurteilt wird, der komplett unschuldig ist. Da spielen viele Bedingungen eine Rolle. In unserem Falle zum Beispiel: Wenn dieser Carl F. keinen persönlichen Bekannten beim FBI gehabt hätte, hätte sich das FBI mit dieser Sache vermutlich überhaupt nicht befasst. Die hatten eigentlich Wichtigeres zu tun, als sich in einen Konflikt unter Geschäftsleuten einzumischen. Aus meiner Sicht war das ein klarer Missbrauch der Ressourcen des FBI. Wir schrieben immerhin das Jahr 2006, die ganze Nation war noch in dieser Hysterie nach dem 11. September 2001. Und unter dem Gesichtspunkt des sinnvollen Einsatzes von Ressourcen sollte sich das FBI darauf konzentrieren, unser Land vor terroristischen Angriffen zu schützen, statt in geschäftliche Konflikte einzugreifen.

Und wenn so ein Fall erst mal vom FBI und vom Staatsanwalt aufgriffen ist, dann entsteht ein Erfolgsdruck, auch zu einer Verurteilung zu kommen?

Eigentlich sollte das nicht der Fall sein. Es gibt eine sehr wichtige Entscheidung des Obersten Gerichtshofs der Vereinigten Staaten, die sagt: Ein Staatsanwalt muss Gerechtigkeit anstreben und nicht Sieg. Die Realität sieht aber ganz anders aus. Ich habe zum Beispiel einen Fall vertreten, in dem der Staatsanwalt über vier Jahre hinweg wirklich keinen schmutzigen Trick ausgelassen hat, um eine Verurteilung meines Mandanten zu erreichen. Auch wenn er selbst wusste, dass manche Zeugen einfach gelogen haben. Dem Staatsanwalt in Reinhard Berkaus Fall, Chris Clark, ging es jedenfalls ganz eindeutig um nichts anderes als den Sieg.

Liegt es an einem Fehler im System, dass amerikanische Ankläger so aggressiv agieren?

Ich finde, niemand sollte Staatsanwalt werden, ohne mindestens fünf Jahre Strafverteidiger gewesen zu sein. Als Strafverteidiger lernt man die menschlichen Dimensionen der Situation kennen. Man versteht, wie es dazu kommt, dass jemand Fehler macht und die Konsequenzen seines Handelns nicht richtig bedenkt. Man erfährt, was für schreckliche Dinge Menschen passieren können, und es wird einem klar, dass die Strafen, die in den USA verhängt werden, einfach viel zu hoch sind. Denn vor allem die Familien der Verurteilten haben extrem darunter zu leiden. Das alles sollte jemand erlebt haben, bevor er die extreme Macht ausüben kann, die ein Staatsanwalt bei uns hat.

Hätte der Staatsanwalt in Reinhard Berkaus Fall das Verfahren denn aufhalten können?

Chris Clark hätte den Prozess zu jedem Zeitpunkt einfach sofort beenden können. Staatsanwälte haben in unserem Land eine enorme Macht. Sie können in jeder Phase des Verfahrens entscheiden, ob sie anklagen oder nicht; und da gibt es oft viele verschiedene Optionen. Wir wissen, dass die Bush-Administration ein Memo verfasst hat, in dem alle Staatsanwälte angewiesen wurden, immer den schwerwiegendsten Anklagepunkt auszuwählen. Das ist doch furchtbar! So ein internes Papier ist zwar kein Gesetz, aber praktisch eine Anweisung vom obersten Chef. Und die meisten halten sich auch daran. Natürlich gibt es einige Staatsanwälte, die bereit sind, sich die Dinge auch aus Sicht der Verteidigung anzusehen. Aber in der überwältigenden Mehrheit sind es sehr rigide Ankläger, die ihre Aufgabe nur darin sehen, die höchstmögliche Bestrafung durchzusetzen.

Und Sie als Verteidigerin – hätten Sie in diesem Verfahren etwas anders machen können?

Die schwierigste Entscheidung, die wir zu treffen hatten, war die, ob Reinhard Berkau selbst in den Zeugenstand treten sollte. In den USA sagt ein Angeklagter unter Eid aus. Wenn er dann am Ende aber verurteilt wird, kann er eine höhere Strafe bekommen, weil der Richter die Aussage des Angeklagten als Meineid bewertet. Reinhard und ich haben sehr lange darüber nachgedacht, ob er in den Zeugenstand gehen soll, und – so denke ich – eine vernünftige Entscheidung dagegen getroffen. Aber war sie wirklich richtig? Ich weiß es nicht. Sogar in der Rückschau, und angesichts eines Urteils, das mich extrem erzürnt ... ich weiß immer noch nicht, ob ich ihn nicht doch in den Zeugenstand hätte rufen sollen.

Jeanne Baker ist seit 1973 als Strafverteidigerin in den USA tätig. Sie ist PräsidentIn der amerikanischen Bürgerrechtsorganisation ACLU (American Civil Liberties Union) in Florida, einer Organisation, die gegen staatliche Angriffe auf die Bürgerrechte von Bewohnern und Besuchern der USA kämpft.

16

Einen Tag nach der Urteilsverkündung, am Samstag, dem 22. April 2006, schrieb ich einen Brief an die Mitglieder meiner Oldie-Rockband in Hamburg:

«Euch habe ich in der letzten Zeit etwas vernachlässigt. Das Verfahren hier hat mich sehr in Anspruch genommen. Für Eure Unterstützung, Eure Briefe und Mails bedanke ich mich sehr. Für mich war und ist es keine leichte Zeit, umso mehr habe ich mich gefreut! Ihr werdet inzwischen wissen, dass mein Zeitplan nicht aufgeht, ich werde in den nächsten Monaten nicht nach Hamburg zurückkehren können. Ich bin von einer Mischung aus Fassungslosigkeit und Zorn erfüllt, aber auch mit Ärger über meine Naivität. Die USA haben mit einem Rechtsstaat in unserem Sinne nichts zu tun. Ob hier jemand im Gefängnis sitzt oder nicht, entscheiden zu einem beträchtlichen Teil Zufall und Willkür. Die hiesige Staatsanwaltschaft ist nicht an Wahrheit, sondern an Verurteilung interessiert, der Jury werden völlig ungeniert mit Vorsatz Lügen und Verdrehungen aufgetischt. Wer von Euch zu meinem Fall nähere Einzelheiten wissen möchte, sollte sich auf ein Glas Wein mit Jan, der mich hier mit verteidigt, und Anne zusammensetzen. Ich selbst werde mit der Situation vergleichsweise gut fertig. Was wirklich wehtut, ist die Trennung von den Kindern, von Veronika und von den Freunden, von Euch. Aber wir arbeiten daran. Schreiben kann ich, wie Ihr seht. Telefonieren geht momentan begrenzt innerhalb von Florida, vielleicht aber bald auch nach Deutschland.

Natürlich fehlt mir das Musikmachen mit Euch. Ich habe allerdings begründete Hoffnung, dass ich ab August die Möglichkeit habe, zumindest zeitweise an eine Gitarre zu kommen. Ich werde selbstverständlich berichten. Von Euch wünsche ich mir, dass Ihr auf jeden Fall weitermacht und alle noch da seid, wenn ich zurückkomme – auch wenn das noch etwas dauern wird. Vielleicht findet Ihr einen Keyboarder, der für mich einspringen kann. Ansonsten – ohne geht es auch!

Habt nochmals vielen Dank für alles und grüßt Eure Lebensgefährten und Lebensgefährtinnen von mir.
Stay tuned (ich mache das auch)! Reinhard»

Wenn ich heute auf jene Tage zurückblicke, so denke ich: Das war eigentlich die schlimmste Zeit. Bis zum 21. April 2006 hatte ich mit der Hoffnung gelebt, dass dieser Albtraum mit dem Urteil der Jury einfach vorbei sein würde. Bis zu diesem Zeitpunkt hatte es mir auch nicht so viel ausgemacht, dass ich wieder im *Broward County Jail* saß, denn ich verbrachte meine Tage ja ohnehin im Gericht, wo ich mit Jeanne Baker und Jan Jütting sprechen konnte, und ab und zu auch mit meinen Kindern.

Aber jetzt war zum ersten Mal klar: Das hier konnte noch Jahre dauern. Erst einmal musste ich noch Monate auf die

Entscheidung über mein Strafmaß warten, dann erst konnten wir über weitere Schritte entscheiden: darüber, in den *appeal* zu gehen oder meine Überstellung in ein deutsches Gefängnis zu betreiben.

Es war nicht zu fassen: Wir hatten die Jury nicht von meiner Unschuld überzeugen können. Das konnte ich gar nicht verstehen. Nach wie vor fiel es mir schwer, den Prozess überhaupt aus dieser Perspektive zu betrachten. Mein ganzes Berufsleben hatte gegolten: *in dubio pro reo,* im Zweifel für den Angeklagten. Und jetzt hatten ein paar vage Zweifel, ob an den Vorwürfen nicht doch irgendwas dran sein könnte, gereicht, um mich aus allem herauszureißen, was mein bisheriges Leben gewesen war. Während meine Kinder und die Mitarbeiter meiner Kanzlei zu Hause weiterkämpfen mussten, dass dieses Urteil nicht auch noch die Existenzgrundlage unserer Familie und ein gutes Dutzend Arbeitsplätze vernichtete.

Das Letzte, was ich mir jetzt aber leisten konnte und wollte, war Selbstmitleid. An meinen Mitgefangenen konnte ich jeden Tag beobachten, was aus Menschen wird, die sich selbst aufgeben. Vielen von ihnen wurden Psychopharmaka verschrieben. Mir hat man solche Medikamente nie angeboten. Ich habe auch nie tagelang auf dem Bett gelegen, an die Decke gestarrt und mich irgendeiner Verzweiflung hingegeben.

Am Nachmittag des 26. April 2006 schrieb ich zwei lange Briefe nach Hamburg. Beide sollten mir und meinen Angehörigen helfen, die Lähmung zu überwinden, auch wenn es nicht einfach war, den Blick jetzt wieder in die Zukunft zu richten. Mein Brief an Jan Jütting beschäftigte sich mit der Frage, welche rechtlichen Möglichkeiten es noch gab, am Urteil der Jury zu rütteln. Trotz aller juristischen Fragen, so fand ich aber, musste sich das Leben in Hamburg auch mal wieder um etwas anderes drehen als um meinen Fall. Und das schrieb ich meinen Kindern in einem zweiten Brief.

Erst einmal erzählte ich von meinen Gedanken und Gefühlen: «Es gibt viele Dinge, die mir in den letzten Monaten durch den Kopf gegangen sind. Da ist nicht nur meine unglaubliche Dummheit, überhaupt hierher zu fahren, nicht nur die hochkriminelle und skrupellose Falschbeschuldigung durch Carl F. und sodann die Willkür-Entscheidung einer amerikanischen Jury, es ist vor allem der gedankliche Umgang damit, den ich an mir selbst beobachte.» Im Grunde genommen, führte ich weiter aus, sei der Blick zurück nämlich ziemlich schnell abgehakt. «Das ist schon erstaunlich, andere Leute würden möglicherweise den ganzen Tag in ihrer Zelle rumrennen und über Vergeltung nachdenken – ich nicht.» Ich suchte vielmehr nach anderen, positiveren Themen, auf die ich meine Gedanken richten und mit denen ich meine Hoffnung auf das Leben nach dem Knast nähren konnte: Ich wollte mir jetzt die Umbaupläne für unser Haus auf Mallorca vornehmen. Ich brauchte etwas, worauf ich mich freuen konnte.

Ich schrieb den Kindern, wie wichtig es sei, dass sie sich jetzt wieder auf ihre Ausbildung konzentrierten. Die vier sollten sich bei all dem, was ohnehin noch auf sie zukam, jedenfalls keine Sorgen um mein Befinden machen. «Wenn Ihr die letzten Monate betreffend meine Person Revue passieren lasst (und diesen Brief richtig lest)», so schrieb ich ihnen, «dann werdet Ihr wissen, dass ich offenbar mit einem ziemlich gesunden Überlebenswillen ausgestattet bin. Ich komme klar, und ich glaube, das wisst Ihr auch. Das Schwierigste für mich ist, hier ohnmächtig zu sitzen und Euch so wenig helfen zu können.»

So wollte ich es gerne sehen. Aber für einmal hatte ich meine Kräfte falsch eingeschätzt.

In der darauffolgenden Nacht begannen mich ungute Träume zu quälen. Am nächsten Morgen erinnerte ich mich nur bruchstückhaft daran: Es ging um ein Auto. Ein paar mir unbekannte Personen hatten etwas angestellt: Das Fahrzeug geklaut? Einen Unfall gebaut? Irgendwie hing ich da mit drin und wurde von der Polizei verfolgt.

Nach dem Aufwachen fühlte mich unwohl. Ich spürte einen dumpfen Schmerz, besser ein dumpfes Drücken unterhalb meiner Brust, das von dort abwärts in meinen Bauch ausstrahlte. Ich versuchte, erst einmal tief durchzuatmen und mich zu entspannen. Doch das half überhaupt nichts, im Gegenteil. Ich begann intensiv zu schwitzen. Was geschah mit mir? War das ein Herzinfarkt? Oder ein Schlaganfall? Ich bekam es mit der Angst zu tun.

Einer meiner *roommates* schaltete sofort, drückte den Alarmknopf in unserer Zelle und erklärte durch die Gegensprechanlage, dass ich ärztliche Hilfe brauchte. Dann ging alles sehr schnell: Ein Schließer kam in die Zelle und rief sofort zwei *nurses*. Ich war inzwischen schweißgebadet. Die beiden Krankenpfleger hatten ihren Notfallkoffer und checkten erst mal meinen Blutdruck: 63 zu 41, ein ganz ungewöhnlich niedriger Wert. Ich war aufgestanden, bemerkte aber ein leichtes Flimmern vor den Augen und musste mich sofort wieder hinsetzen. Irgendwer hatte schon einen Rollstuhl geholt, packte mich hinein und schob mich aus der Zelle in den Untersuchungsraum auf der *infirmary*.

Dort wurde ich sofort an ein EKG angeschlossen. Ich begann, mich ein wenig zu beruhigen. Immerhin kümmerte man sich schnell und tatkräftig um meine Gesundheit. Kurz darauf stürmten zwei *firefighters* ins Behandlungszimmer. Eine blonde junge Frau gab die Kommandos, ein junger Mann folgte ihren Anweisungen, während sie mich noch einmal umbetteten, an ein Dauer-EKG anschlossen und auf einer rollbaren Liege auf den Hof schoben, wo schon ein Notarztwagen auf mich wartete. Mit Blaulicht und Sirene rasten wir ein paar Kilometer durch Fort Lauderdale ins *Broward General Medical Center*.

Dass etwas Ungewöhnliches passiert war, erfuhren meine Töchter nur wenige Stunden später. Sie hatten, wie jeden Tag nach meiner Verurteilung, morgens als Erstes meinen Namen in die Suchmaschine des *Bureau of Prisons* eingegeben. Jeden Tag war mit meiner Verlegung zu rechnen, und dann wusste man wieder einmal nicht, wohin die Reise ging. An diesem Vormittag aber erschien, nach Eingabe des Namens Reinhard Berkau, unter *inmate search* die rätselhafte Auskunft: *not in custody*. Nicht mehr in Haft. Was hatte das zu bedeuten? Natürlich riefen sie sofort Jeanne Baker an, aber sie wusste von nichts.

Meine Töchter, die gerade erst den Schock meiner Verurteilung hatten verkraften müssen, waren höchst alarmiert. Über Kontaktpersonen von Andreas B., der ja auch im *Broward County Jail* saß, erfuhren sie schließlich, dass ich ins Krankenhaus abtransportiert worden war. Sie telefonierten sämtliche Kliniken der Umgebung ab, aber sie hatten keine Chance, mich zu finden: Gefangene werden grundsätzlich unter Pseudonym ins Krankenhaus eingecheckt, um Befreiungsversuche zu vereiteln. Für ihre unmittelbaren Angehörigen sind sie damit praktisch wie vom Erdboden verschwunden.

Sollte eins meiner Kinder schon wieder in das nächste Flugzeug nach Miami steigen, um herauszufinden, was mit mir los war, ob ich ihre Hilfe oder ihre Nähe brauchte? Vorher versuchten sie es noch mit einer zweiten Telefonrunde bei den Krankenhäusern, und diesmal traten sie etwas energischer auf. Schließlich fragte eine entnervte Rezeptionistin nach meinen Geburtsdaten, gab diese in den Computer ein – und zögerte mit ihrer Antwort dann doch einen Augenblick zu lange. «Darüber darf ich Ihnen keine Information geben», erklärte sie streng. Die Botschaft war angekommen: Meine Töchter baten Jeanne Baker, sofort in der Klinik nachzufragen, was mit mir los war.

Mir ging es, den Umständen entsprechend, inzwischen schon wieder ganz gut. Mein Zustand hatte sich, das hatte ich selbst registriert, rasch wieder stabilisiert. Ich war mit Hilfe diverser Apparate gründlich untersucht worden. Auf einer komfortablen Liege, allerdings mit der linken Hand und dem linken Fuß angekettet, konnte ich die Aufzeichnungen meiner Werte auf einem Monitor verfolgen. Blutdruck und Herzfrequenz schienen in Ordnung. Ich hatte einen kurzen Blick auf den EKG-Ausdruck aus dem *Broward County Jail* werfen können: Mit der Kurve konnte ich nichts anfangen. Aber rechts oben auf dem Bogen war vermerkt, dass es Unregelmäßigkeiten gebe und ein Herzinfarkt unbekannten Alters nicht auszuschließen sei.

Zum Abschluss der Untersuchungen ließen sie mich einen sogenannten Stress-Test absolvieren. Dazu gehörte ein Belastungs-EKG auf dem Fahrrad und eine Spritze, die meinen Puls kurzfristig in die Höhe trieb. Solche Tests macht man nur mit Patienten, die nicht akut gefährdet sind, das wusste ich.

Danach wurde ich in ein ganz normales Einzelzimmer verfrachtet. Auf einem Plastik-Armband, wie es Neugeborene auf der Entbindungsstation tragen, war vermerkt, wie ich für die Dauer meines Krankenhausaufenthaltes heißen sollte: Ronald Black. Ich hatte einen Fernseher am Bett und konnte mir das Programm selbst aussuchen. Zwei bewaffnete *deputies* im Schichtdienst passten auf mich auf. «Okay, ich liege jetzt im Zimmer 6006 und mir geht es gut. Da kommt eine Krankenhausangestellte rein, mit einem Mini-Computer (Palm-Top) in der Hand und fragt die *deputies* und mich, was es denn zum Essen sein soll: Hamburger oder Beef-Stew oder Sandwich mit Chicken-Salad? Ich wähle verantwortungsbewusst das Sandwich. Ob als *sidedish* ein Salat gewünscht wird? Yes! Ob ich Milch, Fruchtsaft oder Eistee gerne hätte? Fruchtsaft. Welcher es denn sein soll, Apfelsaft, Orangensaft oder Cranberries? Cranberry natürlich, soll die Nierenfunktion anregen. Als sie sich anschickt rauszugehen, schaue ich die *deputies* an und sage zu ihnen: ‹I think I am in Paradise!›» So schilderte ich diesen Teil dieses Erlebnisses in einem Brief an meine Kinder. Ich hatte noch nachträglich meinen Spaß daran. Es hatte mir einfach gutgetan, für kurze Zeit mal wieder so behandelt zu werden, wie ich es mein Leben lang für normal gehalten hatte.

Nach zwei Tagen erfolgte die Vertreibung aus dem Paradies. Es ging zurück ins *Broward County Jail*. Niemand sprach mit mir über die Ergebnisse der Untersuchungen. Der junge Gefängnisarzt versprach mir immerhin, die Befunde anzufordern. Ich selbst vermutete, dass mein Zusammenbruch die Folge der hartnäckigen Magen-Darm-Beschwerden war, die durch die einseitige Gefängniskost und meine noch einseitigere Auswahl daraus verursacht worden waren. Heute ist mir aber klar, dass mein Körper damals etwas ausgedrückt hat, was ich meiner Psyche einfach nicht erlauben konnte: den Zusammenbruch.

Meine Zellengenossen hatten während meiner Abwesenheit darauf geachtet, dass meine Sachen nicht wegkamen und mein Bett nicht anderweitig belegt wurde. Auf diese Jungs war wirklich Verlass. Das Leben im Knast konnte weitergehen.

17

Ein Andenken an die Zeit im *Broward County Jail* habe ich über meine gesamte Knast-Odyssee hinweg gerettet: die Zahnbürste. Wer ein solches Utensil noch nicht gesehen hat, erkennt nicht gleich, welchen Zweck der durchsichtige, mit ein paar Borsten versehene Fingerling aus Silikon erfüllen soll. Man kann sich damit genauso wenig die Zähne putzen, wie man ihn als Waffe gegen sich selbst oder andere einsetzen könnte.

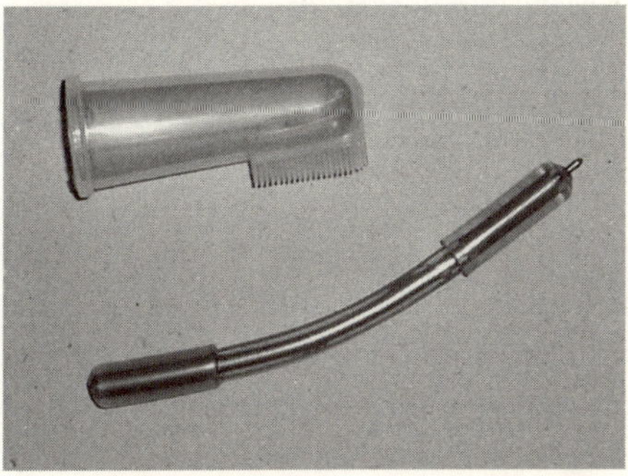

Fingerzahnbürste und biegsamer Kuli: Als Waffe garantiert ungeeignet

Die normalen Zahnbürsten waren eingesammelt und die Fingerlinge ausgeteilt worden, während ich vorübergehend im FDC Miami saß. Vermutlich hatte irgendein Hersteller von Hygiene-Artikeln dem Chef des Hauses, Sheriff Ken Jenne, ein Angebot unterbreitet, das dieser nicht ablehnen konnte. Jenne war Direktor eines Sicherheitsunternehmens mit einem Jahresbudget von 638 Millionen Dollar und über 6000 Angestellten. Er hatte die Polizei, die Gefängnisse und die Feuerwehr im Broward County unter sich, und er verwaltete das Geld, das für Immobilien, Fahrzeuge, Waffen, Überwachungstechnik, Uniformen, Möbel, Lebensmittel und vieles mehr ausgegeben wurde. Es dürfte nicht wenige Wirtschaftsunternehmen gegeben haben, die großes Interesse daran hatten, mit Jenne ins Geschäft zu kommen. Ende Mai 2006 geriet der Sheriff in die Schlagzeilen der Zeitungen, die manchmal bei uns im Gemeinschaftsraum herumlagen, des «Sun Sentinel» und «USA Today». Ein paar Lokaljournalisten hatten gründlich recherchiert und warfen ihm vor, dass er sich bei der Verteilung seiner Aufträge durch finanzielle «Freundschaftsdienste» korrumpieren lasse. Dann verschwand das Thema wieder aus den Medien. Niemand ahnte damals, dass Ken Jenne anderthalb Jahre später als *federal inmate* Nummer 77434-004 einer von uns sein würde.

Vorläufig bekam ich nur mit, dass dieser Mann als Gefängnisdirektor einen lausigen Job machte. Im *Broward County Jail* regierten Gleichgültigkeit, Verwahrlosung, Dreck und Lärm. Die Qualität des Essens war miserabel – auch von den Schließern hörte ich, dass es kaum irgendwo anders noch schlechter war. Die gesundheitliche Versorgung in diesem Gefängnis war seit Anfang der neunziger Jahre mehrmals Gegenstand staatlicher Untersuchungen gewesen, ohne dass sich etwas

Grundsätzliches geändert hätte. Einer ständig wachsenden Zahl von Inhaftierten wurden Psychopharmaka verschrieben. Allein zwischen den Jahren 2000 und 2003, so zeigte eine der Studien, war ihr Anteil von 14 auf fast 21 Prozent gestiegen. Immer wieder kam es außerdem zu gewalttätigen Übergriffen von Schließern auf Gefangene, die dabei schwer verletzt wurden. Und bis heute scheint sich an den Verhältnissen wenig geändert zu haben: Im Sommer 2009 ist in der lokalen Tagespresse von alarmierend hohen Suizidraten im *Broward County Jail* zu lesen. Innerhalb eines Jahres haben sich dort fünf Häftlinge das Leben genommen.

Angesichts der drangvollen Enge, der absoluten Sinnlosigkeit des Daseins dort, der Leere und Langeweile ohne jedes Beschäftigungs-, Bewegungs- oder Bildungsangebot ist das alles nicht besonders verwunderlich. Für mich war es in dieser Situation wichtig, jedenfalls einen Gesprächspartner wie Martino zu haben: Während andere *inmates* auf der *infirmary* kamen und gingen, gehörten wir beide nun schon seit Monaten zur Stammbelegung unserer Fünf-Mann-Zelle, dem «Olymp». Martino war, wie ich, fest davon überzeugt, dass er über kurz oder lang in die Existenz zurückkehren würde, die er sich draußen aufgebaut hatte, zu seiner Freundin und in sein privates Flugunternehmen.

Wir wollten irgendwas tun, um unseren Geist sinnvoll zu beschäftigen, während wir in dieser Warteschleife festhingen. Gemeinsam paukten wir aus seinem kleinen Lehrbuch, das wir von einem Mithäftling bekommen hatten, «Italienisch in 100 Tagen». Oft sprachen wir darüber, wie nachhaltig dieser Aufenthalt hier unseren Blick auf das Leben verändert hatte. Wie sehr wir, wenn wir wieder draußen wären, die kleinen, in Wirklichkeit aber großen Dinge zu schätzen gelernt haben würden: ein Essen, das wir uns selbst aussuchen konnten. Frische Luft. Ruhe. Die Freiheit, unsere unmittelbaren körperlichen Bedürfnisse so zu befriedigen, wie wir es wollten.

Allerdings wurde Martino, den ich anfangs als den Sunnyboy der *infirmary* kennengelernt hatte, immer schweigsamer und gereizter. Die Versuche seines Anwaltes, ihn über einen Deal mit dem Staatsanwalt aus dem Knast zu holen, waren gescheitert. Er musste als Angeklagter vor eine Jury treten, und er wusste nicht, wie das enden würde.

Sein Strafprozess begann Mitte Mai vor dem Strafgericht von Fort Lauderdale. Zehn Tage später sprach ihn die Jury der Kindesentführung schuldig. Unser Zellengenosse kam schweigend aus dem Gericht zurück, legte sich auf sein Bett und drehte uns den Rücken zu. Er wollte mit niemandem sprechen.

Ein paar Tage später erfuhr ich, welches Strafmaß er kassiert hatte: 25 Jahre. Der Staatsanwalt hatte lebenslänglich gefordert. Wenn ihm 15 Prozent *good time* angerechnet werden und wenn er sich bis dahin im Gefängnis nichts zuschulden kommen lässt, wird Martino am 17. Juni 2024 aus dem Knast entlassen. So ist es jedenfalls im Internet auf der Website des *Florida Department of Corrections* vermerkt.

Sein Verbrechen? In den Presseberichten über seinen Prozess stand ziemlich genau das, was er mir schon Monate zuvor erzählt hatte: Die Großeltern eines kleinen fünfjährigen Mädchens hatten ihn um Hilfe gebeten. Er sollte das Kind aus der Wohnung ihrer Tochter holen, wo es angeblich vom Freund der Mutter sexuell belästigt wurde. So, wie Martinos Anwalt den Fall vor Gericht darstellte, war bei seinem Mandanten eine Sicherung durchgebrannt, als er das Wort «Missbrauch» hörte: Er war selbst als Kind Opfer solcher Übergriffe gewesen. Martino war, so führte sein Verteidiger weiter aus, bis oben hin voll mit Beruhigungsmitteln, als er in einer Polizeiuniform bei der Mutter des Mädchens aufkreuzte. Ob er sie wirklich mit einer scharfen Waffe bedrohte oder ob er mit einem Taser (einer in der Regel nicht lebensbedrohlichen Elektroschockwaffe) vor ihr herumfuchtelte, konnte nicht wirklich geklärt werden. Er nahm das Mädchen mit und brachte es zu seinen Großeltern. Diese meldeten sich bei der Polizei, als sie erfuhren, dass nach dem Kind gefahndet wurde. Mehr war nicht passiert.

25 Jahre. Martino hatte für seine Aktion kein Geld genommen. Er hatte kein Motiv, außer der möglicherweise irrigen Annahme, er würde dem Kind und seinen Großeltern damit helfen. Er war nicht vorbestraft. Er hatte zwar dem Mädchen und seiner Mutter einen Schrecken eingejagt, aber ansonsten niemandem etwas zuleide getan. Sein Leben als Pilot und Flugunternehmer, sein Leben als Mann, der vielleicht selbst bald eine Familie gründen wollte, war mit diesem Urteil unwiederbringlich vorbei. Worüber hätte er noch mit uns reden sollen?

Unser Zellengenosse war für uns unansprechbar. Er, der mir gezeigt hatte, wie man selbst in diesem Knast an besseres Essen herankam, nahm jetzt kaum noch etwas zu sich. Manchmal musste er sich direkt nach dem Essen übergeben. Mit den Wachleuten, deren Liebling er einst gewesen war, hatte er jetzt immer wieder heftige Konflikte. Er wurde aus unserem «Olymp» herausgeholt und in eine Einzelzelle verlegt. Manchmal sah ich ihn noch durch die Glasscheibe, die seine Zelle vom Flur trennte. Meist lag er einfach auf dem Fußboden, apathisch, dösend oder schlafend. Vermutlich bekam er inzwischen auch Psychopharmaka.

Für mich als Strafverteidiger, der auch schon einiges erlebt und gesehen hatte, war sein Urteil einfach unfassbar. In Deutschland hätte derselbe Angeklagte nicht länger als ein halbes Jahr in Untersuchungshaft sitzen dürfen. Wahrscheinlich wäre er vor seinem Prozess überhaupt nicht inhaftiert gewesen. Der Mann hatte ein eigenes Unternehmen und feste soziale Beziehungen, es bestand weder Flucht- noch Verdunkelungsgefahr. Er hätte, nach deutschem Recht, für den Straftatbestand der Kindesentziehung mit einer Gefängnisstrafe von maximal fünf Jahren rechnen müssen; wahrscheinlich aber hätte das Gericht eine Bewährungsstrafe verhängt. Er hätte die Chance auf eine Zukunft bekommen. Hier war er nun nur noch einer von Millionen *bodies,* die den amerikanischen Steuerzahler jahrzehntelang Geld kosten würden – und der Gefängnisindustrie jahrzehntelang Geld einbringen.

Wie sich solche drakonischen Strafen auch auf den Umgang der Gefangenen untereinander auswirkten, bekam ich erst allmählich mit. Unter der Oberfläche eines oft freundlichen und solidarischen Umgangs miteinander lauerten Misstrauen und Angst vor Bespitzelung. Unsere Anwälte hatten uns von Anfang an eingeschärft, mit niemandem im Gefängnis über das, was uns vorgeworfen wurde, zu reden. Das war natürlich kaum durchzuhalten – schließlich beschäftigte mich nichts mehr als mein Strafverfahren und die Frage, welche Erfahrungen andere mit dem Gericht gemacht hatten. Aber es gibt in den USA ein Wort, das jeder Gefangene fürchtet: *snitch.* Zu Deutsch: verpfeifen, verraten, verzinken oder auch bespitzeln.

Eines Tages hatten wir auf der *infirmary* einen Neuzugang, einen sehr jungen Mann, der direkt von draußen kam. Der Junge wirkte völlig verstört und heulte praktisch den ganzen Tag. Wie wir in der Zeitung gelesen hatten, stand er im Verdacht, seine Freundin erstochen zu haben. Sofort nahmen sich einige der alteingesessenen Gefangenen sehr fürsorglich seiner an. Sie holten ihn zu sich an den Essenstisch, nahmen ihn in den Arm und ermunterten ihn, erst einmal sein Herz auszuschütten. Auch ich wurde zu ihnen in die Runde gebeten – einer meiner Mitinsassen raunte mir zu, auch für mich könnte dieses Gespräch sehr nützlich sein.

Später hat einer aus dieser Runde einen Brief an die Staatsanwaltschaft geschrieben und ihr mitgeteilt, dass der Junge ihm detailliert über den Tathergang und seine Beteiligung daran berichtet habe. Er bot weitere Informationen im Tausch gegen eine Verkürzung seiner Haftstrafe an. Und er bot mich an – als Zeugen, der alles mitbekommen habe.

Glücklicherweise habe ich nie wieder etwas davon gehört. Vermutlich war der Staatsanwalt auf diese Zeugen nicht angewiesen. Aber solche Deals sind im Gefängnis gang und gäbe, und jeder weiß, dass Gefangene, die als *snitch* auftreten, dabei oft vor allem ihre eigenen Interessen verfolgen. Trotzdem machen Staatsanwälte immer wieder von solchen Zeugen Gebrauch, wenn sie in Beweisnot geraten.

18

Inzwischen hatte sich meine Verhaftung in Hamburg herumgesprochen. Anfangs hatten nur der engste Kreis um meine Familie und die Kanzlei etwas davon gewusst. Wir wollten Gerüchte vermeiden, die der Anwaltspraxis und der Immobilienverwaltung großen Schaden hätten zufügen können.

Jetzt aber war klar, dass ich nicht so bald zurückkehren konnte, um die Informationspolitik selbst in die Hand zu nehmen. In Hamburger Zeitungen waren ein paar Artikel erschienen, mit einem Foto von mir, das sich die Journalisten von der Internetseite des *Broward Sheriff's Office* heruntergeladen hatten. Es zeigte mich bartlos und mit kurzem Haar, sodass mich viele Kollegen und Bekannte darauf gar nicht erkannt haben.

Der Tonfall der Hamburger Berichterstattung war erstaunlich hämisch, und in der Sache steckten die Artikel voller Fehlinformationen. Besonders eifrig berichtete der Journalist Olaf Wunder von der «Hamburger Morgenpost» über meinen Fall, zum Beispiel so:

«B. und zwei Komplizen war vorgeworfen worden, im Januar einen ehemaligen Geschäftsfreund, den in den USA lebenden … erpresst zu haben. Dabei ging es um 1,5 Millionen Dollar. Um an das Geld zu kommen, sollen sie … gedroht haben: ‹Entweder du zahlst oder dir und deiner Familie stößt was Schlimmes zu.› Pech für B. und die anderen: Sie wurden seit ihrer Ankunft in den USA von Agenten des FBI beschattet. Nach MOPO-Informationen ermittelten die Fahnder gegen die Deutschen wegen des Verdachtes der Geldwäsche. Das FBI hörte Gespräche ab. So wurden die Beamten zufällig Zeugen der Erpressung.» In der MOPO vom 6. Mai 2006 stand auch, dass ich mit 25 Jahren Haft zu rechnen hätte und demnach 78 wäre, wenn ich freikäme. Das «Altonaer Wochenblatt» meldete gar, es seien bis zu 45 Jahre Haft zu erwarten.

Meine Familie beschloss, diese Art der Presseberichte einfach nicht weiter zu beachten. Stattdessen organisierte meine Tochter Anne ein Treffen für meine Freunde in meiner Kanzlei.

Gemeinsam mit Jan Jütting berichtete sie ihnen über meine Situation und darüber, wie wichtig es jetzt für mich war, mit ihnen allen in Verbindung zu bleiben.

Das führte dazu, dass ich schon wenig später sehr viel Post bekam: Briefe, die mir Mut zusprachen, aber auch von Schock, Unverständnis und Hilflosigkeit berichteten, die durch die Nachricht von meiner Verhaftung und Verurteilung ausgelöst worden waren. Viele schilderten mir auch einfach, wie das Leben in Hamburg weiterging, was im Stadtteil passierte und dass endlich der Frühling begonnen hatte. Ich war dankbar für jede einzelne Zeile und nahm mir für die Beantwortung viel Zeit. Ich versuchte, meinen Freunden so gut es ging zu erklären, was mit mir passiert war. Ich korrespondierte mit ihnen über das, was sie mir aus ihrem Leben erzählten. Manche von ihnen hatte ich lange nicht gesehen, obwohl wir in Hamburg nur ein paar hundert Meter voneinander entfernt lebten. Ich bat darum, mir Kopien von Medienberichten über aktuelle Themen zu schicken. Mein Freund Uli Stellfeld versorgte mich von diesem Moment an mit der schönsten Regelmäßigkeit mit Tausenden von Druckseiten über das Zeitgeschehen in Europa: Zeitungsartikel, die er aus dem Internet herunterlud und dann in Form eines Briefes an mich versandte. Meine Tochter versuchte indessen, mir Bücher in derselben Form zukommen zu lassen: als Textdateien, die sie in lange Briefe hineinkopierte. In gebundener Form waren Bücher im *Broward County Jail* ja verboten.

Meiner Familie schrieb ich lange Briefe über alle geschäftlichen Schritte, die jetzt nötig waren, um eine Insolvenz von meiner Kanzlei abzuwenden. Natürlich fiel es mir schwer, die Verantwortung dafür in die Hände meiner Kinder abzugeben. Ich hatte das Gefühl, ihnen viel zu viel aufzubürden, und das auch noch viel zu früh. Ich hatte mich bisher für unentbehrlich gehalten; jetzt spürte ich nur noch Ohnmacht.

Schon wenige Wochen nach meiner Verurteilung kam meine Tochter Anne wieder nach Florida. Sie konnte mich jeden Tag besuchen. Vormittags sahen wir uns, durch die Glasscheibe im Gefängnis voneinander getrennt. Nachmittags telefonierten wir per Ortsgespräch stundenlang weiter. Das ging nur, solange sie in Florida war. Schritt für Schritt arbeiteten wir alle Angelegenheiten durch, die jetzt zu Hause zu erledigen waren.

Ende Mai flog sie nach Hamburg zurück. Wir hatten uns kaum voneinander verabschiedet, da schickte ich ihr diesen Brief hinterher:

«Liebe Anne,

vielleicht wunderst Du Dich, so schnell nach Deiner Rückkehr einen Brief von mir vorzufinden. Ich möchte Dir aber auf diesem Wege so schnell wie möglich sagen, was für eine großartige junge Frau Du bist und was für großartige Geschwister Du hast. Eure Besuche bei mir haben auf mich eine ungeheuer positive Ausstrahlung. Das zeigt sich jetzt gerade wieder, Du bist noch hier, während ich das schreibe. Ihr seid mehr als mein Leben.

Das macht mich an dieser Stelle auch sehr verletzlich. Der Gedanke, dass es Euch nicht gut gehen könnte, ist unerträglich. Bitte sorgt deshalb für Euch, so gut es irgend geht. Ich kann vorübergehend so gut wie kaum helfen.

Das mag möglicherweise besser werden, wenn sich unsere Kommunikationsmöglichkeiten verbessern, ich hoffe das jedenfalls sehr. Ihr seid einer enormen Belastung durch meine Situation ausgesetzt. Aber ich weiß auch um Eure Stärke und darum, dass Ihr Hilfe von Christiane, Jan und vielen anderen habt. Glaube mir, dass ich daraus die allermeiste Zuversicht gewinne. Ich habe Euch wahrlich keine einfachen Aufgaben in Hamburg zurückgelassen, aber ich habe mit dieser Entwicklung auch nicht gerechnet. Ich weiß spätestens seit Deinem Besuch, dass Ihr, oder vielleicht besser: wir alles schaffen werden, was es zu schaffen gibt, und das ist sehr gut so! Ich liebe Euch über alles!»

19

Sheriff Ken Jenne ist mir im *Broward County Jail* zwei oder drei Mal über den Weg gelaufen. Der Gefängnisdirektor trug im Dienst stets eines jener körperbetonten Sweatshirts, in denen auch seine Bediensteten herumliefen. Auffällig prangte darauf das Logo des *Browards Sheriff's Office* BSO: Ein fünfzackiger Stern in einem Kreis. Im Zentrum des Emblems stand die etwas rätselhafte Abbildung eines Mannes in der freien Natur. Im unteren Halbkreis war fett der Name des BSO-Chefs zu lesen: Sheriff Ken Jenne.

Ein gutes Jahr später, im September 2007, warf ein Artikel im «Miami Herald» die Frage auf, was mit Tausenden Sweatshirts und Schreibutensilien, mit Millionen Briefbögen und Formularen passieren sollte, die mit dem Namen dieses Sheriffs bedruckt worden waren: Denn Ken Jenne war wegen des Vorwurfes der Korruption zurückgetreten. Und er war zu einer Haftstrafe verurteilt worden.

Sheriff Ken Jenne hatte ein *plea agreement* unterschrieben, nachdem eine umfangreiche Anklageschrift gegen ihn vorlag. Er bekannte sich der Steuerhinterziehung und des Betruges schuldig und entkam so einem wesentlich umfangreicheren Gerichtsverfahren, in dem es um Schmiergeldzahlungen und Geldwäsche gehen sollte. Er hatte, so die Anklage, von den Herstellern von Sicherheitstechnik, von Immobilienmaklern und privaten Wachdiensten beträchtliche Zahlungen dafür erhalten, dass er sie mit Aufträgen versorgte.

Ken Jenne war 18 Jahre lang demokratischer Senator in Florida gewesen, bevor er Sheriff wurde. Sowohl als Politiker wie auch als Polizeichef galt er als einer der mächtigsten Männer im Broward County. Es wäre bestimmt sehr interessant gewesen, seine Geschäfte und Geschäftspartner in einem Gerichtsverfahren zu durchleuchten, aber dazu kam es infolge des *plea agreement* nicht.

Seine Strafe wurde auf ein Jahr und einen Tag festgesetzt. Dieses seltsame Strafmaß war nicht ohne Grund gewählt: Denn nur bei Haftstrafen von über einem Jahr können dem Verurteilten 15 Prozent Rabatt *(good time)* eingeräumt werden. Jenne trat seine Strafe im November 2007 im FDC Miami an – einer Anstalt, die ich ja auch kennengelernt habe. Er wurde später in ein anderes Gefängnis verlegt und von all jenen, deren Rache er fürchten musste, sorgfältig abgeschirmt. Und das waren bestimmt nicht wenige.

Das *Broward Sheriff's Office* ist einer der größten Arbeitgeber in Florida. In Personalunion bekleidete Ken Jenne darin die Positionen als Polizeichef, als Direktor der Strafanstalten im Broward County und als Chef der örtlichen Feuerwehr. Das BSO wirtschaftet im Prinzip wie ein privates Unternehmen: Seine Erträge wachsen mit möglichst hohen Belegungszahlen in den Haftanstalten. Jennes Polizisten verhafteten also die Männer und Frauen, für die Jennes Gefängnisse Tagessätze in Rechnung stellen konnten. Je länger die Liste der Anklagepunkte, die gegen die Insassen vorlagen, desto besser für die Bilanzen: Der Tagessatz, der für einen Strafgefangenen kassiert werden kann, steigt mit der Zahl seiner angeblichen Taten. Wahrscheinlich funktionierte auch der Einsatz der *firefighters* im *Broward County Jail* mit verlässlich hoher Geschwindigkeit, weil das dem BSO eine weitere Möglichkeit bot, an uns Gefangenen Geld zu verdienen.

Dass ein solches System früher oder später danach streben muss, Gefangene «zu machen» und auch im Knast zu halten, diesen Zusammenhang begriff ich in Fort Lauderdale zum ersten Mal. Später hatte ich noch mehr Gelegenheit zu beobachten, wie dieser Mechanismus greift. Dabei neigt das System, wenn es erst einmal etabliert ist, offenbar dazu, sich zu verselbständigen und sogar seinen Betreibern selbst über den Kopf zu wachsen: Im Herbst 2006 forderte Ken Jenne öffentlich die Entlassung von nicht gewalttätigen Gefängnisinsassen, weil die Knäste im Broward County hoffnungslos aus allen Nähten platzten. Vielleicht ahnte er damals auch schon, dass er wenig später selbst in so einem überfüllten Gefängnis sitzen würde.

Ken Jenne ist keineswegs ein besonders krasser Einzelfall. Die Verquickung von Justizsystem und privaten Profitinteressen treibt in den USA noch ganz andere Blüten. Im Januar 2009 ging der Fall des Sheriffs Greg Bartlett aus Alabama durch die amerikanischen Medien: Der Polizeichef und Gefängnisdirektor wurde für kurze Zeit inhaftiert, nachdem mehrere Insassen ihn beschuldigt hatten, dass er sie systematisch hungern ließ. Greg Bartlett standen 1 Dollar und 75 Cent pro Mann und Tag zur Verfügung, um seine Häftlinge zu ernähren – wahrlich nicht viel. Doch er schaffte es, davon noch etwas einzusparen und sich dieses Geld in die eigene Tasche zu stecken. Vollkommen legal, wie sich dann herausstellte: Das Gesetz von Alabama erlaubt dem Sheriff diese Art der persönlichen Bereicherung ausdrücklich. Trotz der erschütternden Berichte über Gefangene, die in wenigen Monaten regelrecht abgemagert waren, hatte sein Verhalten keine weiteren Konsequenzen: Bartlett wurde nach wenigen Tagen wieder aus der Haft entlassen und blieb im Amt, nachdem er dem Richter versprochen hatte, künftig den gesamten zur Verfügung stehenden Tagessatz für die Ernährung der Gefangenen auszugeben.

Zum selben Zeitpunkt wurden in Pennsylvania zwei Richter wegen Korruption angeklagt. Mark A. Ciavarella jr. und Michael T. Conahan hatten innerhalb weniger Jahre insgesamt 5000 Jugendliche zu Gefängnisstrafen verurteilt und dafür Geld von Gefängnisbetreibern kassiert. Die meisten Angeklagten waren noch unter 18 und die Delikte, die man ihnen vorwarf, waren völlig lächerlich. So etwa der Fall einer 15-jährigen Schülerin, die auf ihrer *myspace*-Seite im Internet ihren stellvertretenden Schulleiter veralbert hatte: Zum Entsetzen ihrer Eltern wurde sie zu einer dreimonatigen Freiheitsstrafe verurteilt und in Handschellen aus dem Gerichtssaal abgeführt. Die Teenager wurden allesamt der Obhut von zwei Unternehmen anvertraut, die in Pennsylvania ein Monopol auf Anstalten und Camps zur «Besserung» straffälliger Jugendlicher hielten. Insgesamt 2,6 Millionen Dollar Schmiergelder sollen die Richter für ihre rigide Verurteilungspraxis kassiert haben, dafür also, dass sie junge Menschen aus der Schule herausrissen, sie einsperren ließen und ihnen die Zukunft verbauten.

Conahan und Ciavarella stimmten einem *plea agreement* zu, in dem sie sich in einigen Punkten schuldig bekannten. Sie hatten danach eine Haftstrafe von sieben Jahren zu erwarten. Doch die Ermittlungen zogen weitere Kreise, und im Sommer 2009 war bereits ein knappes Dutzend weiterer Personen aus den Erziehungs- und Justizbehörden in Pennsylvania beschuldigt, sich an der Kriminalisierung junger Menschen persönlich bereichert zu haben. Das Gericht lehnte den *plea bargain,* den Conahan und Ciavarella bereits unterschrieben hatten, schließlich überraschend als «zu milde» ab, und ihr Fall wird nun vor einer Jury verhandelt.

Vielleicht war es ganz gut, dass ich, während ich im *Broward County Jail* auf mein Strafmaß wartete, noch nicht so ganz genau wusste, zu welchen Auswüchsen dieses amerikanische Justizsystem fähig ist. «Was hier los ist, spottet jeder Beschreibung!», schrieb ich Mitte Juni an einen Freund in Hamburg, «das betrifft den Schuldspruch selbst wie auch den Strafvollzug … Die USA sind kein Rechtsstaat in unserem Sinne, die Fundamente dieses Systems stützen sich auf Willkür und Gewalt! Selbst das *government* geht davon aus, dass rund zwei Drittel der Jury-Sprüche falsch sind – und zwar in beide Richtungen, schuldig oder nicht schuldig. Ein älterer *deputy* (ein ziemlich konservativer Knochen!) mit dem ich Gelegenheit hatte, darüber zu sprechen, formulierte es so: Immer wenn du denkst, sie müssen den Angeklagten schuldigsprechen, dann sprechen sie ihn frei; immer wenn du denkst, sie müssen den Angeklagten freisprechen, sprechen sie ihn schuldig.

Ich habe weder gegen deutsche noch gegen amerikanische Gesetze verstoßen. Nur kommt es auf diesen Satz vor dem geschilderten Hintergrund in keiner Weise an, und das muss man erst einmal begreifen. Wer hier an Gerechtigkeit glaubt, ist verloren. Dazu kommt jetzt noch – insbesondere in Florida –, dass auch das Strafmaßsystem mit dem unsrigen nicht zu vergleichen ist. Grober Anhaltspunkt: Das, was ein deutsches Gericht verhängen würde, muss man mit dem Faktor 3 multiplizieren.»

Ich schrieb solche und ähnliche Sätze in vielen Briefen an Freunde und Angehörige nach Hause. Diese Gedanken immer wieder zu Papier zu bringen half mir zu verarbeiten, was mit mir passiert war. Ich hatte inzwischen genug gesehen und erlebt, um zu wissen, dass ich vorsichtig sein und mit allem rechnen musste. Oft genug passierte es, dass Mitgefangene sich während ihrer Inhaftierung weitere Strafen, etwa wegen angeblicher Fluchtversuche oder Falschaussagen, einhandelten. Nur wenn ich meinen Verstand, meine Gefühle und meine fünf Sinne beisammenhielt, hatte ich eine Chance, hier irgendwann wieder rauszukommen.

20

Es war der Sommer, in dem in Deutschland die Fußball-WM stattfand und plötzlich alle Welt Sudokus löste. Von beidem schwappte auch etwas in meine Gefängniszelle im *Broward County Jail*. Mittlerweile war ich fast ein halbes Jahr in Haft. Die ersten Sudokus schickte mir eine meiner Töchter, wie immer in Briefform. Sie hatten mich schon vorher mit verschiedenen Knobeleien versorgt, die mir halfen, mich abzulenken und meine Gedanken auf eine einzige Sache zu konzentrieren. Mit wachsender Leidenschaft begann ich jetzt die Zahlenrätsel zu knacken, und bald war mir kein Level mehr zu schwer. Ich entdeckte, dass Sudokus auch in den zerfledderten Lokalzeitungen zu finden waren, die gelegentlich im Gemeinschaftsraum des *Broward County Jail* auslagen.

Über die Fußball-WM erfuhr ich aus den amerikanischen Zeitungen und TV-Programmen nur wenig. Aber viele Freunde berichteten in ihren Briefen darüber. In Deutschland herrschte wochenlang Partystimmung, und alle freuten sich darüber, dass plötzlich eine neue Form des Patriotismus, ganz ohne nationalistische Züge, möglich geworden war. Selbst einer meiner altlinken Freunde gestand mir, dass er eine Deutschlandfahne aus seinem Fenster gehängt habe. Nach dem Viertelfinale Deutschland gegen Argentinien, das «wir» nach dramatischem Spielverlauf in der Verlängerung gewannen, konnte ich mit einem meiner Söhne telefonieren und bekam einen genauen Bericht über das Spiel.

In Hamburg geschah in jenen letzten Junitagen des Jahres 2006 noch etwas anderes, was uns allen das Leben ein bisschen leichter machte: Nach schleppenden Verhandlungen hatten

Jan Jütting und meine Töchter den Verkauf einer Immobilie erfolgreich abgeschlossen. Die akuten Liquiditätsprobleme in meiner Kanzlei waren damit erst einmal gelöst. Wenige Tage später kam die nächste gute Nachricht: Wir hatten das Verfahren gegen Carl F. auch vor dem Oberlandesgericht gewonnen. Noch einmal hatte mir also ein deutsches Gericht bestätigt, dass ich mit einem *legal claim* nach Florida gekommen war und deshalb überhaupt kein Erpresser sein konnte. Dieses Urteil hatten wir unbedingt abwarten wollen, bevor der Termin für das *sentencing*, für die Festlegung meines Strafmaßes, stattfand. Deshalb hatten wir selbst einen Aufschub in diesem Verfahren beantragt.

Mit der Telefonverbindung nach Deutschland gab es immer wieder Probleme. Oft blieben mir nur die Briefe. Manchmal schrieb ich Dutzende Seiten an einem Tag. Ich notierte penibel jede Sendung, die bei mir eintraf, in einem Posteingangsbuch. Damit wollte ich nicht nur überprüfen, ob mir meine Post im Gefängnis vollständig zugestellt wurde. Ich brauchte diese Kontrolle auch zur Beruhigung meiner eigenen Nerven: So konnte ich schwarz auf weiß nachlesen, wer mir wann zuletzt geschrieben hatte. Diese Post aus Deutschland hielt mich im wahrsten Sinne des Wortes am Leben, und darauf zu antworten war die sinnvollste Möglichkeit, meine Tage zu füllen.

Manchmal habe ich meine Angehörigen mit meinem Bedürfnis, den Überblick über alle Aktivitäten in Hamburg zu behalten, wohl auch ziemlich genervt. In meinen Briefen finden sich Listen von bis zu 40 Einzelpunkten, die sie erledigen oder beantworten sollten. Und gelegentlich erntete ich dafür ein etwas gequältes «Wir tun ja schon, was wir können!».

Es gab draußen Menschen, die sich hervorragend um all meine Belange kümmerten – und ich musste mich damit abfinden, dass ich dazu wenig beitragen konnte. «So beschissen es ist, hier in den USA im Knast zu sitzen, etwas Gutes hat es für mich», schrieb ich an einen Freund, «ich habe jetzt eine Zwangspause einlegen müssen und werde zu der Erkenntnis gezwungen, dass es durchaus auch ohne mich geht, weil es einfach ohne mich gehen muss. Ich kann Dir nur sagen, dass sich bei mir jede Menge ändern wird, wenn ich zurück bin. Was immer mit mir hier passieren wird, diese Gelegenheit kommt für mich vielleicht nicht so schnell wieder, mich grundsätzlich in Bereichen neu zu orientieren.»

Ich hatte das, was mir immer gefehlt hatte, plötzlich im Überfluss: Zeit. Ich begann Pläne zu schmieden, nicht nur für das Leben nach meiner Entlassung, sondern auch für meine weitere Haftzeit. Ich würde beginnen, ein Buch über Gitarren zu schreiben – eigentlich hatte ich das schon so lange vor! Ich beauftragte meine Söhne, schon einmal herauszufinden, welche Arbeitsmöglichkeiten es in den verschiedenen Strafanstalten gab, die für mich in Frage kamen: Internet? Eine Bibliothek? Möglichkeiten, Musik zu machen?

Ein alter Freund schrieb mir, ihm sei etwas aufgefallen: In meinen Briefen sei Anteilnahme und Interesse am Leben anderer zu spüren. So etwas habe er bei mir schon seit vielen Jahren nicht mehr wahrgenommen. Er hatte leider recht. Ich antwortete ihm: «Für mich hat sich einiges geändert und ich habe mich selbst geändert. Das betrifft nicht nur die äußeren Umstände durch das Eingesperrtsein, das Briefeschreiben, es hat für mich auch Veränderungen der Wertvorstellungen gegeben. Das hat sehr früh nach der Inhaftierung mit den kleinen Dingen angefangen: z. B. die Wertschätzung eines Styropor-Bechers, den man zum Trinken von Wasser hier benutzt. Nichts ist selbstverständlich und gewinnt dadurch eine ganz andere Bedeutung als zu Hause (so insbesondere das Essen). Bei den kleinen Dingen bleibt es aber nicht, da ist dann sehr schnell das im Fokus, was Du richtig mit ‹Anteilnahme› und ‹Kommunikation› bezeichnest. In der Tat, es ist bedauerlich, dass es erst eines Gefängnisaufenthaltes bedurfte, um solche Prozesse auf den Weg zu bringen, aber in diesem Satz steckt auch, dass diese Prozesse etwas außerordentlich Positives sind, eine Chance, die nicht einfach vertan werden darf!»

Ende Juli verbrachte meine Tochter Lisa zwei Wochen in unserem Haus auf Mallorca. Von dort schickte sie mir eine Ansichtskarte. «Der Weg ist sehr steinig und irgendwie bedrohlich, doch ist die Aussicht klar und wunderschön: unendlicher Horizont und grenzenlose Freiheit», schrieb sie über eine Wanderung, die sie dort gemacht hatte. Etwas Besseres hätte sie über die Situation, die wir alle gemeinsam und doch voneinander getrennt zu bewältigen hatten, nicht sagen können.

Ich antwortete ihr: «Ja, manchmal ist ein Weg beschwerlich. Ich freue mich umso mehr darauf, wieder bei Euch zu sein. Es gibt wirklich eine klare und wunderschöne Aussicht.»

Am 10. August 2006 war es so weit: An diesem Tag, rund sieben Monate nach meiner Verhaftung, würde darüber entschieden, wie lange ich im Gefängnis bleiben musste. Bei uns allen lagen die Nerven blank. Wir hatten alles getan, was zur Vorbereitung dieses letzten, entscheidenden Gerichtstermins getan werden konnte.

Da war zunächst einmal der sogenannte *Presentence Investigation Report (PSI-Report)*, der in den 70 Tagen zwischen Schuldspruch und Festlegung des Strafmaßes erstellt wird.

Dies übernimmt der *probation officer*, in meinem Fall eine taffe junge Frau namens Kathrin Gomez. Als diese ihren Besuch ankündigte, wusste ich schon, dass es nicht darum ging, mit der Dame unverbindlich zu plaudern und dabei einen guten Eindruck zu machen. Alles, was ich in diesem Gespräch sagte, konnte gegen mich verwendet werden, und deshalb bereitete Jeanne Baker dieses Gespräch akribisch mit mir vor.

Für den *PSI-Report* ist es zum Beispiel eine wichtige Frage, ob man bereit ist, Verantwortung für seine Straftat zu übernehmen. Eine solche Form der Reue wirkt sich strafmildernd aus, sie hätte aber in meinem Fall auch als Schuldeingeständnis gewertet werden können. Und ich wollte mir die Möglichkeit, mit einem *appeal* für einen Freispruch zu kämpfen, auf keinen Fall verbauen. Die Unterhaltung zwischen Kathrin Gomez und mir beschränkte sich deshalb schließlich auf die Erhebung einiger biographischer Stationen und Finanzdaten.

Mein *probation officer* hatte an der Verhandlung gegen mich nicht teilgenommen, aber hatte jetzt die Aufgabe, alle wesentlichen Tatbestände noch einmal zusammenzustellen. Ihre wichtigste Informationsquelle war die Staatsanwaltschaft, und deren Schriftsätze schrieb sie denn auch zum Teil wortwörtlich ab. Das Absurde an diesem Vorgang war nur, dass die Staatsanwaltschaft wiederum die Darlegungen von Frau Gomez als weiteren «Beweis» für diese Taten in das *sentencing* einbrachte! «Es wird Dich vermutlich nicht wundern, wenn ich Dir erzähle, dass eine Lüge nach der anderen serviert worden ist (und mit Lüge meine ich *vorsätzliche* Mitteilung der Unwahrheit). Ich habe mich in diesem Verfahren manches Mal gefragt, ob das Government, also die Staatsanwaltschaft, nicht ganz genau weiß, dass wir unschuldig sind. Ich kann die Frage bis heute nicht sicher beantworten, das vorsätzliche Verbreiten von Unwahrheiten – Tatsachenbehauptungen der Anklage, deren Gegenteil sich in der Beweisaufnahme herausgestellt hat – deutet stark darauf hin. Warum tun die so was?», fragte ich mich in einem Brief an einen Freund.

Noch vor der mündlichen Verhandlung fassten Verteidigung und Ankläger ihre Sicht der Dinge schriftlich zusammen und tauschten Schriftsätze darüber aus. Jeanne Baker hatte dabei eine ausgesprochene Gratwanderung zu bewältigen: Sie hatte darum gekämpft, dass ich «nicht schuldig» gesprochen wurde. Und sollte jetzt dem Richter überzeugend darlegen, dass ich ein reuiger Täter war und bereit, nach einem einmaligen Ausrutscher künftig gesetzestreu zu leben.

Der Staatsanwalt Chris Clark ließ derweil nichts unversucht, mich in ein möglichst schlechtes Licht zu rücken. In seiner Stellungnahme zum Strafmaß war plötzlich vom Verdacht der Geldwäsche die Rede, ein Vorwurf, zu dem es nicht einmal ein Ermittlungsverfahren gegeben hatte. Außerdem legte Chris Clark Informationen vor, die er auf einem Umweg vom Bundeskriminalamt bekommen hatte – Daten, deren Weitergabe illegal ist. Das BKA hatte die Hamburger Staatsanwaltschaft über zwei Ermittlungsverfahren gegen mich informiert, die längst eingestellt waren; und diese hatte die Auskünfte wiederum an ihre amerikanischen Kollegen weitergegeben. In dem einen Fall handelte es sich um die angebliche Fahrerflucht eines meiner Kinder, im anderen um die Strafsache eines Mandanten, in der für kurze Zeit auch gegen mich ermittelt worden war. Mit diesem «Vorstrafenregister» wollte Chris Clark also den Eindruck erwecken, dass ich eben doch keine blütenweiße Weste hatte. Und wenn Jan Jütting und meine Töchter nicht noch einen Tag vor dem *sentencing*

Stellungnahmen von Anwälten und Richtern aufgetrieben hätten, die meine Unschuld belegten, wäre ihm das wohl auch gelungen.

Ein zweiter wichtiger Bestandteil unserer Argumentation waren die sogenannten *character references*. Auch hier liefen meine Kinder und mein gesamtes soziales Umfeld noch einmal zu Hochform auf. Es ging darum, persönliche Statements von Menschen vorzulegen, die in meinem bisherigen Leben mit mir zu tun gehabt hatten und etwas darüber sagen konnten, ob ich ein guter Kerl war oder auch nicht. Etwas Vergleichbares gibt es im deutschen Recht nicht. Aber Leute, die bereit waren, mir eine solche Referenz zu schreiben, gab es in meinem Umfeld genug: Angehörige, Freunde, Angestellte, Mieter, Nachbarn, Kollegen und Vertreter verschiedener Hamburger Institutionen, mit denen ich beruflich zu tun hatte. Jeanne Baker packte dem Richter einen dicken Stapel mit rund 50 Schreiben auf den Tisch, die bezeugten, wie sehr ich als Anwalt, Vermieter und Familienvater in meinem Beruf und meinem Stadtteil verwurzelt und geachtet war.

All das zusammengenommen ergab unsere Argumentation für eine *downward departure*. Was sich anhört wie der Titel eines amerikanischen Roadmovies, bedeutet etwa so viel wie eine Abwärtsbewegung in der Festlegung der Strafmaßrichtlinien. In meinem Fall war nach Ansicht des *probation officer* eine Strafe zwischen 63 und 78 Monaten angemessen. Chris Clark wollte so viel wie möglich, nämlich 78 Monate. Er hatte im Vorfeld des *PSI-Report* sogar versucht, das Strafmaß noch um weitere 12 Monate zu erhöhen – mit der Begründung, dass ich Anwalt sei und deshalb besonderen Anforderungen an mein Rechtsempfinden genügen müsste. Damit allerdings war Frau Gomez nicht einverstanden gewesen. Jeanne Baker machte nun nach allen Regeln der Kunst klar, warum der Strafrahmen deutlich niedriger liegen müsste, nämlich zwischen 37 und 43 Monaten.

Aber auch diese Strafe, meinte meine kämpferische Anwältin, sei in meinem speziellen Fall noch viel zu hoch. Dabei berief sie sich auf ein Urteil, das in der amerikanischen Justiz Rechtsgeschichte geschrieben hat: Im Jahr 2005 hatte der Supreme Court in einem Strafverfahren gegen einen Angeklagten namens Booker entschieden, dass die bisher verbindlichen Strafmaß-Richtlinien mit der amerikanischen Verfassung unvereinbar seien. In speziellen Fällen dürfen die Gerichte diese Richtlinien mit der Berufung auf Booker seitdem auch über- oder unterschreiten. Solche Gesichtspunkte, so trug Jeanne Baker vor, bestanden in meinem Fall in meinem Alter, in meinem gesundheitlichen Zustand und in der Tatsache, dass ich als Ausländer in den USA nicht in den Genuss von Rehabilitationsprogrammen kommen würde. Und natürlich auch in dem Umstand, dass selbst der Richter erheblich daran zweifelte, ob ich überhaupt eine Straftat begangen hatte. Meine Verteidigerin zitierte Dutzende Gerichtsurteile, bei denen es unter solchen Umständen zu einer drastischen Verkürzung der Strafe gekommen war.

Unter Berücksichtigung all dieser Gesichtspunkte schlug sie eine Gesamtfreiheitsstrafe von neun bis zehn Monaten vor. Danach wäre ich in wenigen Wochen frei! Eigentlich hatte ich mir, während ich auf das *sentencing* wartete, jede Spekulation darauf verboten, dass meine Entlassung in greifbare Nähe rücken könnte. Aber als ich diesen Schriftsatz von Jeanne Baker im *Broward County Jail* zum ersten Mal las, fing ich doch wieder an – zu hoffen.

Zur Verhandlung am 10. August 2006 trafen wir alle wieder in dem inzwischen vertrauten Gerichtsgebäude in Fort Lauderdale zusammen, das nur wenige hundert Meter vom *Broward County Jail* entfernt liegt. Bis zu diesem Zeitpunkt hatte ich noch einmal in diesem schlimmen Knast ausharren müssen.

Inzwischen kannte ich all das ja schon: dass ich in Ketten gelegt wurde, dass man mich in diesen seltsamen Tiertransporter bugsierte und zum Gericht fuhr, wo ich in einer Arrestzelle erst einmal stundenlang warten musste. Irgendwann wurde ich dann in den Gerichtssaal geführt und konnte auf der Anklagebank zwischen meinen beiden Verteidigern Jeanne Baker und Jan Jütting Platz nehmen. Heute, das wussten wir alle, würde sich entscheiden, wie mein Leben weiterging. Und auch das Leben in Hamburg, in meiner Kanzlei und in der Familie. Sieben Monate lang hatte Jan Jütting, zusammen mit meinen Töchtern, rund um die Uhr gearbeitet, um das Büro aufrechtzuerhalten, mich als Arbeitgeber gegenüber unseren Mitarbeitern zu vertreten, die finanziellen Belange der Immobilienverwaltung in den Griff zu bekommen und meine Verteidigung zu organisieren. Auch für sie würde sich an diesem Tag endlich entscheiden, ob sich all das gelohnt hatte: ob ich in absehbarer Zeit nach Hause zurückkehren würde und das Anwaltsbüro Berkau weiter existieren könnte.

Am Vormittag lief es nicht wirklich gut für uns. Richter William Dimitrouleas wirkte desinteressiert, stellte kaum Fragen und machte mit verschiedenen Bemerkungen deutlich, dass er überhaupt keinen Grund für eine *downward departure* sah. Ich wusste, dass der Staatsanwalt mich für über sechs Jahre im Gefängnis sehen wollte, und meine Hoffnung auf eine mildere Strafe schwand immer mehr. Auch Jeanne Baker und Jan Jütting wirkten bedrückt und sehr besorgt.

Am Nachmittag drehte sich das Blatt, und zwar ausgerechnet in dem Augenblick, als Chris Clark begann, die verlangten 78 Monate zu begründen. Der Richter ließ den *prosecutor* kaum ausreden und stellte eine kritische Frage nach der anderen. Danach hatte Jeanne Baker die Möglichkeit zu erwidern. Endlich einmal hatte die Verteidigung das letzte Wort, und nicht, wie es im Strafprozess der Fall gewesen war, der Ankläger. «Ich habe sie noch nie so gut erlebt wie in diesen Minuten!», schrieb ich ein paar Tage später an einen Freund. «Getragen von dem Wissen und der tiefen Überzeugung meiner Unschuld nahm sie Stück für Stück alles auseinander, was nicht für eine Herabsetzung des Strafmaßes hätte sprechen können. Sie war wirklich beeindruckend, ich habe gehört, dass auch die im Saal anwesenden *marshals* die Augenbrauen hochgezogen haben. Zu etwa diesem Zeitpunkt habe ich mich dann getraut, meine Prognose auf den vor mir liegenden Zettel zu schreiben und Jan, der neben mir saß zuzuschieben: 48 Monate.» Den Zettel habe ich aufbewahrt, bis heute.

Am Ende bekam auch ich die Möglichkeit, ein Schlusswort zu sprechen. Und da hatte ich meine Gefühle nicht mehr im Griff. In diesem Augenblick kulminierte alles, was ich in den vergangenen sieben Monaten erlebt hatte, vor allem aber meine Ohnmacht und Wut darüber, in einem mir völlig unverständlichen System gefangen und reiner Willkür ausgeliefert zu sein. Aber auch die Vorwürfe, die ich mir selbst immer wieder wegen der unfassbaren Naivität gemacht hatte, durch die ich in diese Lage geraten war.

Ich brachte schlicht kein Wort heraus. Jeanne Baker bat das Gericht, mir etwas Zeit zu lassen. Ein paar Minuten später sagte ich dann doch noch etwas: Ich erklärte, dass ich niemals vorgehabt hätte, irgendjemandem etwas zuleide zu tun. Dass ich aber bereit sei, die Verantwortung für den Gesetzesverstoß zu übernehmen, den die Jury festgestellt habe. Und ich bat den Richter, meine Strafe so niedrig festzusetzen, wie es ihm nach rechtlichen Grundsätzen möglich war.

Unmittelbar nach meinem Statement gab William Dimitrouleas seine Entscheidung druckreif zu Protokoll: 37 Monate. Jan Jütting erinnert sich daran, dass in diesem Augenblick ein schelmisches Lächeln über mein Gesicht huschte. Dies war keine Stunde des Triumphes. Aber zum ersten Mal hatten wir eindeutig gewonnen.

Die Entscheidung, ob ich angesichts dieser Strafzumessung noch in den *appeal* gehen sollte, fiel mir leicht. Die Alternative dazu hieß *treaty transfer*, ein Überstellungsverfahren in die Bundesrepublik Deutschland, das durch ein Straßburger Abkommen von 1983 geregelt ist.

Ein *appeal* in den USA hat – ganz ähnlich wie bei uns eine Revision beim Bundesgerichtshof – eine Erfolgsaussicht von weniger als 15 Prozent. Das Verfahren dauert 12 bis 18 Monate und kostet zwischen 50 000 und 150 000 US-Dollar. Wenn ich den *appeal* gewinnen würde, müsste das Verfahren neu aufgerollt werden: Ich musste dann damit rechnen, sogar länger als 37 Monate in Haft zu bleiben, bis ein erneuter Strafprozess abgeschlossen war! Ein gewonnener *appeal* bedeutet für beide Seiten zudem neues Spiel und neues Glück. Man kann auch zu einer höheren Strafe verurteilt werden als in der ersten Instanz. Erst dann, wenn das Urteil gegen mich rechtskräftig geworden war, konnte ich beginnen, meine Auslieferung nach Deutschland zu betreiben. Das *Treaty-transfer*-Verfahren war schneller durchführbar als ein *appeal*, es kostete weniger Geld, und es hatte recht gute Erfolgsaussichten.

Meine Entscheidung war schnell getroffen: Ich wollte in diesem Unrechtssystem nicht mehr um meine Rehabilitation, nicht mehr um Gerechtigkeit kämpfen. Ich wollte nur noch so schnell wie möglich nach Hause.

21

Einige meiner Leidensgenossen hatten es mir schon vorhergesagt: Es ist, als ob ein Schalter umgelegt wird. Wenn du dein Strafmaß kennst, kommst du zum ersten Mal wieder zur Ruhe. Selbst wenn es eine hohe Strafe ist. Du weißt jetzt, woran du bist, und kannst dein Leben – jedenfalls in sehr engen Grenzen – wieder planen.

Auch mir ging es so. Während meine Freunde in Hamburg sich noch darüber empörten, wie man mich unschuldig für 37 Monate einsperren konnte, spürte ich selbst vor allem Erleichterung. Ich wusste jetzt, dass ich im schlechtesten Fall noch etwa zwei Jahre im Gefängnis sitzen würde – abzüglich 15 Prozent *good time* wäre meine Strafe im Spätsommer 2008 verbüßt. Alles, was ich jetzt noch auf juristischem Wege erreichen konnte, würde diese Zeitspanne verkürzen. Und ich hoffte, bald in eine Strafvollzugsanstalt vom Level *low security* zu kommen, in dem ich andere und bessere Beschäftigungsmöglichkeiten hätte. Ich ahnte ja nicht, welche Überraschungen mir noch bevorstanden.

Am 13. August wurde ich aus dem *Broward County Jail* wieder ins FDC Miami verlegt, und da ich diese Anstalt schon

Aus einem Brief vom September 2006: Zeichnung meiner Zelle im FDC Miami

kannte, war ich froh über die Veränderung. Noch einmal musste ich allerdings eine zermürbende Aufnahmeprozedur über mich ergehen lassen, die sich über zehn oder elf Stunden hinzog. Dann brachten sie mich in den achten Stock des Gefängnishochhauses.

«Die Haftbedingungen im FDC Miami sind – ich wusste es ja schon – wesentlich besser als im *Broward County Jail*. Mir geht es also gut, es gibt hier viele gute Leute. Das durchschnittliche Alter hier im 8. Stock Westflügel schätze ich auf über 40 Jahre, viele Geschäftsleute, viele in ähnlicher Weise hereingelegt wie ich», berichtete ich meinen Freunden. Kurz vor meiner Ankunft hatte man den Schwiegersohn eines bekannten deutschen Feinkost-Millionärs aus unserer Abteilung entlassen. Unter meinen Mitgefangenen war ein Bauunternehmer aus New York, ein Unternehmensberater aus Düsseldorf und ein Arzt und Betreiber verschiedener Kliniken, in denen ein angeblich innovatives Medikament zur Krebstherapie verordnet worden war. Eine durchaus illustre Gesellschaft, und das Essen war so gut, dass ich anfangen musste aufzupassen, dafür gab es aber einen Fitness-Raum.

Im FDC Miami «bewohnten» wir die etwa acht Quadratmeter großen Zellen jeweils zu zweit. Etagenbett, Toilette, ein Waschtisch, der zum Schreibplatz verlängert war, zwei Kleiderhaken. Mit etwas gegenseitiger Rücksichtnahme kam man auf diesem begrenzten Raum ganz gut miteinander klar. Man benutzte die Toilette zum Beispiel nur, wenn gerade Aufschluss war und der Zellengenosse den Raum verlassen konnte. Jeder Gefangene hatte eine Metallkiste für seine persönlichen Sachen, und wer ein Schloss besaß, konnte diese sogar absperren. Auch die Aufbewahrung von Lebensmitteln, die es beim zentralen Gefangeneneinkauf gab, war erlaubt. Die Auswahl war nicht schlecht, vermutlich zugeschnitten auf die etwas kaufkräftigere Klientel, die hier einsaß. Ich legte mir einen Vorrat von Instantsuppen, Fisch und Fleisch in sogenannten *pouches* zu – licht- und luftdichten Beuteln aus Kunststoff. Thunfisch-*pouches* waren eine beliebte Währung unter uns Gefangenen, mit der man allerlei Tauschgeschäfte betrieb und gegenseitige Dienstleistungen wie Haarschnitte bezahlen konnte. Die Qualität dieser Konserven war nicht schlecht, und zu bestimmten Zeiten konnten wir auch die Küche benutzen. So kam es gelegentlich zu Essenseinladungen unter uns Inhaftierten.

Dennoch vergaß man keinen Moment, wie schnell es mit solchen kleinen Vergünstigungen vorbei sein konnte. Etwa wenn wieder mal *inmates* in den SHU gesperrt wurden, in Isolationshaft. Das passierte zum Beispiel, als ein junger Mitgefangener beschuldigt wurde, dass er Marihuana ins Gefängnis geschmuggelt habe. Gleich fünf Männer aus unserer *unit* verschwanden für unabsehbare Zeit im SHU.

Die sich anschließende Durchsuchungsaktion lief erstaunlich unspektakulär. Die ganze Habe der Gefangenen aus den *lockern* wurde akribisch aufgelistet, in Plastiksäcke verstaut und aus der *unit* gebracht. Im *Broward County Jail* hätten sich die Diensthabenden das Zeug kurzerhand unter den Nagel gerissen, hier schien es tatsächlich etwas ordentlicher zuzugehen. Vermutlich wusste die Gefängnisverwaltung, dass nicht wenige der Häftlinge hier in der Lage waren, sich für ihre Belange einzusetzen, im Zweifelsfall mit Hilfe teuer bezahlter Anwälte.

Viele meiner Mitgefangenen saßen wegen Drogendelikten hier, und ihre Strafen waren drakonisch. Zu ihnen gehörte zum Beispiel ein Haitianer, der ein Drogengeschäft vorbereitet oder besser gesagt verabredet hatte. Das Gespräch, das er wahrscheinlich mit einem Lockvogel geführt hatte, war vom FBI aufgezeichnet worden – er war in eine Falle gegangen. Als der Polizei bekannter Drogendelinquent war er für so eine Aktion prädestiniert, als Wiederholungstäter wurde er dann mit besonderer Härte verurteilt: zu einer lebenslangen Gefängnisstrafe. Der Haitianer war fassungslos und ging dagegen in Berufung. Sein Urteil wurde aufgehoben, und er bekam eine neue Strafe: 25 Jahre.

Auch diesmal hatte ich im FDC einen Zellengenossen, mit dem ich mich sehr gut verstand: José Battle war, wie Carlos Alvarez, geborener Kubaner und etwa in meinem Alter. Darüber hinaus gab es eine ganze Menge Gemeinsamkeiten zwischen uns. Seine Frau war Lehrerin, sie hatten drei erwachsene Kinder. Ein Sohn war Rechtsanwalt, ein anderer Musiker. José Battle hatte wie ich längere Zeit in einer Band gespielt. Sein Instrument war die Bassgitarre. Angeklagt war er wegen Glücksspielgeschäften, Geldwäsche und *conspiracy*, und in einigen Punkten war er auch verurteilt worden. Er wartete auf sein *sentencing*, aber auch auf ein neues Strafverfahren, das die Staatsanwaltschaft gegen ihn eingeleitet hatte, nachdem sie mit der Anklage in mehreren Punkten nicht durchgekommen war. Die meisten seiner Mitangeklagten, darunter auch sein Vater, hatten ihre Verfahren schon mit einem *plea bargain* beendet.

Mit dem – illegalen – Glücksspielgeschäft war José quasi aufgewachsen; sein Vater hatte ihn als Juniorpartner frühzeitig in den Familienbetrieb einbezogen. Doch schon vor beinahe zwanzig Jahren war der Sohn aus diesem Unternehmen ausgestiegen und hatte begonnen, in Immobilien zu investieren. Das, was man ihm strafrechtlich hätte zur Last legen können, war lange verjährt. Unter der Überschrift «Geldwäsche» wurde ihm aber vorgeworfen, dass er illegal verdientes Geld in legale Geschäfte investiert habe. Aber auch dieses Delikt wäre schon verjährt gewesen – wenn die Staatsanwaltschaft nicht eine höchst eigenwillige Interpretation des Straftatbestandes «Geldwäsche» gefunden hätte: Danach war jede Art von Geschäftstätigkeit, die José seit seinem Ausstieg aus dem Glücksspielgeschäft betrieb, «Geldwäsche», und das quasi für den Rest seines Lebens. Legal hätte sich José demnach nur noch von der staatlichen Wohlfahrt ernähren können.

Da er mit einer Haftstrafe von bis zu 20 Jahren rechnete, reagierte er geradezu euphorisch, als sein *PSI-Report* eintraf, in dem eine Strafe von 46 bis 57 Monaten vorgeschlagen wurde. Aber er wusste auch, dass schon wieder ein neuer Strafprozess auf ihn zukam. Und er war entschlossen, bis zum Schluss zu kämpfen, weil das *government* sein gesamtes Vermögen eingefroren hatte. Seine Frau durfte gerade noch gegen Geld ein Shopping-Center managen, das ihm gehörte. José glaubte, dass das *government* nur das Geld wollte; an den strafrechtlichen Vorwürfen sei entweder nichts dran oder sie seien verjährt. Und nach allem, was ich selbst bisher erlebt hatte, und so, wie ich José einschätzte, glaubte ich ihm das.

Im März 2007 wurde José tatsächlich ein weiteres Mal verurteilt. Er muss, so vermerkt es die Website des *Federal Bureau of Prisons*, eine Haftstrafe bis zum Jahr 2017 absitzen. Mit dem Gerichtsurteil wurde zudem ein Vermögen von 632 Millionen Dollar beschlagnahmt – ein Vermögen, das José kaum je besessen haben dürfte. Das Gericht hat einfach alle geschätzten Gewinne aus dem Glücksspielgeschäft aus der Ära seines Vaters, seit den sechziger Jahren, zusammengezählt. Wie sehr die Staatsanwaltschaft tatsächlich im Dunkeln tappte, zeigte die Tatsache, dass sie ihn noch nicht einmal wegen Steuerhinterziehung anklagte: Dafür nämlich hätte sie Zahlen auf den Tisch legen müssen.

Wenige Monate später, im Sommer 2007, starb sein Vater, José Battle senior, im Alter von 77 Jahren im Gefängnis. Jahrzehntelang hatte er im Ruf eines *godfather* der exilkubanischen Mafia gestanden. Battle senior war einstmals Polizist im Dienst des kubanischen Diktators Fulgencio Batista gewesen. Als dieser 1959 von Fidel Castros Truppen aus dem Land gejagt wurde, ging auch Battle ins Exil. Im Auftrag der CIA bildete er seine Landsleute in Miami für den Kampf gegen das Revolutionsregime Castros aus – und nahm schließlich mit seinem Regiment an der Invasion in der Schweinebucht teil. Nachdem John F. Kennedy die amerikanischen Truppen kurz vor ihrem Einsatz auf Kuba zurückrief, hatten die Invasoren keine Chance mehr, ihren Krieg zu gewinnen. José Battle wurde von kubanischen Truppen gefangen genommen. Nach zwei Jahren kauften die USA ihn frei.

Ab Mitte der sechziger Jahre lebte er in den Vereinigten Staaten. Offenbar weitgehend unbehelligt von der amerikanischen Polizei, baute er zügig ein Glücksspielimperium auf. Die verbotene Lotterie *Bolita* war vor allem unter Exilkubanern beliebt. 1977 saß José Battle senior noch einmal für zwei Jahre im Gefängnis, wurde dann aber wieder freigelassen und machte einen auch für amerikanische Verhältnisse sonderbaren Deal: Er gestand seine Beteiligung an einem Mord im «Tausch» gegen die bereits abgesessenen Gefängnisjahre.

Erst 2004 änderte die Staatsanwaltschaft ihre Laisser-faire-Politik gegenüber den Geschäften des ehemaligen Glücksspielkonzerns: Sie verhaftete den 74-jährigen José Battle sen. und 20 weitere Beschuldigte wegen «organisierter Kriminalität», darunter auch meinen Zellengenossen José Battle jun. Er wird nun vermutlich noch viele Jahre seines Lebens für die

Geschäfte büßen, die sein Vater unter den Augen der US-Regierung ungestört aufbauen konnte.

Das, was die Ankläger aus Josés Besitz dingfest machen konnten, ist inzwischen in den staatlichen *Treasury Forfeiture Fund* (TFF) geflossen, ein gemeinsames Unternehmen des Finanzministeriums und des nach dem 11. September 2001 neu eingerichteten *US Department for Homeland Security*. Dieser *Fund* sammelt und verteilt beschlagnahmte Vermögenswerte von angeblichen Straftätern. Im Jahresbericht für 2006 präsentiert der TFF unter der Überschrift *Highlights* stolz eine Villa und ein Apartmenthaus, die einst José gehörten. Gezeigt wird auch eine Reihe von schicken Autos, darunter eine Stretchlimousine, die von anderen Verurteilten kassiert wurde. Der weitere Verwendungszweck? Häuser, Boote, Autos und Flugzeuge werden an Polizei, FBI oder andere *law enforcement agencies* weitergegeben und dort benutzt. Es sind Fälle dokumentiert, in denen die Polizeichefs selbst stolz mit den beschlagnahmten Gangster-Autos durch die Stadt fuhren. Millionen US-Dollar aus dem Besitz angeblicher Straftäter fließen außerdem in Ausrüstung und Fortbildung der Gesetzeshüter (mehr dazu unter www.fear.org).

So alimentiert der Apparat sich selbst – und schafft sich damit eine unmittelbare materielle Motivation, möglichst viele Menschen zu kriminalisieren. Auch ganz normale, eher mittelmäßig verdienende Bürger der USA können ihr Geld, ihr Auto, ihr Haus oder Grundstück verlieren, wenn auch nur der Verdacht besteht, etwas davon könnte zu einer Straftat benutzt worden sein. Es gibt zahllose Fälle, in denen die Betroffenen niemals wegen irgendetwas verurteilt wurden und ihr Eigentum trotzdem nicht zurückerhielten.

Nachträglich bin ich richtig froh darüber, dass mein Angebot, eine Million Dollar als Kaution zu stellen, vom Richter abgelehnt wurde. Vermutlich säße ich immer noch in Florida fest, mein Geld und meine Grundstückswerte wären inzwischen beschlagnahmt und in einen Polizei-Unterstützungs-Fonds geflossen. Eine ganze Reihe meiner Mitgefangenen waren Geschäftsleute, die den Eindruck hatten, dass ihre Strafverfahren vor allem betrieben wurden, um an ihr Geld heranzukommen. Die Staatsanwaltschaft drohte ihnen horrende Strafen an, oft von 20 Jahren und mehr, und schuf damit die Legitimationsgrundlage, ihr Vermögen einzuziehen. Unter dem Eindruck solcher Drohungen und Maßnahmen stimmten viel einem *plea agreement* zu und akzeptierten eine Freiheitsstrafe von «nur» einigen Jahren. Damit aber bekannten sie sich unwiderruflich als schuldig und hatten natürlich erst recht keine Chance mehr, ihr Geld wiederzubekommen.

Natürlich, darüber war ich mir auch damals im Klaren, saßen im FDC Miami nicht nur Unschuldige hinter Gittern. Und natürlich gibt es zu den Geschichten, die manche von ihnen erzählten, oft eine ganz andere Version von Polizei und Staatsanwaltschaft. Ich war lange genug Anwalt, um das zu wissen. Aber warum sollte sich jemand eine Story ausdenken, wie sie mir ein junger Mithäftling – nennen wir ihn Silvio – erzählte?

Der Student war angeklagt, in der Wohnung seiner Exfreundin Feuer gelegt zu haben. Sie hatte ihn verdächtigt, und die Ermittler hatten auf seinem Computer Spuren einer Internetrecherche zum Thema Brandstiftung gefunden. Ich weiß nicht, ob Silvio diese Tat begangen hat. Sein Vater jedenfalls war von seiner Unschuld überzeugt. Er reiste zum Ort des Geschehens und begann, im Umfeld zu recherchieren:

Gab es Zeugen oder andere Hinweise, die seinen Sohn entlasten könnten? Schließlich traf er auf einen Mann, der behauptete, er habe Kontakt zu einem Augenzeugen des Brandes. Und dieser wiederum könne etwas darüber sagen, wer das Feuer wirklich gelegt habe. Silvios Vater war natürlich überaus interessiert daran, diesen Zeugen kennenzulernen. In einem zweiten Gespräch erklärte ihm der Vermittler dann, der Zeuge sei zwar gern bereit, ihn zu treffen, aber er habe einige Auslagen – Fahrtkosten und so weiter. «Kein Problem», sagte Silvios Vater, «um was für einen Betrag geht es denn?»

Das waren ein paar Worte zu viel. Silvios Vater wurde verhaftet: Er war in eine Falle gegangen, die ihm das FBI gestellt hatte. Der Vorwurf: Er habe versucht einen Zeugen zu «kaufen». Nun saßen Vater und Sohn also im selben Gefängnis, wenn auch auf unterschiedlichen Etagen. Natürlich erfuhr Silvio von der Verhaftung seines Vaters. Und er hörte auch, dass diesem ein Deal angeboten worden war: Wenn er bereit sei, seinen Sohn zu belasten, käme er frei. Was tat Silvio? Er bat seinen Vater inständig, gegen ihn auszusagen. Damit jedenfalls einer von ihnen in die Freiheit zurückkehren könnte. Ich weiß nicht, wie Silvios Vater sich entschieden hat.

Ein anderer junger Mitgefangener namens John hat mir erzählt, vor welche Wahl er gestellt war. Der Mann war EDV-Spezialist und als solcher bei der Polizei irgendwo in Südamerika beschäftigt gewesen, bis ihn das FBI nach Florida abgeworben hatte. Möglicherweise hat er seinen Job dort dazu missbraucht, die Datenbank der Einwanderungsbehörden zu knacken und einem oder zwei seiner Freunde bei der Beschaffung einer Aufenthaltserlaubnis zu helfen. Jedenfalls saß er mit diesem Tatvorwurf im Gefängnis. John war schon einige Zeit im FDC Miami inhaftiert, als er eines Nachts plötzlich abgeholt und zu einer Polizeidienststelle gebracht wurde. Dort warteten überraschenderweise bereits der Staatsanwalt und sein Verteidiger auf ihn. Er wurde gefragt, ob es ihm möglich sei, über die Daten von Mobiltelefonen an die Kontodaten ihrer Inhaber heranzukommen. Nach kurzem Überlegen bejahte er und musste sein Können auch gleich auf die Probe stellen: Es gelang ihm, die Vertragsdaten eines Telefonkunden einzusehen und sich so auch in seine Bankverbindung einzuhacken.

Er hatte die Prüfung bestanden, und nun folgte das Angebot: Wenn er bereit war, seine Fähigkeiten der Polizei zur Verfügung zu stellen, würde er freigelassen. Die Bedingung: Er müsse rund um die Uhr zur Verfügung stehen. Warum rund um die Uhr?, fragte er. Weil man eben nicht zu allen Tages- und Nachtzeiten an einen richterlichen Beschluss herankam. Mit anderen Worten: Er sollte richterlich nicht genehmigte, illegale Ermittlungen für die Polizei übernehmen. Nach einigem Überlegen lehnte der junge Mann das Angebot ab. Ob er gut daran getan hat? Ich weiß nicht, was später aus ihm geworden ist.

Vermutlich erzählten mir manche Insassen solche Geschichten auch deshalb, weil sich bald herumgesprochen hatte, dass ich Rechtsanwalt war. Viele kannten mich namentlich, manche sprachen mich sogar ehrfürchtig mit *Doctor* an und suchten meinen Rat. Natürlich konnte ich ihre Erzählungen nicht nachprüfen, und ich kannte mich auch im amerikanischen Recht nicht gut genug aus, um wirklich helfen zu können.

Aber das, was ich über manche Fälle – wie etwa den von Carlos Alvarez, Martino D. oder José Battle – später in Gerichtsdokumenten und Presseberichten nachlesen konnte, bestätigte alles, was meine Mithäftlinge mir erzählt haben. Und insgesamt ähneln alle diese Geschichten einander und dem, was mir selbst passiert ist, zu sehr, um anzunehmen, dass sie zum größeren Teil erfunden oder grob übertrieben waren.

Erpressung, Bespitzelung, Zeugenbeeinflussung, die Verwendung «schmutziger» Gelder für legale Geschäfte: All das, wofür viele der Männer, die ich im Gefängnis kennenlernte, jahrelang eingesperrt waren, scheint zu den ganz alltäglichen Praktiken der amerikanischen Gesetzeshüter selbst zu gehören. Aber die Gesetze gelten dort immer nur für die anderen. Erst wenn jemand über die Stränge schlägt wie Sheriff Ken Jenne oder die Richter Conahan und Ciavarella, erst wenn sich jemand aus diesem System mit seinen Praktiken Neider und Feinde in den eigenen Reihen schafft, muss er fürchten, dass die Gesetze auch einmal gegen ihn selbst angewendet werden.

«Wenn du das alles weißt, wie das hier so geht, was sie mit den anderen so machen, dann bleibt nur ein Schluss», schrieb ich an meinen Freund Uli Stellfeld, «ich habe insgesamt noch richtig Glück gehabt und sollte das alles zum Anlass nehmen, auf die positiven Seiten zu schauen. Und genau das tue ich auch!»

22

Am 9. November 2006 feierte ich zum ersten Mal meinen Geburtstag im Gefängnis. Ich bekam bergeweise Post, und meine Freunde hatten sich etwas besonders Nettes ausgedacht: Sie versammelten sich zu einer verabredeten Stunde in meinem Büro in Hamburg, sodass sie mir, als ich dort anrief, alle ganz kurz ihre persönlichen Glückwünsche zurufen konnten.

Mit Mitgliedern meiner beiden Bands stand ich inzwischen in ständigem Briefkontakt. Wir tauschten uns über einzelne Musikstücke aus, korrespondierten über die technischen Details von Gitarren und Verstärkern und über Konzerte, die gerade in Hamburg stattfanden. Es war mir wichtig, dass auch dieser Teil meines Lebens weiterging, und ich freute mich darauf, irgendwann wieder mit den Jungs zusammen zu spielen. Ich schickte erste Entwürfe für mein geplantes Gitarrenbuch nach Hause und bat darum, mir Literatur zuzuschicken, allerdings erst dann, wenn ich meinen endgültigen Bestimmungsort erreicht hätte. Im FDC Miami kam ich jetzt zum ersten Mal wieder an ein Instrument heran. Und ich fand einen Gleichgesinnten.

«José und ich haben die *Unit*-Gitarre jetzt bei uns so gut wie ständig auf der Zelle, nett! Es ist eine 30-Dollar-Nylonstring aus China, die bisher fest in Händen von zwei schwarzen *inmates* war, die damit ihre religiösen Versammlungen begleiten. Gestern komme ich in unsere Zelle, sitzt da José und spielt Gitarre. Seit gestern ist die Gitarre bei uns, wir werden uns mit den schwarzen *buddies* arrangieren. José muss mir erst einmal zeigen, wie das Stück ‹Light my Fire› (kennst Du von José Feliciano und von den Doors) auf einer Nylonstring mit den Fingern gespielt wird, und ich bin schon ziemlich gut dabei. Das nächste Stück (eine Liga höher!), das José mir zeigen muss, ist ‹Besame mucho›. Zwischendurch feile ich an meinem Blues in C herum, den ich in seiner Einfachheit immer noch mag und der ‹Back Home› heißen wird, sobald ich zurück bin. Dann werde ich auch an dem bereits im *Broward*

County Jail (ohne Instrument!) begonnenen Stück ‹High Pressure› weitermachen», schrieb ich an meinen Freund Dieter Lux. So verging die Zeit, manchmal sogar erstaunlich schnell.

Und dann passierte es wieder von der einen auf die andere Minute: *PACK OUT!* Es war der Befehl, den ich herbeigesehnt hatte, den ich aber auch immer ein wenig fürchtete. Die Verlegung kam ohne Vorwarnung, man erfuhr erst im letzten Augenblick, wohin die Reise ging. Ich hatte kaum Zeit, zu packen und mich von den Männern zu verabschieden, mit denen ich monatelang zusammengelebt hatte. Die letzten Briefe, die mir im FDC Miami ausgehändigt wurden, durfte ich nicht einmal mehr richtig lesen. Ich musste sie nach einer flüchtigen Durchsicht vernichten, denn ich durfte selbstverständlich keinerlei persönliches Gepäck mitnehmen. Immerhin stand auf den beiden Kartons, in die ich am 13. November 2006 meine persönliche Habe packte, wohin diese geschickt werden würden: Oakdale, Louisiana.

Also doch ins Land des Blues, ins Mississippi-Delta, die einzige Gegend, die ich nach meinen zahlreichen USA-Reisen noch hatte sehen wollen. Ich hatte eigentlich woanders hingewollt und dies auch ins *sentencing* eingebracht. Ein Gefängnis im Norden Nordamerikas wäre für meine Angehörigen wesentlich besser erreichbar gewesen. Außerdem traute ich dem relativ liberalen Norden mehr Humanität zu als den reaktionären Südstaaten.

Aber ich hatte schon gewusst, dass auch die *Federal Correctional Institution* (FCI) Oakdale für mich in Frage kam, und das, was ich von Mitgefangenen darüber hörte, klang nicht schlecht. Vor allem würde ich dort meinen endgültigen Bestimmungsort erreichen – dachte ich jedenfalls. Erst wenn ich in der Anstalt angekommen war, in der meine Strafe vollstreckt wurde, konnte ich von dort aus meine Überstellung nach Deutschland beantragen.

Zunächst aber sollte es in die nächste Zwischenstation gehen: ein *Holdover*-Gefängnis in Atlanta.

Ich musste dann doch noch eine Nacht warten. Gegen 13 Uhr des nächsten Tages ging es los. Meine Sachen waren bereits verpackt, und das Wenige, was ich mitnehmen durfte, lag bereit. Trotz Ankündigung vom Vortage durfte ich meine Medikamente nicht mitnehmen. Auch mein schöner Che-Guevara-Jumpsuit blieb im *FDC*. Stattdessen bekam ich für die Reise einen blauen Einweg-Overall mit Reißverschluss und statt der Plastiksandalen grüne knöchelhohe Socken, die eine Art dünne Schuhsohle aufwiesen.

Mir war klar, dass wir fliegen würden, andernfalls wäre ich nachts abgeholt worden. Das ging auch relativ reibungslos: Wir stiegen in eine Boeing, angeblich ca. 150 Gefangene. Für den gesamten Transport – auch während des Fluges – waren wir mit Hand- und Fußfesseln gefesselt. Eine Zwischenlandung in Tampa, um ca. 16 Uhr ging es weiter. Nach Tampa ging in Flugrichtung links langsam die Sonne unter. Es war wie ein Hauch von Ferienstimmung.

In Atlanta folgte abermals eine fast komplette Aufnahmeprozedur. Der gesamte Inhalt der Boeing an Gefangenen war hierhergebracht worden. Trotz des Chaos, das auf den Fluren herrschte, ging alles erstaunlich schnell, ich war gegen 22 Uhr auf meiner Zelle. Geringfügig kleiner als im *FDC*, zumindest etwas ungünstiger geschnitten, war sie bereits mit zwei Leuten belegt, von denen einer mit mir im Flugzeug gesessen hatte. Es wurde eine zusätzliche Matratze für mich geholt, und ich schlief diese Nacht auf dem Fußboden.

Der *Holdover*-Trakt in Atlanta war ein schlimmer Knast. Alles hier wirkte ‹dreckig›. Das lag im Wesentlichen an fehlenden PVC-Fußbodenfliesen und dem uralten Anstrich von Wänden, Decken, Betten, des Minischreibtisches in meiner Zelle und der beiden *locker*. Von den lackierten Metallteilen blätterte die Farbe ab. Das konnte beim Miniwaschtisch und beim Toilettenbecken allerdings nicht passieren, beides bestand aus Edelstahl. 23 Stunden am Tag waren wir hier eingeschlossen. Gemeinschaftsräume im eigentlichen Sinne gab es nicht, obwohl in der Nähe ständig und laut zwei Fernseher liefen, vermutlich für die *guards*. Duschen und telefonieren konnte man nur in der verbleibenden einen Stunde *recreation time*.

Es war wieder wie in den ersten Tagen nach meiner Verhaftung. Ich kannte hier niemanden, verstieß dauernd gegen irgendwelche mir unbekannten Vorschriften und besaß buchstäblich nichts. Da in diesem Gefängnis ein ständiges Kommen und Gehen herrschte, konnte man sich jedenfalls an der Hinterlassenschaft der Zellengenossen bedienen. Denn diese mussten bei einer Verlegung alles zurücklassen, was sie vielleicht gerade erst teuer erworben hatten. In meinem Fall wurde ein Mann namens Eugene überraschend nach Kentucky abtransportiert, und von ihm erbte ich Shampoo, Seife, ein gebrauchtes Handtuch und ein blaues T-Shirt, außerdem Zahnpasta und vier Einweg-Nassrasierer. Auch mein Zellengenosse Nestor, der bereits nach der ersten Nacht in eine andere Zelle gebracht worden war, hatte einen begehrlichen Blick auf diese Reichtümer geworfen. Er holte sich den größten Teil der Sachen aus meiner Zelle, als ich zwischen Dusche und Telefonschlange hin- und herhetzte. Ich versuchte, mich nicht zu ärgern, und bestellte mir ein paar Sachen in der *commissary*, in der Hoffnung, dass ich nicht lange genug hier bleiben würde, um die Auslieferung dieser Waren noch mitzuerleben.

Nestor hat in der kurzen Zeit, in der wir eine Zelle teilten, eine ganze Menge über sich erzählt. Er war ein dicklicher Kolumbianer in meinem Alter, von Beruf Makler. Seine Straftat: Er hatte einem Kunden vier Grundstücke für insgesamt 410 000 Dollar verkauft. Dabei hatte er wohl gewusst, dass sein Käufer in Drogengeschäfte verwickelt war, den Kaufpreis also möglicherweise nicht durch ehrliche Arbeit aufgebracht hatte. Die Anklage warf ihm vor, er sei mindestens *willfully blind* (vorsätzlich blind) gewesen. Was Nestor aber nicht wusste: Sein Kunde hatte mit Drogengeschäften insgesamt sieben Millionen Dollar Gewinn gemacht. Und daran war der Makler nun im strafrechtlichen Sinne beteiligt. Das Zauberwort: *conspiracy*. Er wurde wegen Geldwäsche in dieser Höhe zu 210 Monaten Haft verurteilt. Sein Richter: William Dimitrouleas.

Nestor hatte inzwischen sieben Jahre abgesessen und hoffte darauf, dass er auf Antrag der Staatsanwaltschaft bald in die Freiheit entlassen würde. Auf Antrag der Staatsanwaltschaft? Das war meines Wissens nur möglich, wenn der Betreffende dem Ankläger jede Menge Leute ans Messer lieferte, indem er sie als *snitch* verpfiff oder zu Straftaten anstiftete. Nachdem ich das wusste, war ich ganz froh darüber, dass ich nicht mit Nestor, sondern vorübergehend sogar allein auf meiner Zelle saß. Um die 23 Stunden pro Tag, die ich hier ohne irgendeine sinnvolle Beschäftigung alleine eingeschlossen war, trotzdem irgendwie herumzubringen, war ich inzwischen darauf verfallen, mir meine Sudokus selbst zu basteln.

Zu den Mahlzeiten wurden wir jeweils für etwa drei Minuten herausgelassen, mussten unser Tablett fassen und damit in die Zellen zurückkehren. Gleich an einem der ersten Tage begrüßte mich beim Frühstückholen ein Mithäftling auf Deutsch mit einem freundlichen «Guten Morgen!» Wie ich dann erfuhr, war der Mann, der in der Zelle 204 saß, ein Kollege von mir: Sam Burstyn, ein Rechtsanwalt aus Miami. Sein Name war mir aus verschiedenen glamourösen Scheidungsverfahren bekannt: Er hatte zum Beispiel Barbara Becker gegen Boris Becker vertreten und war in diesem Zusammenhang auch einmal in Hamburg gewesen.

Ich habe mich zwei- oder dreimal während unserer Freistunde mit dem Kollegen unterhalten. Es erzählte mir, dass er fließend Jiddisch sprach und deshalb auch ein wenig Deutsch verstand. Ich fragte ihn nicht, was ihm genau vorgeworfen wurde – das tat man in dieser Situation einfach nicht. Später erfuhr ich, dass man ihn im Zusammenhang der Verteidigung von Drogenhändlern unter anderem wegen *money laundering* angeklagt hatte und dass er sich in einem *plea bargain* der *obstruction of justice* – der Strafvereitelung also – schuldig bekannt hatte. Er wurde zu 42 Monaten verurteilt.

In diesem Gefängnis sprach sich alles schnell herum, und so wusste ich auch schon vor meiner ersten persönlichen Begegnung, dass es hier Ratten gab. Sie kamen durch die hohen Schlitze zwischen Tür und Fußboden, durch die man Essentabletts herein- und herausschieben konnte, auch in unsere Zellen. Man schützte sich davor, indem man eine zusammengerollte Zeitung vor diese Öffnung legte. Dank Sam Burstyn besaß ich ein Exemplar des «Wall Street Journal», aber eines Abends vergaß ich, meine Tür damit zu verbarrikadieren.

Ich wachte nachts auf, weil ich ständig kleine Geräusche wahrnahm. Anfangs hoffte ich noch, dass sie aus der Nachbarzelle kamen. Aber dann war mir schnell klar, dass ich Besuch hatte. Ich fuhr hoch und legte schnell die Papierrolle vor die Tür. Das war natürlich eine Kurzschlusshandlung, denn eigentlich wollte ich, dass die Ratte aus meiner Zelle verschwand. Sie machte allerdings keinerlei Anstalten dazu, sondern nagte weiter an irgendetwas herum.

In meiner Zelle war es dunkel. Nur ein schummriger Lichtstreifen fiel vom Flur aus durch den Türschlitz auf den Fußboden, und selbstverständlich gab es keine Lampe, die ich selbst hätte anschalten können. So wusste ich nur, dass das Tier irgendwo in meiner Zelle hockte. Ich nahm die Zeitungsrolle und begann, damit auf die beiden Metallschränke und auf den Fußboden zu klopfen. Vielleicht konnte ich die Ratte damit in die Flucht schlagen. Aber die kannte solche hilflosen Manöver vermutlich schon und ließ sich nicht einschüchtern.

An Schlaf war nicht mehr zu denken. Ich lag in der Dunkelheit auf meinem schmalen Bett und dachte an dieses Tier, das irgendwo in meiner Nähe lauerte. Am Ende beschloss ich, einfach darauf zu warten, dass die Dämmerung anbrach. Wenn ein neuer Tag begann, würde die Ratte hoffentlich vor den *guards* fliehen, mit deren Erscheinen sie dann rechnen musste. Und so kam es auch. Von nun an vergaß ich nie mehr, den Schlitz unter meiner Tür sorgfältig mit Zeitungspapier abzudichten.

«Heute hatte ich am Telefon zum Schluss einen Kloß im Hals, das tut mir wirklich leid, Anne! Ich versichere Euch allen, dass bei mir alles in Ordnung ist», schrieb ich am selben Tag meiner Tochter, um die Kinder nicht zu beunruhigen. Aber nichts war hier in Ordnung, mal abgesehen davon, dass das Essen von passabler Qualität war. Es gab zwar eine *law library* und eine Art Sportplatz – aber es gab kaum eine Möglichkeit, diese Einrichtungen zu benutzen. Der sogenannte *Rec Yard* war nur sonntags zugänglich, und das auch nur manchmal. In der einen Stunde Aufschluss pro Tag hatte man ohnehin alle Hände voll damit zu tun, zum Telefon, zum Duschen, gegebenenfalls auch mal zu einem Krankenpfleger oder Arzt zu kommen oder seine Anwaltspost beim *Counsel* abzugeben. Das alles ging selbstverständlich nie ohne Warteschlange. Und dann musste man ja auch noch Wäsche fassen, denn wir durften keine zweite Garnitur in unserer Zelle aufbewahren. Alle zwei Tage konnten wir Unterhosen, Socken und T-Shirts in einem zentralen Raum wechseln, unter Aufsicht von zwei *trustees*. Einmal wurden die Handtücher in den Zellen ersatzlos eingesammelt – frisch gewaschene Exemplare gab es erst einen ganzen Tag später. Machte ja nichts, da an diesem Samstag sowieso für 24 Stunden Einschluss verfügt war. Man hatte ohnehin keine Chance, zum Duschen zu kommen.

Nachdem ich bereits drei Wochen in Atlanta saß, geschah doch noch ein kleines Wunder: Ich durfte während meiner sonntäglichen *rec time* auf den «Sportplatz», eine überdachte Halle, die nach einer Seite hin offene, vergitterte Fenster hatte. Das Wetter war schön an diesem Tag, und gierig sog ich, an die Gitterstäbe gelehnt, die frische Luft ein. «Ich habe fast eine Stunde in der Sonne gestanden! Könnt Ihr Euch das vorstellen? Es ist in gut zehn Monaten mein zweites Erlebnis dieser Art. Vielleicht geht es ja jetzt aufwärts», vermeldete ich, sobald ich in meine Zelle zurückgekehrt war, nach Hause.

23

Fünf Tage später, am 8. Dezember 2006, ging es tatsächlich aufwärts. Aufgrund von aushängenden Listen wusste ich, dass im *holdover* inzwischen 31 Gefangene saßen, die für Oakdale bestimmt waren. Die Order «Sachen packen» kam vormittags, direkt nach dem Frühstück. Damit war klar, dass es per Flugzeug weiterging. Für eine Fahrt mit dem Bus wurde man nämlich meistens mitten in der Nacht aus dem Bett gerissen: Es ging in der Regel zwischen zwei und drei Uhr morgens los.

«Sachen packen» war in Atlanta ganz einfach: Da gab es nichts zu packen. Alles, was ich hier erworben hatte, musste ich sowieso zurücklassen. Immerhin würden meine Seife, mein Shampoo und meine Lebensmittel dafür sorgen, dass irgendeinem anderen Häftling die Ankunft in der Zelle erleichtert wurde. Meine letzte Post lag in einem vorfrankierten Umschlag. Ich bat meinen *roommate*, einen mexikanischen Landarbeiter, den Brief für mich zur Post zu geben.

Es war nicht mein erster Flug mit *Con Air*, einer Fluggesellschaft, die keine andere Funktion hat, als Gefangene kreuz und quer durchs Land zu fliegen. Ein Bus brachte uns bis auf das Rollfeld des Flughafens. Dort warteten schon einige schwerbewaffnete *guards*, und wir mussten uns erst einmal in Reih und Glied aufstellen. Die *guards* trugen dick wattierte Jacken, wir aber hatten nichts am Leib außer unsere beigefarbene Häftlingshose und ein weißes T-Shirt. Es war bitterkalt, in Atlanta der kälteste Tag im Jahre 2006; die Temperatur lag deutlich unter null Grad Celsius. Nichtsdestotrotz mussten wir dort an Händen und Füßen gefesselt stillstehen, bis jeder

Einzelne von uns, ganz gemächlich, noch einmal durchsucht worden war. Und bis die Gefangenen, die mit dem vollbesetzten Flugzeug angekommen waren, dieses einzeln verlassen hatten und mit ihren rasselnden Fußketten in den Bus geschlurft waren.

Die ganze Prozedur dauerte etwa eine Dreiviertelstunde. Ich habe selten in meinem Leben so elend gefroren. Wir konnten uns ja nicht einmal bewegen, um unsere Muskeln zu wärmen. Dies war nicht nur eine der fast alltäglich gewordenen Verletzungen der Menschenwürde: der ständige Schlafentzug, die Verletzung unserer Intimsphäre, die grotesken Fesselungen, die zu großen und schmuddeligen Kleidungsstücke, die ungenügenden Möglichkeiten zur Körperpflege und all die sinnlosen Anordnungen, denen wir Folge leisten mussten. Dies war außerdem ein absichtlicher oder völlig gedankenloser Angriff auf unsere körperliche Unversehrtheit. Ich wundere mich, dass ich mir keine Lungenentzündung geholt habe.

Dann ging es endlich los. Von innen sah das Flugzeug aus wie eine ganz normale Passagiermaschine. Als Flugbegleiter fungierten speziell ausgebildete *marshals*. Sie waren es, die unsere Sicherheitsgurte schließen mussten, denn wir waren ja an Händen und Füßen gefesselt. Dann wurde ein Proviant und ein Getränk in einer braunen Papiertüte ausgeteilt. Es war schwierig, diese Verpflegung trotz der an den Bauch geketteten Hände zu sich zu nehmen.

Keiner von den Gefangenen wusste, wohin wir gebracht wurden. So fragte ich einen der begleitenden *marshals* nach unserem Ziel. Deutlich genervt blaffte dieser irgendetwas zurück, was ich nicht verstand. Ich hatte offenbar wieder einmal ein ungeschriebenes Gesetz verletzt. Konnte so eine Bitte um eine Auskunft möglicherweise einen terroristischen Hintergrund haben?

Ich hatte zunächst ganz brav und naiv angenommen, dass wir nach Oakdale/Louisiana flögen. Auf dem Rollfeld und auch noch im Flugzeug war allerdings die überwiegende Meinung, es ginge nach Oklahoma, wo die zweite große Drehscheibe für Gefangenentransporte in den USA liegt. Ich fing also an, mich darauf einzurichten, die kommenden Wochen in der nächsten Zwischenstation zu verbringen. Mein Sitznachbar, ein alter Hase, klärte mich darüber auf, dass die Haftbedingungen in Oklahoma wesentlich besser seien. «Atlanta ist mit Abstand der übelste aller *Federal*-Knäste, die ich so kenne», erklärte er mir. Wir flogen immer geradewegs in Richtung Sonne – also nach Westen. Von Atlanta aus gesehen lag Oklahoma im Nordwesten und Oakdale im Südwesten.

Ernste Hoffnungen auf Louisiana begann ich mir nach etwa einer Stunde zu machen, als unter uns ausgedehnte Sumpfgebiete auftauchten. Dann sah ich ein Flüsschen, wagte aber nicht zu fragen, was das war. Den Mississippi hatte ich mir größer vorgestellt. Als kurz darauf ein breiter Strom sichtbar wurde, der die Landschaft in Schlangenlinien durchteilte, war ich ziemlich sicher, den Mississippi unter mir zu sehen. Mein Sitznachbar vermutete hingegen, dass wir den Intracoastal überflögen. Ging es also zurück nach Florida? Das konnte nicht sein, und kurz darauf korrigierte er sich auch.

Wir landeten schließlich in Alexandria, und das lag, so viel wusste ich, nicht weit von Oakdale entfernt. Was für eine Erleichterung! Später erfuhr ich, dass es zu den «Sicherheitsvorschriften» dieser Flüge gehört, den Passagieren so lange wie möglich zu verheimlichen, wann es losgeht und wohin die Reise führt. So sollen Befreiungsversuche verhindert werden. Dass Gefangene völlig desorientiert durch das Land irren und auch ihre Angehörigen nicht über ihren nächsten Aufenthaltsort informieren können, spielt dabei keine Rolle.

Aber immerhin: Ich war sicher im Land des Blues gelandet.

Reiseveranstalter mit besonderen Aufgaben: Con Air & Co.

Das **Justice Prisoner and Alien Transportation System** (JPATS), im allgemeinen Sprachgebrauch **Con Air** genannt, wurde 1995 gegründet. Die Notwendigkeit einer eigenen Fluggesellschaft zum Gefangenentransport ergab sich aus der drastisch steigenden Zahl von Häftlingen. Mit der zivilen Luftfahrt waren diese Transporte nicht mehr zu bewältigen. Denn Fluggäste, die für ihr Ticket bezahlt haben, mögen es nicht besonders, wenn ihre Mitreisenden Handschellen und Fußfesseln tragen und von **marshals** bewacht werden.

Ein Flug mit **Con Air**, einem Betrieb im Besitz der amerikanischen Regierung, kostet, so ein Aufsatz aus dem Jahre 2005, durchschnittlich etwa 1200 US-Dollar. Jedes Jahr gehen rund 250 000 Passagiere an Bord der sechs Maschinen vom Typ Boeing 727 – und keiner von ihnen tut es freiwillig. Neben Strafgefangenen transportiert JPATS auch straffällig gewordene Ausländer, die in ihre Herkunftsländer abgeschoben werden.

Während der Transport von Gefangenen per Flugzeug also durch ein staatliches Unternehmen abgewickelt wird, wurden die Fahrten mit Bussen und Vans seit Mitte der neunziger Jahre mehr und mehr privaten Anbietern übertragen. Der Markt ist unübersichtlich, und Zahlen sind schwer zu erfassen. Etwa 300 000

Transporte allein von **Federal**-Gefangenen werden jedes Jahr durchgeführt. Wie viele Häftlinge zusätzlich innerhalb der Bundesstaaten auf Fahrt gehen, ist durch keine Statistik erfasst.

Anfangs gab der Staat diese Dienstleistungen an kleine Familienunternehmen ab, die Häftlingsreisen zu Dumpingpreisen anboten. Etwas später begannen dann größere Anbieter wie **TransCor**, eine Tochterfirma der **Correction Corporation of America** (CCA), den Markt zu dominieren. Die Folge der Privatisierung: sinkende Kosten und wachsende Klagen über übermüdete Fahrer, überladene Autos, unzumutbare Bedingungen – Hunger, Durst, Kälte oder Hitze während der oft tagelangen Fahrten. Einzelne Gefangene irrten in Bussen bis zu 20 Tage lang durch die Vereinigten Staaten, weil unterwegs dauernd Passagiere eingeladen und abgesetzt wurden. Immer wieder kam es zur sexuellen Belästigung und Vergewaltigung von weiblichen Gefangenen durch das Wachpersonal. Auch die Zahl spektakulärer Ausbrüche, Geiselnahmen und Entführungen stieg bei den privaten Transportfirmen drastisch an. Die Transportbegleiter waren für ihren Job oft nur in Form einer kurzen Einweisung ausgebildet worden.

Der dramatischste Vorfall geschah 1997: Sechs Gefangene verbrannten bei lebendigem Leibe in einem privaten Gefangenentransporter. Das Auto war in zwei Jahren über 400 000 Kilometer gefahren. Aber auch diese Katastrophe führte nicht dazu, dass die Sicherheitsauflagen für die Transporter verschärft wurden. Erst als es zwei Jahre später einem Gefangenen – dem verurteilten Mörder eines 11-jährigen Mädchens – gelang, unbemerkt aus einem Bus zu entkommen und ein Jahr in Freiheit zu bleiben, wurden Forderungen nach einer sicheren Ausstattung der Fahrzeuge und einer besseren Ausbildung des Personals laut.

Inzwischen gibt es zwar einige gesetzliche Vorschriften für die Sicherheit und Grundausstattung der Fahrzeuge. Studien zeigen aber, dass es während der billigeren privaten Transporte nach wie vor zu sehr viel mehr unerwünschten Vorfällen kommt als in den Fahrzeugen der **Feds**.

24

Louisiana ist der Bundesstaat der USA, in dem die längsten Freiheitsstrafen verhängt werden. Dort sitzen – im Verhältnis zur Gesamtbevölkerung – mehr Menschen im Gefängnis als irgendwo sonst in den USA. 80 Kilometer von New Orleans entfernt liegt die größte und berüchtigtste amerikanische Strafanstalt: Das *Louisiana State Penitentiary*, ein Hochsicherheitsknast, besser bekannt unter dem Namen *Angola*. Die Anstalt wurde auf ehemaligem Farmgebiet errichtet, das wiederum war nach dem Land benannt, aus dem die schwarzen Sklaven kamen, die hier zur Feldarbeit gezwungen wurden: Angola.

Ich hatte also keinen Grund zu erwarten, dass die Haftbedingungen in einem Gefängnis ausgerechnet in Louisiana, einem der ärmsten Bundesstaaten der USA, angenehmer sein könnten als in Florida oder Georgia. Aber genau so war es. Die Ankunft dort war die freundlichste, die mir bisher zuteilgeworden war.

Zunächst einmal waren die *correctional officers* freundlich. Dann waren die Baulichkeiten, die Ausstattung der Räume, die Farben an den Wänden hell und freundlich. Und auch die Lebensbedingungen hier waren deutlich freundlicher als alles, was ich bisher erlebt hatte. Ich konnte mich auf dem weitläufigen Gelände, das nicht von Mauern, sondern nur von einem hohen Zaun umgeben war, fast den ganzen Tag frei bewegen und an der frischen Luft sein. Und diese Möglichkeiten nutzte ich auch: Ich stand sehr früh auf, gegen sechs Uhr morgens, und war fast den ganzen Tag unterwegs, bis wir abends um 23 Uhr wieder in unsere Zellen geschlossen wurden. Nur eine etwas unsinnige Einschränkung war dabei zu beachten: Man durfte von einem Teil des Geländes in den nächsten immer nur zur vollen Stunde wechseln.

Es gab eine Bibliothek, in der ich mir Bücher ausleihen und mit auf den *Rec Yard* oder in meine Zelle nehmen konnte. Die Auswahl war nicht schlecht, und spezielle Interessen wurden über eine Art Fernleihesystem bedient. Es gab einen großen Sportplatz und einen Musikraum mit allem, was eine Band als Grundausstattung braucht. Man konnte sich Musikinstrumente leihen. Neun verschiedene Gruppen, so erfuhr ich, machten Musik in der *Federal Correctional Institution* Oakdale, und ich begann meine Fühler auszustrecken, wo ich vielleicht mitspielen könnte.

Noch vor Weihnachten kamen außerdem meine beiden Töchter und Jan Jütting zu Besuch. Endlich konnten wir uns wieder in die Arme nehmen und stundenlang miteinander sprechen, ohne durch eine Glasscheibe voneinander getrennt zu sein. So kam es, dass ich zweieinhalb Wochen lang in Oakdale keinen einzigen Brief schrieb.

Sogar das Essen war gut, nicht nur an Weihnachten, wo jedem von uns eine ganze Poularde und eine dicke Scheibe Schinken serviert wurde. Man ging zu den Mahlzeiten in eine

Art Kantine, in deren Mitte ein Salatbuffet stand. Einen Sitzplatz suchte man sich selbst aus – dachte ich jedenfalls. Nach ein paar Tagen erst fiel mir auf, dass sich Schwarze und Weiße fein säuberlich voneinander getrennt in die zwei Hälften des Speisesaals verteilten. Nur ich hatte mich nicht an die ungeschriebenen Gesetze gehalten. Einmal wurde ich freundlich gebeten, mir einen anderen Platz zu suchen, als ich mich gerade an einen Tisch setzen wollte. Später erfuhr ich, dass dies der angestammte Tisch einer bestimmten Gang war.

Über die Macht von Gangs in amerikanischen Gefängnissen hatte ich bisher eher etwas gehört, als dass ich direkt etwas davon mitbekommen hätte. Doch hier erfuhr ich ein bisschen mehr darüber. Mein erster Zellengenosse Reginald, ein etwas mürrischer Schwarzer, mochte es nämlich überhaupt nicht, wenn ich morgens unsere Zelle verließ und die Tür offen ließ, um ihn nicht durch das laute Klappern zu wecken. Er erklärte mir, was er dagegen hatte: Er saß jetzt seit 11 Jahren in Gefängnissen, meist in *medium* oder *high security facilities,* und hatte gelernt, dass es in den Knästen Kriminelle gab, die nur darauf warteten, andere Gefangene auszunutzen: überall – auch hier – gebe es Gangs. Er wollte auf keinen Fall, dass die Tür offen stehe, wenn er schlafend im Bett lag. Hier in Oakdale sei die Lage zwar entspannt, in anderen Gefängnissen müsste man aber immer ein Messer am Körper tragen und sich mit Leuten zusammentun, denen man vertrauen könne, wenn man angegriffen werde. Aber selbst in Oakdale müsse man bestimmte Verhaltensmaßregeln zur eigenen Vorsicht beachten, und sei es nur, um sich vor Diebstählen zu schützen. Ich als «Neuer» möge genau überlegen, mit wem ich mich einlasse. Es sei in der Regel nicht gut, sich mit einer Gang einzulassen, und sei es nur mit ihrem Dunstkreis. Wenn diese Gang Probleme mit einer anderen Gang bekäme, würde man möglicherweise nicht verhindern können, in eine solche Auseinandersetzung hineingezogen zu werden.

Von einem anderen Mitgefangenen, mit dem ich mich ein bisschen angefreundet hatte, erfuhr ich dann auch, was es bedeutet, Probleme mit einer Gang zu haben. Ronaldo war ein quirliger Latino, der alle möglichen kleinen Geschäfte betrieb. Unter anderem verkaufte er in seiner Zelle gegen Aufpreis Speisen und Getränke, die es auch in der *commissary* gab – bei ihm aber eben auch außerhalb der spärlichen Öffnungszeiten. Da er über einen Hausdienst Zugang zur Küche hatte, gab es, welcher Luxus, in seinem «Kiosk» sogar gekühlte Getränke. Jetzt aber hatte Ronaldo Schwierigkeiten: Er ließ sich gerade seinen Rücken tätowieren und hatte dem Tätowierer als Entgelt eine goldene Halskette gegeben, für die er mal 280 US-Dollar bezahlt hatte. Das Problem: Er hatte einige Zeit zuvor schon jemand anderem zugesagt, ihm die Kette zu verkaufen. Da derjenige aber mit dem Geld bzw. dem Gegenwert nicht überkam und nach der Kette auch nicht mehr gefragt hatte, hatte er sie nun gegen eine Tätowierung eingetauscht.

Leider war Ronaldos säumiger Kunde nicht irgendein Mitgefangener, sondern der Boss einer Gang in Oakdale. Und das wiederum war kein lokaler Häftlingsverein, sondern eine hierarchisch strukturierte Organisation mit Zweigstellen in mehreren Strafanstalten – die Anführer saßen irgendwo in Texas ein. Ronaldo war selbst einmal Mitglied dieser Organisation gewesen, dann aber, mit Genehmigung der Chefs, ausgestiegen.

Als der lokale Boss dieser Gang mitbekam, dass «seine» Kette inzwischen den Besitzer gewechselt hatte, wurde er ungemütlich. Er erteilte Ronaldo kurz und bündig ein Geländeverbot: Mein Zellengenosse durfte sich nirgends mehr blicken lassen. Alternativ dazu bot er ihm gewissermaßen einen *plea bargain* an – bei Zahlung einer Geldstrafe von 280 US-Dollar sei er bereit, die Sache zu vergessen. Und nun bat Ronaldo, dem ein solches Zugeständnis gegen seine Ehre ging, ausgerechnet mich um Rat.

Er war drauf und dran, den *guards* mitzuteilen, was passiert war, natürlich ohne die näheren Hintergründe zu offenbaren. Das wiederum hätte dazu geführt, dass er in den SHU gesteckt worden wäre: 24 Stunden eingeschlossen, für Wochen oder länger, mit dem Ziel einer Verlegung in eine andere Anstalt. Ich riet ihm, lieber über seinen Schatten zu springen und nochmal mit dem Boss der Gang zu verhandeln. Denn selbst wenn er hier wegkam, wusste er nicht, ob dessen Einfluss nicht auch in andere Gefängnisse hineinreichte. Ronaldo folgte meinem Rat. Sein «Gläubiger» gestattete ihm gnädig, den geforderten Betrag innerhalb von drei Monaten abzuzahlen, und Ronaldo stimmte zähneknirschend zu. Der Tätowierer konnte seine Arbeit fortsetzen und die Kette behalten.

Vermutlich war die Auseinandersetzung, die ich da mitbekommen hatte, eher eine von der harmlosen Sorte. Die FCI Oakdale war vor wenigen Jahren von einer *medium security facility* zu *low security* heruntergestuft worden: Obwohl hier die meisten Gefangenen Haftstrafen von über zehn Jahren abzusitzen hatten, galt keiner von ihnen als gewalttätig oder gefährlich. Das Gelände war nicht mit Mauern, sondern nur mit Zäunen abgeriegelt, die uns einen weiten Blick in die Landschaft erlaubten. Und in unsere Zellen eingeschlossen wurden wir nur von 23 Uhr abends bis fünf Uhr morgens. «Wenn man denn der Meinung ist, dass es sinnvoll ist, manche Menschen wegzusperren», so schrieb ich an Freunde, «dann könnte dieses Gefängnis schon ein Modell dafür sein.»

Aber ich erfuhr auch in der FCI Oakdale, wie brutal und zerstörerisch dieses amerikanische Strafsystem in Lebensgeschichten eingreifen kann – manchmal sogar, bevor diese richtig begonnen haben. Zum Beispiel im Falle Isaac Knapper.

Isaac, ein großer, hellhäutiger Schwarzer, kam aus New Orleans. Zum ersten Mal war er verhaftet worden, als er 16 Jahre alt war: Er wurde verdächtigt, einen Raubmord an einem Touristen begangen zu haben. Dass er seine Unschuld beteuerte, half ihm nichts. Er bekam «lebenslänglich» und wurde ins staatliche Gefängnis von Louisiana, nach *Angola*, gebracht. Dort blieb er fast 14 Jahre lang, bis 1991. Kurz vor seinem 30. Geburtstag ließ man ihn frei. Es hatte sich herausgestellt, dass sein Staatsanwalt absichtlich Zeugenaussagen verschwiegen hatte, die ihn entlasteten. Ein paar Männer, die am selben Abend nur fünf Blocks entfernt einen anderen Raubüberfall begangen hatten, wurden schließlich des Mordes überführt, für den Isaac in Haft saß.

Isaac Knapper gelang danach etwas fast Unglaubliches. Aus dem Stand startete er eine kleine Karriere als Profi-Boxer. Ein paar Jahre lang bestritt er überregionale Wettkämpfe, galt sogar als olympische Hoffnung. Aber er war natürlich zu alt, um noch wirklich zum Champion aufzusteigen. Er hatte in *Angola* nichts außer Boxen gelernt, er hatte seine gesamte Jugend im Knast verbracht – wen wundert es, dass er Ende der neunziger Jahre genau dorthin zurückkehrte? Diesmal wurde er wegen Kokainhandel und Geldwäsche zu 20 Jahren Haft verurteilt. Die 14 Jahre, die er bereits unschuldig gesessen hatte, wurden ihm natürlich nicht gutgeschrieben.

In *Angola,* so erzählte mir Isaac, gebe es einen eigenen Friedhof für die Gefangenen. Die meisten, die dorthin kommen, bleiben lebenslänglich und sterben im Gefängnis, nicht wenige davon gewaltsam. Isaac erzählte mir von den Duellen, die Gefangene mit beidseitig geschliffenen Messern gegeneinander austrugen: Der Kampf war zu Ende, wenn einer von den beiden tot war. Einer der früheren Gefängnisdirektoren, C. Murray Henderson, sitzt heute wegen des Mordes an seiner Ehefrau selbst im Knast – in *Angola.*

Inzwischen soll sich dort einiges geändert haben. Burl Cain hat 1995 die Leitung übernommen. Der christlich-fundamentalistische Gefängnisreformer hat wohl nicht wenige der Insassen zu seinem Glauben bekehrt und dafür gesorgt, dass Gefangene in *Angola* inzwischen eine eigene Radio- und Fernsehstation betreiben, eine Zeitung herausgeben und allerlei Sportwettkämpfe ausrichten.

Doch das Töten geht im *Louisiana State Penitentiary* weiter. In einem eigenen Todestrakt warteten Ende des Jahres 2009 88 Gefangene auf ihre Exekution – oder auf eine letzte richterliche Entscheidung, die diese verhindern könnte.

Wenn es so weit ist, dann schreitet Gefängnisdirektor Cain persönlich zur Tat und setzt ihnen die tödliche Spritze. Burl Cain ist stolz darauf, dass er mit den Todeskandidaten vorher noch über Jesus spricht und ihnen beim Sterben die Hand hält.

25

Den besten Job in der FCI Oakdale hatte Bernie Ebbers ergattert: Er arbeitete in der Bibliothek. Dieser freundliche, ältere Herr gab Bücher an interessierte Gefangene wie mich aus, nahm Bestellungen auf und führte gelegentlich in Fortbildungsveranstaltungen Videos vor – er kannte sich ganz gut mit der Technik aus.

Bernard Ebbers war der Gründer und Chef der WorldCom, die in den neunziger Jahren zur zweitgrößten amerikanischen Telefongesellschaft wurde. WorldCom hatte Dutzende kleinerer Firmen aufgekauft, ihr Aktienkurs war in schwindelerregende Höhen gestiegen – und, wie bei so vielen anderen Firmen zu Beginn des dritten Jahrtausends, abgestürzt. 2002 war WorldCom pleite; weltweit gingen etwa 20000 Arbeitsplätze verloren.

Als «Gott der Wall Street» war Bernie Ebbers einst umjubelt; Bill Clinton sah in ihm und seiner Firma «die Zukunft Amerikas». Ich weiß nicht, ob Ebbers an der WorldCom-Pleite schuldiger oder unschuldiger war als andere, die an der Börse mit Illusionen handelten und es heute wieder oder immer noch tun. Jedenfalls sprach ihn eine Jury, die mit seinem Fall vermutlich heillos überfordert war, 2005 wegen Bilanzbetruges in Höhe von 11 Milliarden Dollar und – natürlich – wegen *conspiracy* schuldig. Seine Strafe: 25 Jahre Haft. Sein *appeal:* abgelehnt. Im selben Jahr wurde die ehemalige WorldCom für rund 7 Milliarden US-Dollar von der amerikanischen Telekommunikationsgesellschaft Verizon gekauft.

Bernie Ebbers hatte im September 2006 alle Rechtsmittel ausgeschöpft. In einem weißen Mercedes fuhr er vor der FCI

Oakdale vor und trat seine Strafe an. Er war zu diesem Zeitpunkt 65 Jahre alt, und seine Aussichten, im Leben noch etwas anderes zu sehen als ein Gefängnisgelände, sind gering.

In Louisiana begann ich zum ersten Mal darüber nachzudenken, was eine entfesselte Marktwirtschaft mit der entfesselten Justiz zu tun haben könnte, die sich inzwischen sogar Leute wie Bernie Ebbers einverleibte. «Ich kann mir einfach nicht vorstellen, dass die Gründe für dieses völlig absurde System nicht im politökonomischen Bereich liegen», schrieb ich an einen Freund und bat diesen, doch mal nach Publikationen zu diesem Thema zu recherchieren. «Es muss Interessengruppen hier geben, die auf ökonomischer Ebene richtig daran ‹verdienen›, dass diese Maschine Strafvollzug läuft und unterhalten wird, und zwar völlig ohne Rücksicht darauf, ob oder gegebenenfalls in welcher Weise jemand schuldig ist. Das Ganze ist eine Milliarden-Maschine, die im Wesentlichen von dem US-amerikanischen Steuerzahler gefüttert wird. Sowohl im *Broward County Jail* wie auch hier in Louisiana werden Arbeitsplätze zur Verfügung gestellt für Leute, die direkt aus dem *Wellfare*-System kommen (etwa unsere Sozialhilfe).» Schon in Florida hatte ich deutlich gesehen, dass der Unterschied zwischen den Leuten, die hinter Gitter gebracht wurden, und denen, die zu ihrer Bewachung engagiert waren, oft gering war: Beide Seiten hatten wenig Bildung auf ihrem Lebensweg mitbekommen und kaum Chancen auf dem Arbeitsmarkt.

Ich kam damals noch nicht an Literatur zu diesem Thema heran, aber ich ahnte es bereits: Die Entwicklung der Gefängnisindustrie war eine Antwort auf eine tiefgreifende Krise der Industriegesellschaft. Hier wurde ein Teil der verarmten Bevölkerung damit beschäftigt, den anderen Teil zu kasernieren und zu bewachen. Das Problem war nur, dass in diesem System zwar gut verdient wurde, aber keinerlei Wertschöpfung stattfand.

Mit einer Ausnahme: Die Arbeitskraft der Gefangenen lässt sich durchaus ausbeuten. In der FCI Oakdale zum Beispiel bestand die Pflicht zu arbeiten. Am beliebtesten waren die Jobs in der industriellen Fertigung, die eine Firma namens Unicor anbot: Die Arbeit in der Textilproduktion, die in einem separaten Teil des Gefängnisgeländes verrichtet wurde, war deutlich besser bezahlt als die internen Hausdienste, für die es nur ein paar Dollar im Monat gab (mehr zum Thema Arbeit im Gefängnis ab S. 179).

Es gab lange Wartelisten für diese Jobs. Ich habe mich nie darum beworben. Stattdessen wurde ich zum Küchendienst eingeteilt. Sehr viel gab es dort nicht zu tun. Den größeren Teil meiner sechsstündigen Arbeitszeit verbrachte ich damit, darauf zu warten, dass ich Schüsseln und Töpfe annehmen und ausspülen konnte. Ich hatte aber etwas entdeckt, was mich viel mehr interessierte: Ab Anfang des Jahres begann eine Art Kurzausbildung für Gärtner. Da wollte ich unbedingt mitmachen. Es kostete mich und den Chef des *education department* einige Energie, die Vollzugsbürokratie dazu zu bewegen, mich von der Küchenarbeit zu befreien und dem Gärtnerkurs zuzuteilen.

Anfangs verlief dieser Kurs aber eher enttäuschend: Wir beschäftigten uns vor allem damit, ein Lehrbuch über Gartenkultur durchzuarbeiten oder uns schwachsinnige Spielfilme anzusehen, die nicht das Geringste mit Gartenarbeit zu tun hatten. «Im Horticulture-Kurs sind wir gerade eben zum ersten Mal nach draußen gekommen», schrieb ich, endlich, Ende Februar in einem Brief nach Hause. «Es stellt sich Folgendes heraus: Anstatt immer stumpf mit unserem Buch in der Klasse zu sitzen, können und sollen wir ins Gewächshaus, um dort etwas zu lernen und eigene Aktivitäten zu entwickeln. Unser Instruktor, Mr. Willis, hat uns keinen Ton davon gesagt.» Ich lebte eben immer noch in Absurdistan.

Aber von dem neuen Betätigungsfeld, das sich jetzt im Treibhaus ergab, war ich begeistert. «Gemacht wird alles von Barney, der in Süd-Louisiana (Alligatoren, Fische, gutes Essen, gute Leute – sagt er) eine *nursery* (Gartenbetrieb) geführt/gehabt hat, und einem weiteren *inmate,* der als Hiwi fungiert.» Von Barney lernte ich, wie man Gummibäume aberntet und veredelt. Ich begann davon zu träumen, später einmal, auf Mallorca, einen eigenen Orangenhain anzulegen und mir ein Gewächshaus zu bauen.

Im Vergleich zu all dem, was ich im vergangenen Jahr erlebt hatte, war meine Situation in Oakdale geradezu idyllisch. Hier konnte ich meine Besuchszeiten für einen ganzen Monat auf einen Termin zusammenlegen. Ende Januar kamen meine Kinder Anne und Jonathan. Wir saßen in einer Art Veranstaltungssaal auf Stuhlreihen beieinander. Die Besucher durften – im Gegensatz zu mir – während ihrer Anwesenheit sogar einen Imbiss aus den Snack-Boxen einnehmen, die man hier kaufen konnte. Natürlich war auch diese Situation grotesk, aber immerhin hatten wir die Möglichkeit, in Ruhe miteinander zu sprechen. Einen Monat später konnte auch meine Freundin Veronika mich endlich besuchen. Im FDC Miami hatten nur Verwandte, die meinen Namen trugen, eine Besuchserlaubnis bekommen.

Obwohl das Leben für mich leichter wurde, vergaß ich keinen Augenblick, dass ich hier gefangen war. Und das war nach wie vor unerträglich, sobald ich das Gefühl hatte, dass die Bemühungen um meine Überstellung nach Deutschland auf der Stelle traten. Mein Antrag auf *treaty transfer* war zwar in die Wege geleitet, aber eigentlich gab es eine wesentlich schnellere Möglichkeit, nach Hause zu kommen: Die USA hätten mich einfach abschieben können.

«Was läuft zurzeit an politischen Bemühungen, mich wieder in die BRD zu bekommen?», fragte ich Ende Januar in einem Brief nach Hamburg. «Ist unsere Regierung in irgendeiner Weise aktiv tätig, oder schauen alle nur zu, was die Amerikaner denn mit mir so machen? Im ‹Spiegel› ist die Geschichte des Deutschen Donald Klein zu lesen, der im Iran zu 18 Monaten verurteilt worden ist, von denen er inzwischen mehr als ein Jahr abgesessen hat. Interessant an dem Fall ist für mich, dass die deutschen Behörden sehr aktiv sein können – wenn sie denn wollen. Bundespräsident Köhler hat wegen der 4 Monate Restzeit ein Gnadengesuch geschrieben!»

Von so viel Engagement konnte ich nur träumen. Bis jetzt hatten die deutsche Botschaft und das Generalkonsulat in Miami wenig für mich getan. Ihre Fürsorge hatte sich darauf beschränkt, einen reichlich überforderten Referendar als Prozessbeobachter zu meinem *bond hearing* zu schicken. Außerdem hatte man mir im FDC Miami ein- oder zweimal einige völlig veraltete deutsche Zeitungen zukommen lassen.

Anfang 2007 ging in Deutschland der Fall Murat Kurnaz durch die Medien: Er hatte fünf Jahre lang unschuldig in US-Gefangenschaft gesessen, viereinhalb Jahre allein in Guantánamo. Die Bundesregierung hatte 2002 seine Auslieferung nach Deutschland abgelehnt, obwohl seine Unschuld schon damals bekannt war. Man schien in der deutschen Politik und den deutschen Behörden auch weiterhin die Auffassung zu pflegen, dass es sich bei den USA um einen Rechtsstaat handelte.

Und ich war hier schließlich rechtskräftig verurteilt.

Factories with Fences – Industrie hinter Gittern

«Wir sind stolz auf das Engagement der FPI-Mitarbeiter und der Gefangenen, die unsere Männer und Frauen beim Dienst an der Waffe mit Gütern und Dienstleistungen von höchster Qualität versorgen. Wir erkennen aber auch, wie wichtig es ist, das Unternehmen auf ein mögliches Ende des Irak-Krieges und damit auf eine sinkende Nachfrage für militärische Produkte vorzubereiten.» So steht es im Jahresbericht der **Federal Prisons Industries Inc.** (FPI) – Markenname: Unicor – für das Jahr 2006. Unicor beschäftigt ausschließlich **Federal**-Gefangene und ist das größte, aber nicht das einzige Unternehmen für Häftlingsarbeit in den USA.

Neben Unicor gibt es zahlreiche weitere staatliche, halbstaatliche und private Firmen, die auf Bundesstaaten-Ebene Gefangene mit – in weitestem Sinne – Industriearbeit beschäftigen: In rund einem Viertel aller amerikanischen Strafanstalten gibt es Produktionsstätten der **prisons industries.** Sechs Prozent der Strafgefangenen in **state prisons** haben, so eine Erhebung aus dem Jahre 2000, einen solchen Arbeitsplatz. Selbst wenn man davon ausgeht, dass dieser Anteil konjunkturbedingt zurückgegangen ist, arbeiten heute über 100 000 amerikanische Strafgefangene in über 500 Haftanstalten für Unternehmen der **prison industries.**

Unicor ist also nur ein Beispiel. Die **Federal Prisons Industries Inc.** wurde 1934 gegründet. Von Anfang an war dem Unternehmen im Besitz des **Bureau of Prisons** verboten, auf dem freien Markt mit privatwirtschaftlichen Betrieben zu konkurrieren. Aber der Staat darf und soll sich der billigen Häftlingsarbeit bedienen: Beschäftigte, die verlässlich und pünktlich zur Arbeit erscheinen, sich selten krankmelden, nicht gewerkschaftlich organisiert sind und keine Chance haben, den Arbeitsplatz zu wechseln. Zur breitgefächerten Produktpalette von Unicor gehören Textilartikel, Möbel, Elektronik- und Fahrzeugteile, aber auch Müllrecycling und Büro-Dienstleistungen. Und jede Menge Zubehör für die Armee. Über die Hälfte der Produktion von Unicor geschieht im Auftrag des amerikanischen Verteidigungsministeriums.

Rund 21 000 Gefangene wurden 2008 in 109 verschiedenen Betrieben beschäftigt und brachten es – trotz erbärmlicher Löhne und Dumping-Preisen für Unicor-Produkte – auf einen Jahresumsatz von 854 Millionen US-Dollar. Die Gewinne fließen in Neuinvestitionen und in das Betriebsvermögen des staatlichen Unternehmens, zum Beispiel in den Fuhrpark für seine Manager.

In den letzten Jahren hatte Unicor keine besonders gute Presse: Umweltschützer protestierten, weil Gefangene im Bereich Computer-Recycling unter Missachtung sämtlicher Arbeitsschutzvorschriften mit giftigen Stäuben und Chemikalien hantieren mussten. In der Öffentlichkeit kam auch nicht gut an, dass die **Federal Prisons Industries Inc.** Zehntausende ausgedienter Computer aus dem Verteidigungsministerium nach dem Flohmarktprinzip an jedermann verscherbelte, statt sie, wie vorgesehen, an bedürftige Schulen abzugeben. Auf den Festplatten der Rechner fanden sich hochsensible Daten. Der amerikanische Kongress setzte eine Kommission ein, um die Vorfälle zu untersuchen.

Die ganz alltäglichen Arbeitsbedingungen bei Unicor sind kein Gegenstand öffentlicher Skandalisierung – obwohl auch sie dazu taugen. Die Stundenlöhne der Gefangenen liegen zwischen 30 Cent und 1,45 Dollar pro Stunde, es werden keinerlei Sozialversicherungsbeiträge entrichtet. Die Unicor-Angestellten aber sind verpflichtet, die Hälfte ihres «Einkommens» einzusetzen, um ihre Schulden beim Gericht abzutragen. Die amerikanische Journalistin Betty Brink, die eine Reihe preisgekrönter Artikel über die Arbeitsbedingungen der Unicor-Beschäftigten im texanischen Frauengefängnis Carswell geschrieben hat, rechnete aus, dass eine durchschnittliche Gefangene fünf bis 25 Stunden arbeiten muss, um sich eine Tube Zahnpasta leisten zu können – zu den überhöhten Preisen, die in der **commissary** für Körperpflege-Artikel angesetzt werden.

Weibliche Gefangene sind als Beschäftigte im neusten Geschäftssegment der **Federal Prisons Industries Inc.** gern gesehen: Sieben Unicor-Callcenter beschäftigen insgesamt 1500 Gefängnisinsassen, die in drei Schichten rund um die Uhr Telefondienst leisten. Die Dienstleistungszentren erledigen den Publikumsverkehr für ganz normale privatwirtschaftliche Unternehmen wie etwa den Telekommunikationskonzern Excel. Wer in den USA bei Excel anruft, weil er ein technisches Problem hat, hat gute Chancen, mit einer Strafgefangenen in der Frauen-Haftanstalt in Carswell/Texas zu sprechen.

«Stellen Sie sich vor ... alle Vorteile des Outsourcings im Inland, zu Off-Shore-Preisen. Das ist das bestgehütete Geheimnis des Outsourcings!», schwärmt ein bunter Werbeprospekt von Unicor. Und er zählt noch weitere Vorteile der Gefangenenarbeit auf: Amerikanische Strafgefangene sind nicht nur billiger, sie sprechen auch besser Englisch oder Spanisch als die Kräfte, die man zum selben Zweck in Indien anheuern könnte.

Mit diesem zynischen Argument gelingt es der **Federal Prisons Industries Inc.** auch, die gesetzliche Regelung zu umgehen, die ihr eine Konkurrenz mit privatwirtschaftlichen Unternehmen auf dem freien Markt eigentlich verbietet: In Callcentern oder beim Computer-Recycling würden, so erklärte BOP-Chef Harry Lappin in einer Anhörung vor dem amerikanischen Kongress, nicht Produkte, sondern Dienstleistungen verkauft. Und damit zerstöre man keine Arbeitsplätze in den USA, sondern mache nur noch Anbietern aus dem Ausland Konkurrenz: Menschliche Arbeitskraft ist bei der **Federal Prisons Industries Inc.** nämlich billiger zu haben als irgendwo in der Dritten Welt.

26

Als ich meinen ersten Klavierunterricht bekam, war ich neun oder zehn Jahre alt, und natürlich begann er ganz klassisch: Ich lernte Noten lesen, spielte Tonleitern und kleine Etüden. Das hielt ich drei Jahre lang durch, bis mein Klavierlehrer plötzlich starb. Einige Zeit später bemühte sich seine Nachfolgerin darum, mir auf der Orgel in unserer Dorfkirche etwas beizubringen. Aber da hatte ich schon ganz andere Sachen im Kopf: Mein Interesse für Blues und Rhythm & Blues war erwacht. Seitdem habe ich fast immer in mindestens einer Band gespielt. Mein Instrument blieb das Piano, später kam die Gitarre dazu.

Vierzig Jahre nachdem ich begonnen hatte, mich für diese

Musik zu interessieren, war ich also, durchaus nicht freiwillig, im Ursprungsland des Blues angekommen. Und dort wartete erst einmal eine Ernüchterung auf mich: Ich stellte fest, dass nicht jeder schwarze Südstaatenbewohner ein begnadeter Musiker ist, der den Rhythmus im Blut hat. Die meisten meiner Mitgefangenen, die hier Gitarre, Saxophon, Drums oder Piano spielten und sich für dieselbe Musik interessierten wie ich, waren weiße Männer in meinem Alter. Immerhin traf ich hier eine ganze Menge Anhänger des Südstaaten-Rocks, von Bands wie *Lynyrd Skynyrd* und den *Allman Brothers*. Das war in Hamburg nicht immer ganz einfach gewesen.

Es gab neun Bands in der *Federal Correctional Institution* Oakdale, und drei oder vier davon kamen für mich in Frage: Letztlich bestanden sie aus wechselnden Kombinationen immer derselben sieben oder acht Männer. Ich merkte schnell, dass all die Konflikte, die ich aus früheren Bands kannte, hier eine noch größere Rolle spielten als draußen. Man konnte einander ja nicht aus dem Weg gehen.

Charly zum Beispiel – Saxophon und Klavier – fand es überhaupt nicht witzig, dass ich plötzlich auf einer Probe der *Beginners* auftauchte: Ein anderer *inmate,* nämlich Tony, hatte mich auf dem Klavier spielen hören und dazu eingeladen. Als ich zur ersten Probe ein paar Minuten zu spät kam, war dort schon ein lautstarker Streit zwischen Charly und Tony entbrannt: Der Pianist fürchtete, dass man ihn ausbooten wollte, und der Rest der Band, der von seinem penetrant hämmernden Begleitstil genervt war, hätte ihn auch wirklich lieber nur am Saxophon gesehen. Ich stellte, sobald ich den Konflikt verstanden hatte, natürlich sofort klar, dass ich mich eher zurückziehen als irgendwen verdrängen würde.

Wenige Tage später stand ich schon wieder vor derselben Situation: Charly spielte auch beim *Music Club* das Piano – und bei dem Repertoire, das diese Truppe spielte, juckte es mich schon mehr in den Fingern als bei den *Beginners*. Als Charly am Ende der Probe damit beschäftigt war, sein Saxophon einzupacken, wagte ich mich dann doch mal ans Klavier. Wir spielten «Mustang Sally». Für ein paar Minuten vergaß ich wirklich alles. Das hier war mein Element.

Tony, der mich zu den *Beginners* und zum *Music Club* eingeladen hatte, war ein unkomplizierter, freundlicher Typ. Er hatte sich alle möglichen Instrumente im Knast selbst beigebracht und war leider ein bisschen geprägt von den Stücken, die von morgens bis abends im Radio dudelten. Andere Möglichkeiten, Musik zu hören, gab es hier aber nicht. So war Tonys Gitarrenspiel zwar technisch nicht schlecht, aber ein bisschen seelenlos. Dafür war er auf eine inbrünstige Weise religiös: Er nötigte uns in den Proben der *Beginners*, bei denen ich etwas später dann doch mitspielte, immer wieder Stücke wie «Change my Heart to God» auf. Mich kostete es Überwindung, so etwas zu spielen.

Ohnehin machte die Hälfte der Bands auf dem *Rec Yard* religiöse Musik. Und nun wollte mich ausgerechnet Gary, der Musiker, mit dem ich hier am allermeisten anfangen konnte, auch noch dazu überreden, bei *Grace Chapel* mitzumachen. Es ging darum, den Chor im Gottesdienst auf dem Klavier zu unterstützen. Die Gospels waren einfach, das hätte ich schon hinbekommen, und mich lockte auch der Zugang zum Klavier in der Kirche, den ich mir ausbedungen hatte, um die religiösen Lieder zu üben. Aber um bei *Grace Chapel* mitzuspielen, müsste ich Mitglied des *choir* werden und eine Art Glaubensbekenntnis unterschreiben: Ich sollte unter anderem beteuern, dass ich an die Wiedergeburt Christi glaube und für ein Verbot von außerehelichem Sex eintrete. Den Zettel habe ich aufbewahrt. «Ist doch egal», meinte Gary, als ich ihm von meinen Skrupeln erzählte. Aber ich konnte mich zu so einem Lippenbekenntnis schließlich nicht durchringen, schon aus Respekt vor den Leuten, die wirklich daran glaubten.

Mit Gary, auch «G» genannt, spielte ich dann aber in einer anderen Band zusammen, bei den *Bare Bones*. «G», einer der wenigen schwarzen Musiker hier, überraschte mich mit seiner Begeisterung für die Musik von Jimi Hendrix und B. B. King. Er war seinerseits erstaunt, als er sah, dass ich mir ein Buch über Robert Johnson und den Delta Blues aus der Bibliothek ausgeliehen hatte. So begann zwischen uns ein interessanter Austausch von Musiknoten und anderer Gitarrenliteratur. In der Bibliothek konnte ich mir Kopien der wichtigsten Seiten aus seinen Songbooks machen.

Endlich hatte ich hier also genügend Möglichkeiten, mich mit Musik zu beschäftigen. Schon vor einem Jahr, kurz nach meiner Verhaftung im *Broward County Jail,* hatte ich ja begonnen, einen ersten Song zu schreiben: Die Aufzeichnungen darüber hatte ich nach Hause geschickt, und jetzt forderte ich sie von dort wieder an. Ich wollte «High Pressure» fertigstellen. Nicht weil ich den Song für einen großen Wurf hielt, aber weil es das erste Musikstück war, das ich im Knast geschrieben hatte.

High Pressure
They arrest you try to bring you to jail
High pressure!
You are too sick things are going to be tight

Checks, pills, the doctor will do it right
They cuff you and bring you to jail

Forms, pics and prints, they don't let you a-sleep
High pressure!
Got rid of your things no phone you are lost so far
Don't know nobody don't know even where you are
Distressing light, no rest, they don't let you a-sleep

Tomorrow's sunday followed by holiday
High Pressure!
Lawyers talk about money and what's going on
You were taped but you never did no wrong
Sunday ist followed by a non-working-day

The Judge tells you you will stay in jail
High Pressure!
Simply because he cannot see the truth
Proving innocence is not becoming smooth
The judge will grant you no bail.

(Übersetzung im Anhang)

Und dann war da noch Will, der Chef und Rhythmusgitarrist der *Bare Bones*. Er war ein bisschen älter als ich und trug sein schütteres weißes Haar zu einem Pferdeschwanz gebunden. Oft saß er, wie ich, mit einer Gitarre in den Händen irgendwo auf dem *Rec Yard* herum. Nachdem wir uns ein bisschen angefreundet hatten, zeigte auch er mir seine Sammlung von Musiknoten und Songtexten.

Beim Stöbern in seinen Unterlagen stieß ich auf ein Stück, das mir sehr vertraut war: «The Midnight Special». Will besaß nur ein einzelnes Blatt, auf dem der Text und die Akkorde notiert waren. *Creedence Clearwater Revival* hatten das Stück 1969 auf ihrer vierten Langspielplatte herausgebracht, und nicht allzu viel später spielte auch ich es mit meiner Band. Auf das Thema des Songs hatte ich damals nicht geachtet. Warum auch? Ich habe die *lyrics* ja nie gesungen.

«Es ist der einzige *Prison*-Song, den ich hier habe», erklärte Will bedauernd. In dem Stück ging es ums Gefängnis? Jetzt verstand ich den Text sofort.

The Midnight Special
Well, you wake up in the mornin', you hear the work bell ring,
And they march you to the table to see the same old thing.
Ain't no food upon the table, and no pork up in the pan.
But you better not complain, boy, you get in trouble with the man.

CHORUS:
Let the Midnight Special shine a light on me,
Let the Midnight Special shine an everlovin' light on me.

Yonder come miss Rosie, how in the world did you know?
By the way she wears her apron, and the clothes she wore.
Umbrella on her shoulder, piece of paper in her hand;
She come to see the gov'nor, she wants to free her man.

CHORUS

If you're ever in Houston, well, you better do the right;
You better not gamble, there, you better not fight, at all

Or the sheriff will grab ya and the boys will bring you
down.
The next thing you know, boy, Oh! You're prison bound.

(Übersetzung im Anhang)

Ich war wie elektrisiert von dieser Entdeckung. Jetzt interessierten mich zwei Dinge: Wer hatte diesen Text geschrieben? John Fogerty von *Creedence Clearwater Revival,* oder schon viel früher jemand anders? Und was war mit dem *Midnight Special* gemeint? Der Zug, der dich aus dem Knast nach Hause bringt? Aber wieso soll er sein Licht auf dich scheinen lassen? War der *Midnight Special* etwas wie ein Symbol der Hoffnung, der herbeigesehnten Befreiung?

Will hatte da seine eigene Interpretation: Für ihn war *Midnight Special* der Moment, wenn der *officer* um Mitternacht (oder kurz danach) in die Zelle kommt, das Licht anmacht und ihn anraunzt: «Pack your shit!» Genauso würden nämlich üblicherweise die Gefangenen aus den *state prisons* entlassen: kurz nach Mitternacht, mit einem letzten Fußtritt in die Freiheit.

Ich fragte Charly, mit dem ich mich trotz unserer kleinen Rivalitäten um das Klavier sehr gut verstand. Klar sei der *Midnight Special* ein Zug, meinte er sofort. Kurz darauf korrigierte er sich: Nein, das könne nicht sein, je länger er darüber nachdenke – es müsse ein Gefängnisausbruch gemeint sein. Nur: Wieso sollte sich Ms. Rosie dann beim Staatsanwalt um die Freilassung ihres Mannes bemühen?

Charly konnte mir bei meiner Recherche ein bisschen weiterhelfen. Er besaß ein Songbook, in dem der Autor des Stückes genannt war: «Words and Music by Huddie Leadbetter, 1936» stand darin. Dieser Musiker, besser bekannt als «Leadbelly» sagte mir natürlich etwas. Ich schrieb meinem Freund Uli Stellfeld und bat ihn, ein paar Lebensdaten des Blucssängers aus dem Internet zusammenzustellen.

Zehn Tage später hatte ich die Antwort: Huddie Leadbetter hatte nicht wenige Jahre in seinem Leben im Gefängnis verbracht. Ihm war dabei allerdings mehr Gnade zuteilgeworden, als es ein amerikanischer Strafgefangener heute erwarten dürfte. Geboren war Leadbelly 1889 in Mooringsport, Louisiana. 1918 wurde er in Houston zu 30 Jahren Zwangsarbeit verurteilt: Beim Streit um eine Frau hatte er einen Verwandten getötet. Nach sieben Jahren kam er wegen guter Führung frei. Angeblich hat er das Herz des Richters erweicht, indem er sein Gnadengesuch singend vortrug. Nach fünf Jahren, 1930, wurde Huddie Leadbetter wieder verhaftet, diesmal mit dem Vorwurf Raub und Mordversuch. Man sperrte ihn in das *Louisiana State Penitentiary,* nach *Angola.*

Wahrscheinlich wurde Leadbetter dort 1934 von John und Alan Lomax entdeckt, die im Auftrag der *Library of Congress* durch die Südstaaten reisten und die bis dahin nur mündlich überlieferte Folkmusik auf Schallplatten aufnahmen. John Lomax setzte sich für den Sänger ein und bot an, ihn als seinen Chauffeur zu engagieren. Leadbelly wurde 1935 erneut begnadigt, machte in New York Karriere als Musiker und starb dort 1949.

Sein «Midnight Special» hatte übrigens noch zwei weitere Strophen:

«I don' believe that Rosie loves me» «Well tell me why»
She ain't been to see me, since las' July
She brought me little coffee, she brought me little tea
Brought me damn near ever'thing but the jailhouse key

CHORUS

Yonder comes doctor Adams, «How in the world do you know?»
Well he gave me a tablet, the day befo'
There ain't no doctor, in all the lan'
Can cure the fever of a convict man

(Übersetzung im Anhang)

Auch meinen Musikerfreunden in Hamburg schrieb ich mit der Bitte, etwas mehr über diesen Song herauszufinden. Ein paar Wochen später trudelten die Antworten ein. Daraus erfuhr ich: «Midnight Special» hatte es schon zu Beginn des 20. Jahrhunderts gegeben, und es war von Anfang an ein *Prison Song* gewesen. Gemeint war, so jedenfalls die Interpretation von John und Alan Lomax, ein Zug, der um Mitternacht im Southern Pacific Depot in Houston abfuhr und etwa eine halbe Stunde später am *Sugar Land Prison* in Richtung Kalifornien vorbeistampfte. Huddie Leadbetter hatte von 1918 bis 1925 in diesem Gefängnis gesessen und dort wahrscheinlich den Song kennengelernt.

Leadbelly war als Strafgefangener zuerst in Texas eingesperrt gewesen und später in Louisiana. Damals wusste ich noch nicht, dass ich bald eine Reise in entgegengesetzter Richtung antreten würde: von Louisiana nach Texas.

27

«Hey, Mann, hast du gesehen, dass dein Name auf der Liste steht?», fragte mich Ronaldo, mein *cellie*. Es war der 21. März 2007 – Frühlingsanfang.

Mein Name stand auf einer Liste? Ich sollte mich am nächsten Morgen um neun bei *Receive and Discharge* einfinden. Das war eine Stelle, über die das Eigentum von Gefangenen ein- und ausgecheckt wurde – vor allem wurden aber Gefangene selbst bei Verlegungen ein- und ausgecheckt. Aber das konnte in meinem Fall überhaupt nicht sein. Und ein Paket erwartete ich auch nicht.

Ich war also früh um 9 Uhr dort und der Erste. Andere *inmates* kamen nach und nach, einige hatten ihre kompletten Sachen dabei. Augenfälliger Unterschied zu mir: Die anderen *inmates* waren ausnahmslos Mexikaner oder zumindest *Hispanics*. Als dann der CO *(correctional officer)* kam, der die Tür aufmachte, fragte er mich, wo ich denn meine Sachen hätte. Ich erklärte ihm, dass mir niemand gesagt hatte, dass ich ausgecheckt werden solle, und ich auch nicht ausgecheckt werden wolle. Er war ziemlich verblüfft. «Why?», fragte er nur, wahrscheinlich hatte ihm das noch niemand gesagt.

Ich schilderte ihm dann kurz, dass ich seit Anfang Dezember da sei und mit viel Mühe einen Platz in der *Horticulture*-Ausbildung bekommen hatte, viele *classes* besuchte und überhaupt aus dem Education-Bereich – zu dem auch die Bibliothek und der *Rec Yard* gehörte – nicht herauswollte. Er sah sich meinen Ausweis an und sagte dann kurz: «I don't need you.» Dann ging er durch die Tür in den R+D-Bereich. Das Ganze hatte sich im Freien davor abgespielt.

Da ich nicht wusste, was dieser CO für eine Funktion hatte und ich immerhin auf der Call-out-Liste für 9 Uhr stand, wollte ich hinter ihm das Gebäude betreten. Der CO drehte sich darauf um und sagte mir noch einmal, dass er mich nicht brauche – ich solle in meine *unit* zurückgehen.

Am Nachmittag ging ich zu Ms. Cameron, meiner *Case*-Managerin, und sprach sie auf die Sache an. Auch sie wusste von nichts und rief in meiner Gegenwart bei R+D an. Außer einigen Fragen und «yes, yes» und dann «I've got it» bekam ich allerdings nichts mit. Nachdem sie aufgelegt hatte, sagte sie einfach nur mit einem Schulterzucken: «Discharge.» Ich könne es vergessen, da sei nichts.

Mein *cellie* erzählte mir später, dass es in unserem Knast einen ähnlichen Fall schon mal gegeben hatte. Erst schien alles ein Versehen zu sein, eine Woche später wurde der Mann dann ausgecheckt. «Your name popped up», meinte er, und das werde seinen Grund haben.

Und Ronaldo behielt recht. Am nächsten Tag hieß es: PACK OUT! Diesmal hatte ich diesen Marschbefehl weder erhofft noch gefürchtet. Er kam einfach aus heiterem Himmel.

Es ging mir nicht schlecht in Louisiana. Ich hatte meine Beschäftigung im Treibhaus, und ich spielte in drei Bands. Ich konnte in der Bibliothek oder sonst wo sitzen und lesen. Ich kam endlich wieder nach draußen, an die Sonne. Im März herrschten hier tagsüber schon sommerliche Temperaturen. In ein paar Tagen würde Jan Jütting mit Jakob nach Oakdale kommen. Ich freute mich sehr darauf, ich hatte meinen Sohn seit fast einem Jahr nicht mehr gesehen.

Und dann geht das wieder von vorne los. PACK OUT. Kein Widerspruch möglich, keine Antwort auf Fragen. Sie nehmen dir wieder alles, was dir gerade hier so besonders wichtig war: die paar persönlichen Sachen, die Fotos, die Briefe und Bücher. Die Möglichkeit, mit deinen Leuten zu Hause Kontakt zu halten. Deine Musiknoten und die Chance, an eine Gitarre zu kommen. Papier, Schreiber, Umschläge, Briefmarken und den Zugang zu einem Telefon. Du kannst nicht mal deiner Familie Bescheid sagen, wo es mit dir hingeht. Weil du es selbst nicht weißt.

Du hast in diesem Gefängnis herausgefunden, wem du vertrauen kannst und um wen du besser einen Bogen machst. Du weißt inzwischen, an welche Vorschriften du dich wirklich halten musst und welche du ignorieren kannst. Du kennst auch die wichtigsten ungeschriebenen Gesetze, die hier, nur hier, gelten. Aber dieses Wissen wird dir ab sofort nichts mehr nutzen. Du fängst irgendwo wieder von vorn an, und du weißt noch nicht, wie es dort sein wird.

Diejenigen, die irgendwo im *Bureau of Prisons* über dein Leben, deinen nächsten Aufenthaltsort verfügen, wissen ganz genau, was zu tun ist, um einem Menschen seine Identität, seinen Lebensmut, seine Fähigkeit, zielgerichtet zu handeln, zu nehmen. Immer wieder, bis er wirklich nur noch ein *body* ist, der sich widerstandslos einlagern, füttern, bewachen und dorthin transportieren lässt, wo er als Kostenstelle für die Buchhaltung gerade benötigt wird.

Erst vier Wochen später hatte ich die Möglichkeit, in einem Brief nach Hause zu schildern, wie es mir ergangen war. «Wenn ich die Daten richtig im Kopf habe, bin ich am Freitag, den 23. 3. 07 von Oakdale nach Oklahoma verlegt worden, und zwar per Flugzeug von Alexandria aus. Das FTC Oklahoma (T steht für Transfer) ist direkt an den Flughafen angeschlossen, d. h., man steigt vom Flugzeug in die geschlossene Gangway und befindet sich im Gefängnis», berichtete ich.

Die Idee, uns Gefangene aus dem Flugzeug direkt im Knast abzuladen, war unter logistischen Gesichtspunkten nachvollziehbar. Das war aber auch das Einzige, was das Reiseunternehmen der *Federals* einigermaßen effektiv organisieren konnte. Nach einem relativ kurzen Flug wurde ich jetzt nämlich für zehn Tage in diesem vergitterten Transitbereich zwischengelagert. Die Haftbedingungen dort zu beschreiben lohnt sich nicht: Es war wie im FDC Miami. Aber es gab keine *library,* keine Sportmöglichkeiten, keinen Hofgang, keine Telefonverbindung ins Ausland. Meine persönlichen Körperpflegeprodukte hatte ich in Louisiana abgeben müssen, und hier hatte ich keine Möglichkeit, mir etwas Neues zu kaufen. Ich hatte ja in diesem Knast noch kein Konto. An Briefmarken oder Briefpapier kam ich auch nicht heran.

Es gab hier schlicht überhaupt keine Möglichkeit, die Zeit irgendwie sinnvoll zu nutzen. Man konnte nur warten, dass der Tag aufhörte und ein neuer begann, an dem vielleicht irgendetwas passieren würde. Nach der zehnten Nacht war es dann schließlich so weit. Entgegen meiner Vermutung ging es auch diesmal per Flugzeug weiter, und zwar nach El Paso. Gesagt wurde uns wie üblich nichts, aber die internationalen Flughäfen ließen sich durch Beschriftungen an Gebäuden ganz gut identifizieren. Nach einer langen Wartezeit in einem alten umgebauten Linienbus mit ungepolsterten Plastiksitzen und vergitterten Fenstern stellte sich heraus, dass die elektronische Steuerung unseres Busses angeblich defekt war und repariert werden musste. Auf mich machte der Bus den Eindruck, als stamme er aus einer Zeit, zu der es noch keine elektronischen Steuerungen gab.

Wie auch immer, wir mussten noch einmal stundenlang warten und wurden für diese Zeit in das *County Jail* von El Paso gebracht. Da kamen schlimme Erinnerungen hoch. Der Knast war zwar sauberer als das *Broward County Jail*, das angebotene Essen aber war das Gleiche, die dortigen Gefangenen trugen schwarz-weiß quergestreifte Overalls (wie man das aus Filmen kennt) und schleppten sich mit irgendwelchen Vollplastik-Matratzen ab, die weniger als 40 cm breit waren. Gegen Abend ging es weiter. Unseren Bus hatten sie nicht mehr in Gang bekommen und kurzerhand einen Reisebus von einer privaten Firma gechartert – ohne Gitter, mit Nothebeln zum Aufkippen der Panoramafenster, funktionierender Klimaanlage und fetten Polstersitzen. Was für eine Wohltat! Nach gut drei Stunden Fahrt von El Paso zur CI *(Correctional Institution)* Reeves waren wir kurz vor Mitternacht da.

Ich hatte damals keine Ahnung, wohin ich geraten war. Ich saß, *in the middle of nowhere,* im völlig verarmten und äußersten Westen von Texas, und dort in der größten privat betriebenen Strafanstalt der Welt. Um mich herum war Wüste, im wahrsten Sinne des Wortes. Irgendjemand erzählte mir, dass der Knast am Rande einer Kleinstadt namens Pecos lag, aber davon merkte ich nichts. Erst heute weiß ich: Betreiber der *Correctional Institution* Reeves ist die GEO Group Inc., das zweitgrößte Unternehmen im amerikanischen Knastgeschäft. Die GEO Group Inc. ist ein Global Player, der Gefängnisse in den USA einrichtet und auch nach Großbritannien, Südafrika und Australien exportiert. Das Unternehmen ist börsennotiert und betreibt weltweit insgesamt 62 Haftanstalten mit über 60 000 Betten.

«Insgesamt ist die Verlegung von Oakdale in die CI Reeves zumindest objektiv betrachtet ein Absturz», schrieb ich in meinem ersten Brief nach Hamburg. Dieses Gefängnis verfolgte ganz offensichtlich nur einen Zweck: möglichst viele Männer zu möglichst geringen Kosten auf möglichst wenig Raum zusammenzupferchen.

Wir waren in *units* für jeweils 50 Männer untergebracht. Zwischen den einzelnen Räumen gab es nur offene Trennwände. In meiner «Zelle» standen vier Doppelstockbetten für insgesamt acht Männer, manche anderen Schlafabteile waren noch wesentlich größer. Duschen, Toiletten und Waschtische lagen ebenfalls in offenen Raumnischen. Vor den Duschen hingen Plastikvorhänge, auf der Toilette ließ man sich für alle sichtbar nieder.

Meine Briefe musste ich von nun an wieder auf meinem Bett sitzend auf den Knien schreiben, weil der Lärm in dem einzigen Raum, in dem Tische und Stühle standen, unerträglich war: Es lief fast ständig ein Fernseher. Irgendwo auf dem Gelände gab es eine kleine Bibliothek, aber deren Öffnungszeiten waren den einzelnen Abteilungen der Anstalt nach einem so komplizierten System zugeteilt, dass ich Wochen brauchte, um herauszufinden, wann ich mich in die Bücherei setzen durfte.

Die Mahlzeiten wurden in einer großen *Food Hall* eingenommen, ihre Qualität war deutlich schlechter als in Oakdale. Die hygienischen Verhältnisse spotteten jeder Beschreibung. Meistens gab es irgendeine Variation von Reis, Bohnen und Hackfleisch, und mehrmals habe ich bei anderen *inmates* Kakerlaken im Essen gesehen. Ohne mit der Wimper zu zucken, gaben meine Mitgefangenen ihre Teller dann zurück und bekamen eine neue Portion.

Ich hatte ja inzwischen einige Übung darin, auch noch unter den verheerendsten Bedingungen immer schön auf die positive Seite zu gucken, und so vermeldete ich nach Hause, es sei hier zumindest einfacher, auf mein Gewicht zu achten. Außerdem empfand ich die Stimmung unter den Gefangenen als relativ entspannt.

Die Belegung dieses Gefängnisses bestand fast ausschließlich aus Mexikanern. «Hier wird praktisch ausschließlich Spanisch gesprochen, und zwar auch von den *guards,* die gleichfalls (fast) alle zumindest mexikanischer Abstammung sind, mit denen man sich aber auf Englisch verständigen kann. Von den *inmates* sprechen nur sehr wenige passabel Englisch, trotzdem funktioniert die Verständigung.» Bürger der Vereinigten Staaten waren hier augenscheinlich nicht untergebracht. «Soweit feststellbar, bin ich einer von 4 (in Worten vier) Gefangenen aus Europa: außer mir Henricus ‹Harry› de Loos aus Eindhoven, Chris aus Bulgarien und Ratomir aus Serbien/Montenegro (alles gute Jungs übrigens!). Harry spricht übrigens auch fließend Deutsch, wir unterhalten uns manchmal auf Englisch, manchmal auf Deutsch. Dann gibt es noch ein paar Schwarze aus/von den Bahamas, Jamaika und Barbados/Belize, einen Schwarzafrikaner habe ich gesehen, das war's.» Keiner von uns, der hier seine Strafe absaß, würde danach in die USA entlassen. Wir alle warteten darauf, irgendwann in unsere Heimatländer abgeschoben zu werden.

Die einzige Arbeit, die Gefangene verrichten konnten, diente unserer eigenen Versorgung. Gefangene, die als *orderly* einen entsprechenden Job hatten, übernahmen die Grundreinigung der Räume und bekamen dafür 10 bis 12 Cent die Stunde. Da alles, was die Anstalt für uns vorhielt, von absolut lausiger Qualität war, entwickelten sich auch kleine

Dienstleistungsstrukturen unten den *inmates*, zum Beispiel im Umgang mit Wäsche. Man konnte seine Sachen entweder in die zentrale Wäscherei geben und bekam dann andere Teile, nicht wirklich sauber und nach billiger Seife stinkend, zurück. Aber es gab auch einen kleinen Waschsalon und die Möglichkeit, eigenes Waschmittel zu kaufen. Und man konnte sich einen «Wäschemann» für acht Dollar im Monat engagieren. Da diese Gefangenen immer ein bisschen schneller in der *Laundry* waren als wir Individualnutzer und sofort alle Waschmaschinen belegten, blieb einem eigentlich auch nichts anderes übrig. Aber der Service war ausgezeichnet, und manche Mexikaner schafften es auf diese Weise sogar, noch ein paar Dollar pro Monat für ihre Familie nach Hause zu schicken.

Mehr als woanders hatte ich das Gefühl, dass die *guards* in Pecos in gewisser Weise im selben Boot saßen wie wir Gefangenen. Sie hatten ein Interesse daran, dass die Tage hier trotz der schlechten Bedingungen halbwegs friedlich abliefen, und sie bemühten sich manchmal sogar richtig darum. Zum Beispiel gab es jede Woche eine Belohnung für die sauberste *unit*: Jeder der 50 Gefangenen bekam eine Cola und eine kleine Tüte Chips. Dass es für irgendetwas eine Belohnung gab – und zwar eine, die zumindest aus Sicht der meisten Gefangenen etwas wert war –, das hatte ich bisher noch nicht erlebt.

Vielleicht lag es am sonnigen Gemüt der Mexikaner, dass die Stimmung hier einfach lockerer war. Vielleicht lag es aber auch daran, dass kaum jemand in diesem *Low-security*-Knast aus dem kriminellen Milieu kam. Mein Zellengenosse Alfredo erzählte mir, dass 95 Prozent der Männer allein wegen eines illegalen Grenzübertrittes hier saßen. Mit anderen Worten: arme Schweine aus Mexiko, die die Hoffnung hatten, in den

USA etwas Arbeit zu finden. Leute, die aufgrund ihrer Ausbildung und der wirtschaftlichen Lage in Mexiko in ihrer Heimat keine Chance haben. Freundliche, arme Menschen.

Alfredo, der gut Englisch sprach, war eine Ausnahme: Er stand kurz vor seinem Master-Examen in Volkswirtschaft, als man ihn festnahm. Seine Familie betrieb ein kleines Hotel in einem Touristenort an der mexikanischen Küste. Und dieser attraktive Standort war ihm zum Verhängnis geworden. Eines Tages waren amerikanische Investoren bei Alfredo vorstellig geworden: Ob er sich vorstellen könne, eine Marina für sie aufzubauen, hier in Mexiko? Natürlich hatte Alfredo Interesse. Die Verhandlungen wurden konkreter. Schließlich lud man ihn zu abschließenden Gesprächen in die USA ein. Alles war vorbereitet, als einer der Männer noch fragte: Es sei ihm doch egal, wo das Geld herkomme, das in das Projekt investiert werde? Und Alfredo antwortete brav und ohne vorher darüber nachzudenken: «Solange das Geld ordnungsgemäß auf dem dafür vorgesehenen Konto landet, interessiert mich das nicht.»

Das war's. Zugriff. Verhaftung. Anklage: *conspiracy of money laundering*. Verschwörung zur Geldwäsche. Es folgten: ein *plea bargain* und eine Gefängnisstrafe von mehreren Jahren. Auch Alfredo war in eine Falle gegangen, die ihm vom FBI gestellt worden war. Sie hatten ihn dazu verführt, ein paar Worte zu sagen, die es ohne ein solches Arrangement nie gegeben hätte. Allmählich kannte ich viel zu viele von diesen Geschichten.

Die Computerkurse (Word 2000, Excel), die man hier belegen konnte und für die ich mich eifrig eintrug, werden die Job-Aussichten der Männer, die in der CI Reeves einsaßen, wohl kaum verbessert haben. In einer Einführungsveranstaltung für alle Neuzugänge wurde uns das Fortbildungsprogramm vorgestellt. Der Leiter für *Education and Recreation* war ein älterer Hispanic mit Anzug und Goldkettchen, dem alles scheißegal zu sein schien: Er gab sich freundlich und unbestimmt. Immerhin erfuhr ich auf dieser Veranstaltung: Es gab hier auch die Möglichkeit, einen Spanischkurs zu besuchen und sich Gitarren auszuleihen.

Die Möglichkeit, Musik zu machen, war für mich glücklicherweise inzwischen sehr viel wichtiger als die Qualität der gesundheitlichen Versorgung, denn diese war katastrophal. Es gab für mehr als 2000 *inmates* einen einzigen Arzt, und der war meistens nicht da. Die offizielle Begründung: Seine Mutter sei krank. Wahrscheinlich konnte sich ein Arzt, der sich dazu überreden ließ, in diesem gottverlassenen Winkel der Welt zu arbeiten, alles erlauben. Jedenfalls saß ich einmal geschlagene sieben Stunden vor seinem Sprechzimmer und kam am Ende doch nicht dran. Glücklicherweise ging es nur darum, die obligatorische Eingangsuntersuchung zu absolvieren, mir fehlte ansonsten nichts. Später erfuhr ich, dass es in der CI Reeves wegen der absolut unzureichenden medizinischen Versorgung mindestens einen Todesfall gegeben hat.

Was, zum Teufel, hatte mich an dieses Ende der Welt verschlagen? Darüber dachte ich in einem Brief nach, den ich am 13. Mai 2007 an eine Freundin in Hamburg schrieb. «Warum ich verlegt worden bin? Ich weiß es nicht. Meine Anwältin in Washington weiß es nicht. Meine *Case*-Managerin, die ich gefragt habe, weiß es nicht. Hatte ich schon mal erwähnt, dass in den USA ‹Was› und nicht ‹Warum?› gefragt wird? Folgendes Wissen habe ich: Das *Bureau of Prisons* ist vor einem Dreivierteljahr nach Texas verlegt worden. Dieser Knast – bestehend aus Reeves 1 und Reeves 2 – hat mehr als 2000 Gefangene und wird weiter ausgebaut, es gibt inzwischen ein Reeves 3. Während ich diese Zeilen schreibe, werden in Texas zeitgleich 9 (neun) neue Gefängnisse gebaut. In Texas gibt es zurzeit zwei nennenswerte Industrien: Ölförderung und Gefängnisse. Die Bush-Familie kommt aus Texas und ist wirtschaftlich in beiden Bereichen engagiert. Vielleicht hat es eine Order gegeben, mal aufzuräumen und möglichst viele Gefangene nach Texas zu bringen. Vielleicht. Vielleicht ist das alles noch viel schlimmer und wir wissen es einfach nicht.»

28

Die Wahrheit über die *Correctional Institution* Reeves kannte ich damals tatsächlich noch nicht so genau. Sehr viel mehr erfuhr ich erst im November 2009, als die Zeitung «Boston Review» einen langen Report des Journalisten und Politologen Tom Barry unter dem Titel «Tod in Texas» veröffentlichte.

Tom Barry war nach Pecos gefahren, nachdem es in der CI Reeves gebrannt hatte: Gefangene hatten aus Protest gegen den Tod eines *inmate* im Dezember 2008 Feuer gelegt. Als der Journalist im Februar 2009 vor Ort eintraf, stiegen schon wieder dunkle Rauchwolken aus der *correctional institution* auf. Im hintersten Winkel von Texas begann Tom Barry eine Recherche, die ihn schließlich auf die Spur der neuesten Expansionsstrategie im gefängnisindustriellen Komplex brachte: die systematische Kasernierung von Ausländern mit dem einzigen Zweck, damit Geld zu verdienen. Mit der neu fertiggestellten CI Reeves 3 sollte hier Platz für insgesamt 3700 Männer geschaffen werden. Doch ein Teil der Anstalt ging in Flammen auf.

Der Aufstand im Dezember 2008 brach nach dem Tod des Strafgefangenen Jesus Manuel Galindo aus. Einen Monat zuvor noch war der 32-Jährige als Notfall ins örtliche Krankenhaus gebracht worden; er litt unter Epilepsie. Nach seiner Rückkehr sperrte man ihn in der CI Reeves einfach in den SHU, das «Loch», wie es die Gefangenen nennen. Galindo hatte sich nichts zuschulden kommen lassen. Er war mit seinen Krankheitssymptomen und seiner ständigen Forderung nach medizinischer Hilfe einfach nur lästig geworden. Seine Mutter rief jeden Tag im Gefängnis an und erklärte, dass ihr Sohn Medikamente und einen Arzt brauche, aber auch das bewirkte nichts. Als Jesus Manuel Galindo am 12. Dezember 2008 tot in seiner Zelle gefunden und in einem schwarzen Plastiksack aus dem SHU getragen wurde, steckten Gefangene das *Recreational Center* in Brand, verweigerten den Einschluss und besetzten für eine Nacht den Sportplatz.

Meine Mitgefangenen in Pecos waren in der Lage, sich zusammenzuschließen und ihre Forderungen zum Ausdruck zu bringen, das hatte ich auch erfahren. Kurz bevor ich dort ankam, hatten sie aus Protest gegen das schlechte Essen die *Food Hall* boykottiert: Von 2000 Mann war kein einziger zum Essen erschienen, und das mehrere Male. Diese Aktion hatte sogar die Anstaltsleitung beeindruckt, nicht zuletzt, weil es ein logistisches Problem war, 2000 warme Mahlzeiten zu entsorgen. Die Qualität des Essens hatte sich danach leicht verbessert, zumindest für Leute, die gern Reis mit Bohnen aßen.

Jesus Manuel Galindos Geschichte ist beispielhaft für die

vieler Männer in der CI Reeves. Seine Eltern lebten als legale Einwanderer in New Mexico/USA und bemühten sich schon seit einiger Zeit um eine Aufenthaltsgenehmigung auch für ihn, ihren ältesten Sohn. Galindo war mit einer Amerikanerin verheiratet, hatte zwei Kinder, die amerikanische Staatsbürger waren – und zwei Vorstrafen wegen minimaler Delikte: die eine wegen Scheckbetrugs, die andere, weil er entgegen gerichtlichen Auflagen Kontakt mit seiner Exfrau aufgenommen hatte. 2006 wurde er bei Zollkontrollen in einem Lebensmittelladen festgenommen. Die Polizei stellte fest, dass er sich illegal in den USA aufhielt, und schob ihn über die Grenze ab. Dort hielt er es nicht lange aus, er wollte zu seiner Familie zurück. Er wurde prompt beim Grenzübertritt erwischt.

Diesmal sperrten sie ihn ins Gefängnis. Ein Richter verurteilte ihn zu 30 Monaten Haft, allein für die illegale Grenzüberschreitung, und begründete die Höhe der Strafe damit, dass der Angeklagte nicht das erste Mal mit dem Gesetz in Konflikt gekommen sei. Letztendlich war es eine Verurteilung zum Tode. Jesus Manuel Galindo starb, weil es in der CI Reeves für ihn kein Bett auf einer *infirmary* gab.

Galindos Tod ist kein Einzelfall. 104 Einwanderer kamen, so berichtet Tom Barry, seit 2003 als Gefangene der *Immigration and Customs Enforcement* (ICE) zu Tode. Die ICE ist eine Abteilung des neuen Ministeriums für Heimatschutz *(US Department of Homeland Security)*. Der 2001 ausgerufene *war on terror,* eine Reihe von Gesetzesänderungen und ebendieses Ministerium waren es, die mit einer über Jahrzehnte gepflegten Praxis des amerikanischen Grenzschutzes brachen: Illegale Einwanderer werden, wenn man sie beim Grenzübertritt erwischt, nicht mehr einfach in ihr Heimatland zurückgeschickt. Sie werden vielmehr festgenommen und vor Gericht gestellt. Private Gefängnisbetreiber wie die GEO Group Inc. und die Corrections Corporation of America, CCA, gehören zu den Profiteuren dieser Entwicklung – vielleicht sind sie längst zu ihrer treibenden Kraft geworden.

Die CI Reeves steht unter dem Management der GEO Group Inc., nicht, wie es als Gerücht unter uns Gefangenen kolportiert wurde, der Familie Bush. Die geschäftlichen Beziehungen zwischen republikanischen Politikern und Gefängnisbetreibern sind komplexer und weniger transparent, als wir es uns damals vorgestellt haben, aber gemeinsame Interessen haben sie allemal: George Zoley, Geschäftsführer der GEO Group, erklärte es Wall-Street-Anlegern in einer seiner vierteljährlich stattfindenden Telefonkonferenzen im Juli 2009 so: «Die hauptsächliche Triebkraft für die Entstehung neuer Betten auf Bundesebene ist weiterhin die Inhaftierung und Strafvollstreckung von kriminellen Ausländern.» Drei Monate später bekräftigte er in einer weiteren Botschaft an seine Anleger, dass die GEO sehr gut aufgestellt sei, «um von der stabilen Nachfrage in unserem Kerngeschäft – Betten in Haftanstalten, im Strafvollzug und in der Langzeitpflege – zu profitieren».

Die GEO Group hat allen Grund zum Optimismus. Im Jahr 2007 erreichte das Unternehmen zum ersten Mal einen Umsatz von über einer Milliarde Dollar, der Gewinn wurde mit 47 Millionen Dollar notiert. Für 2009 und 2010 erwartet Geschäftsführer George Zoley einen Zuwachs von insgesamt 6800 Betten, und auch das Exportgeschäft in Richtung Australien, Südafrika und Großbritannien läuft gut.

Das Welthauptquartier der GEO Group befindet sich übrigens in Boca Rotan, Florida, nur wenige Kilometer vom *Broward County Jail* entfernt, in dem meine Reise durch die amerikanische Gefängnislandschaft begann. Aber das ist vermutlich wirklich nur Zufall.

Wer diese *criminal aliens* sind, die kriminellen Ausländer, die in den USA in steigender Menge inhaftiert werden, das hat sich Tom Barry näher angesehen: in einigen jener Gerichtsverfahren, in denen Woche für Woche überall in Texas Hunderte junger Mexikaner ins Gefängnis geschickt werden.

«An ein paar Vormittagen in jeder Woche füllen Festgenommene den Gerichtssaal in Del Rio, Texas: Sie bekennen sich schuldig, das Land illegal betreten zu haben, und werden als Kriminelle verurteilt. Szenen, wie sie sich in Richter Dennis Greens Kammer abspielen, sind überall in den Gerichten entlang der Grenze zu sehen. Während sich der Saal schnell füllt, ist die nahe Hauptstraße von Del Rio ganz still und leer. Einst war sie belebt und voller Menschen, die über den Fluss, aus Ciudad Acuna, zum Einkaufen hier herüberkamen.

Mehr als vier Dutzend junge Männer und acht junge Frauen schlurfen am 17. April 2009 in den Gerichtssaal und belegen die Sitze, die normalerweise für Zuschauer und Familienmitglieder vorgesehen sind. Erst in der letzten Minute erlauben mir die Wachmänner, auch hereinzukommen, weil sich abzeichnet, dass die hinterste Reihe heute nicht mit kriminellen Ausländern belegt wird.

Mit klirrenden Ketten werden die Angeklagten in die Sitzreihen geschoben. In Handschellen und Fesseln, die vom Bauch bis zu den Knöcheln reichen, setzen sie sich hin, wenn die *marshals* es von ihnen verlangen.

Mich hat diese Szenerie beim ersten Mal schockiert. Inzwischen habe ich sie in drei Gerichten von Grenzorten gesehen: gefesselte Einwanderer, die Gerichtssäle füllen und dann nach einer Stunde oder zwei rausschlurfen, um in die Haftanstalten abtransportiert zu werden. Anfangs habe ich mich gefragt, ob ihre schnürbandlosen Schuhe und Boots, deren Zungen vorne heraushängen, dem neusten Modetrend bei jungen Mexikanern entsprechen. Später begriff ich, dass die *marshals* anordnen, die Schnürsenkel zu entfernen (weil sie potenzielle Waffen oder Selbstmordinstrumente sind), und dass dieser Umstand, nicht etwa die Ketten, erklärt, warum sie beim Laufen ihre Füße nicht heben.

Bei diesen Massenverurteilungen gehörte ich einer kleinen Minderheit an. Die Richter, die *marshals,* die Wachmänner und ich – wir alle waren weiß und schon etwas älter, wir alle hatten einen Job und ein Zuhause. Auf der anderen Seite: die kriminellen Ausländer, alle jung und schlank, meist mit muskulösen Armen und schwieligen Händen, schwarzen Haaren und wettergebräunter Haut. In diesen Gerichtssälen begegnet der Süden dem Norden, hier stoßen die äußeren Verteidigungslinien der globalen Wirtschaft auf die kollektive Verzweiflung, die auf der anderen Seite steht. Es ist erschreckend, wie deutlich sichtbar dieses Ungleichgewicht hier wird.

Richter Green kommt herein. ‹Alle aufstehen›, verkündet der Gerichtsdiener, und die Einwanderer stehen auf, um unisono dem spanischsprachigen Echo des zweisprachigen Gerichtssekretärs zu folgen.

Im Laufe der letzten ein, zwei Tage hat jeder Gefangene seine Geschichte innerhalb weniger Minuten einem Pflichtverteidiger erzählt, dessen Plädoyer aus wenigen dürren Worten bestehen wird. Anders als im amerikanischen Kriminaljustiz-System garantiert das Einwanderungsrecht kein Recht auf einen Anwalt. Nur diejenigen, gegen die auch strafrechtliche Vorwürfe erhoben werden, haben Anspruch auf eine kostenlose Verteidigung, aber das eher pro forma – ein Glücksfall für viele örtliche Anwälte, die staatliche Honorare für ihre eher symbolische Verteidigungsarbeit einstreichen. Der Anwalt, der die Einwanderer am 17. April in Del Rio verteidigte, wurde vom Richter öffentlich dafür gelobt, dass er es rechtzeitig geschafft hatte, seinen Platz einzunehmen. (Richter Greens Gratulation blieb unübersetzt.)

Einer nach dem anderen werden die Angeklagten nun vor den Richter geführt. Ein Vertreter der CBP *(Customs and Border Protection)* erklärt dem Richter, dass der Beschuldigte die Grenze überquert habe, ohne sich an den Kontrollposten zu melden, und zählt alle vorhergehenden Grenzverletzungen und Straftaten auf.

Mehr als fünfzig Anhörungen von Angeklagten werden mit demselben Richter, demselben öffentlichen Ankläger und demselben Ergebnis durchgezogen: schuldig im Sinne der Anklage. Alle bleiben in Haft.

Vor der Anhörung der Einzelfälle hatte Richter Judy sie alle zusammen gefragt, ob sie Zeit hatten, ihren Anwalt zu sprechen, ob sie bedroht oder gezwungen wurden, sich schuldig zu bekennen, ob sie wissentlich die Gesetze der Vereinigten Staaten verletzt haben, als sie die Grenzen überschritten. Sie haben im Chor mit ‹Sí› und ‹No› geantwortet wie eine brave Schulklasse.

Wenn dann jeder einzeln vor dem Richter steht, liest ihr gemeinsamer Verteidiger aus einem Papier, das sein Assistent vorbereitet hat, die kurz zusammengefassten Geschichten vor und bittet um Milde für die Einwanderer.

Keiner hat mehr als eine achtklassige Schulbildung hinter sich, drei von vier berufen sich auf medizinische Notsituationen, alle kamen über die Grenze, um sich von ihrer Arbeit ernähren zu können, und viele hofften, zu ihrer Familie zu gelangen, die dringend nach ihnen verlangt. Eine Kurzdarstellung nach der anderen handelt von Vätern, Müttern, Witwen, Kindern mit Hirntumoren, Herzkrankheiten, Unfallschäden, Arbeitslosigkeit und Armut.»

Mit solchen Männern saß ich zusammen in der CI Reeves. Beim ersten Mal wurden sie vielleicht nur zu zwei Wochen Gefängnis verurteilt, aber dann stiegen ihre Strafen rasch an: Schon beim nächsten Gerichtstermin waren es ein paar Monate und bald ein paar Jahre. Ihre massenhafte Inhaftierung im Rahmen des *war on terror* ist – nach dem *war on drugs* und dem *war on crime* – die jüngste Variante amerikanischer Kriminalpolitik und schafft einen stetig steigenden Bedarf an Haftplätzen für illegale Einwanderer.

Die privaten Gefängnis-Unternehmen betreiben den zügigen Ausbau ihres Marktanteils mit Hilfe eines neuen und nicht ganz einfach zu durchschauenden Finanzierungsmodells. *Public owned, private managed* bedeutet: Haftanstalten werden von privaten Unternehmen gebaut, eingerichtet und betrieben – aber sie bleiben Eigentum des Staates. Die glücklichen Besitzer sind nicht selten bettelarme Countys in dünnbesiedelten Landstrichen – dort, wo der Hund begraben ist. «In den neun Monaten, in denen ich an unserer Südwest-Grenze entlangreiste und elf *prison towns* besucht habe, stellte ich überall dasselbe fest: Die Gefängnisse dort wurden von privaten Unternehmen eingerichtet und betrieben. Sie lagen alle in zurückgebliebenen ländlichen Regionen, die von den Einheimischen als *in the middle of nowhere* beschrieben wurden», schreibt Tom Barry.

Zum Beispiel in Pecos, einer Stadt mit weniger als 10 000 Einwohnern. Die CI Reeves wurde dort Mitte der achtziger

Jahre als eines der ersten privaten Gefängnisse Amerikas errichtet – ein innovatives Unternehmen in einer Region, aus der sich andere Wirtschaftsunternehmen zurückzogen: «Die Eisenbahngesellschaften sind weg, das Geschäft mit Rindfleisch, Baumwolle und Öl ist längst vorbei. Pecos war mal ein Zentrum für den Transport und Umschlag von Gütern; heute ist es nur noch für seine Abgeschiedenheit und seinen wirtschaftlichen Niedergang bekannt.»

In solchen Orten suchen die Gefängnisbetreiber ihre Geschäftspartner unter den Gemeindepolitikern. Eines Tages meldet sich bei ihnen ein Berater, etwa von der Firma Innovative Government Strategies (IGS). Er spricht über unkonventionelle Lösungen, über Hunderte neuer Arbeitsplätze und wirtschaftliche Chancen für die Stadt. Solche Perspektiven lassen verzweifelte Stadtväter aufhorchen. Sie werden zum Essen eingeladen, bekommen teuren Wein serviert und fliegen mit den Beratern irgendwohin, wo es eine neue *correctional institution* zu besichtigen gibt, die sehr sicher und sehr sauber wirkt. Der Mann von IGS verspricht, alles zu koordinieren: den Gefängnisbetreiber, das *Bureau of Prisons*, die lokale Verwaltung, die Bauunternehmen und so weiter. Er selbst kassiert, wenn der Deal zustande kommt, ein Honorar in sechsstelliger Höhe.

Was der Berater nicht so deutlich sagt: Die Gewinne bleiben absehbar beim Unternehmen hängen, die Kosten bei der Gemeinde, das heißt beim Steuerzahler. Auf Dauer kann sich ein Gefängnis als privatwirtschaftliches Unternehmen nicht rechnen, denn die hohen Investitionen werden niemals durch echte Wertschöpfung und wachsende Erträge belohnt.

Die Betreiber zahlen an die Gemeinden lediglich geringe Kopfprämien, etwa 50 Cent bis zwei Dollar pro Tag und Häftling. Dafür bleibt ihr Unternehmen als öffentliche Einrichtung steuerfrei und bezieht Strom und Wasser kostenlos von der Gemeinde. Die Verträge, die zwischen Gefängnis-Unternehmen, *Bureau of Prisons* und Stadtverwaltungen abgeschlossen werden, sind für die Stadtväter in der Provinz alles andere als leicht zu durchschauen. «Die finanziellen und vertraglichen Regelungen sind so labyrinthisch, dass nicht mehr eindeutig nachvollziehbar ist, wer wofür verantwortlich ist und haftbar gemacht werden kann», schreibt Tom Barry. Spätestens nach zwanzig oder fünfundzwanzig Jahren aber ist so ein Gebäude ramponiert, und es entspricht nicht mehr neuesten Sicherheits- und Technikstandards. Die Stadt sitzt dann in der Regel noch immer auf ihren Schulden. Hudspeth County zum Beispiel, ein verarmter texanischer Landkreis mit knapp 3500 Einwohnern, hat sich für einen Gefängnisneubau mit 23,5 Millionen Dollar verschuldet. Sechs Jahre später sind gerade mal 1,7 Millionen abgetragen. Wenn der Vertrag im Jahr 2025 ausläuft, wird das Gefängnis zum Symbol für den geplatzten Traum von wirtschaftlichem Wachstum durch die Entwicklung zur *prison town* geworden sein. Die Berater aber sind dann längst weitergezogen, an einen anderen Ort, dem ein noch schönerer, modernerer Knast versprochen wird.

Die Stadtverwaltung von Hardin/Montana weiß, was es bedeutet, sich ein Gefängnis aufschwatzen zu lassen, das niemand braucht: Dort steht die *Two Rivers Regional Correctional Facility,* die auf «Anraten» der Unternehmensgruppe CEC/Civigenics errichtet worden war, zwei Jahre nach ihrer Fertigstellung komplett leer. Die Stadtväter der 3500-Einwohner-Gemeinde haben sich deshalb darum beworben, die Gefangenen aus Guantánamo Bay nach Hardin zu holen. Den Zuschlag aber bekam dann der Bundesstaat Illinois, der 120 Millionen

Dollar in sein *Thomson Correctional Center* investierte, ein 1600-Betten-Gefängnis, das seit seiner Errichtung im Jahre 2001 nur minimal belegt war.

«Das Mantra aller offiziellen Vertreter der *prison towns* lautet: ‹Wenn du ein Gefängnis baust, werden die Gefangenen kommen›», schreibt Tom Barry. Und wenn man sie im eigenen Land nicht mehr findet, holt man sie sich eben aus dem Ausland. Menschen, die auf der Suche nach Arbeit und Einkommen mehr oder weniger legal über die Grenzen kommen, waren als billige Hilfskräfte in den USA jahrzehntelang gerne gesehen. Heute tragen sie auf andere Weise zum Wohlstand einiger bei – indem sie zu Insassen privat betriebener Gefängnisse werden.

Die Handvoll Europäer in der CI Reeves, zu denen ich gehörte, sind nur eine lächerliche Randerscheinung in diesem gigantischen Geschäft. Ein Kollateralschaden, nicht unbedingt gewollt, aber auch nicht zu vermeiden, wenn die gesamte Justizmaschinerie wie geschmiert einem einzigen Ziel dient: immer mehr Gefangene zu machen.

Die 26 Insassen, die wegen der Teilnahme am Aufstand nach Jesus Manuel Galindos Tod angeklagt wurden, bleiben jedenfalls noch für ein weiteres Jahr in der *Correctional Institution* Reeves. Nachdem sie sich zunächst geweigert hatten, einem *plea bargain* zuzustimmen, drohte ihnen die Staatsanwaltschaft mit einer Haftstrafe von zehn Jahren wegen «Brandstiftung im Zusammenhang einer Straftat gegen Bundesgesetze» an. Danach erklärten sich alle 26 Angeklagten bereit, ein *guilty plea* zu unterzeichnen.

Der zweite Aufstand, im Februar 2009 – der ausbrach, nachdem erneut ein kranker Gefangener in den SHU gesperrt wurde –, hatte noch dramatischere Folgen: Ein Teil der Anstalt brannte komplett aus. Die Wiedererrichtung wird 40 Millionen US-Dollar kosten. 25 Millionen zahlt die Versicherung, den Rest muss das gebeutelte County aufbringen, das sich für die Errichtung von Gefängnisbauten schon jetzt mit 92 Millionen Dollar komplett verschuldet hat. Aber in Pecos geht die Angst um: die Angst, dass das *Bureau of Prisons* seine Gefangenen aus Reeves abziehen und eine gigantische Investitionsruine und 400 arbeitslose Gefängnisbedienstete zurücklassen könnte.

Auch die Teilnehmer des zweiten Aufstandes werden teuer für ihren Protest bezahlen: Über 100 Gefangene sind inzwischen vom Staatsanwalt angeklagt.

Die Gefängnisindustrie als Wirtschaftsfaktor oder: Public money to private hands

«Eine Gesellschaft ohne Gefängnisse? Der gefängnisindustrielle Komplex in den USA», so lautet der Titel eines Buches, das zunächst in den USA, 2004 dann auch in Deutschland erschien. Letzteres lag vermutlich an seiner prominenten Autorin: Angela Davis ist vielen noch aus den siebziger Jahren als Symbolfigur einer weltweiten Protestbewegung gegen den Rassismus bekannt. Das Thema, mit dem sie sich heute befasst – der **prison industrial complex** –, wurde in Deutschland hingegen bislang kaum wahrgenommen.

Angela Davis war 1970 verhaftet und vom FBI auf die Liste der zehn gefährlichsten Verbrecher der Welt gesetzt worden. Die Anklage: Eine Waffe, die beim blutigen Versuch einer Gefangenenbefreiung verwendet wurde, sei auf ihren Namen gekauft worden. Nach zwei Jahren im Gefängnis und einer Solidaritätskampagne, die um die ganze Welt ging, wurde die radikale Sozialistin und Feministin 1972 in allen Punkten freigesprochen. Heute ist Angela Davis Professorin für Mentalitätsgeschichte an der University of California in Santa Cruz – und eine der profiliertesten Kritikerinnen des amerikanischen Gefängnissystems.

Doch beim «gefängnisindustriellen Komplex» handelt es sich keineswegs um einen Begriff, der von radikalen Gesellschaftskritikern geprägt wurde. Er tauchte zum ersten Mal im «Wall Street Journal» auf, und das bereits 1994: Wirtschaftsjournalisten entdeckten und proklamierten damals die rasch wachsende Bedeutung eines damals noch jungen Unternehmensfeldes. Das Verfolgen, Einfangen und Einsperren von Menschen war von einer staatlichen Ordnungsfunktion zu einem ökonomischen Projekt geworden. Heute prägt diese Branche das wirtschaftliche Leben in den USA wie kaum eine andere.

«Mit 2,3 Millionen Menschen, die damit beschäftigt sind, Kriminelle zu fangen und sie hinter Gitter zu stecken, und die damit monatlich insgesamt 8,1 Milliarden Dollar verdienen, ist die ‹Besserungsindustrie› einer der größten Bereiche der US-Wirtschaft geworden. Er beschäftigt mehr Menschen, als es General Motors, Ford und Wal-Mart zusammengenommen und weltweit tun – und das sind die drei größten Arbeitgeber unseres Landes. Wenn ein Land durch das, was es produziert, charakterisiert werden kann, so sind die Vereinigten Staaten zu einer Gefängnisnation geworden», schreibt der amerikanische Journalist Alan Elsner 2006.

Mit anderen Worten: Auf jeden Gefangenen in den USA kommt mindestens eine weitere Person, die ihren Job der «Gefängnisindustrie» verdankt. Und wahrscheinlich sind es noch sehr viel mehr. Niemand kann genau beziffern, wie viel heute in den USA an der Verfolgung, Verurteilung und Verteidigung von Menschen, an der Unterbringung, Verpflegung, Bekleidung, Behandlung und Bewachung von Gefängnisinsassen, an ihrem Transport, ihrer Beschäftigung und Fortbildung, an Dienstleistungen und Konsumgütern für die Haftanstalten verdient wird – in einem dynamischen Markt, der sich ständig weiterentwickelt und verändert. Allein auf der Website www.realcostofprisons.org sind Hunderte von Dokumenten zu diesem Thema aufgelistet.

Aus europäischer Sicht mag es noch ungewöhnlich erscheinen, dass ein wachsender Teil dieser Aufgaben von privaten Unternehmen übernommen wird. Und tatsächlich führte die Unerfahrenheit der neuen **prison companies** und ihr gnadenloses Kostenmanagement bis zum Ende des letzten Jahrhunderts zu einer ersten Krise in der Gefängnisindustrie: Skandale um spektakuläre Ausbrüche und selbst für amerikanische Verhältnisse nicht mehr tolerierbare Missstände in privaten Haftanstalten führten zu einer vorübergehenden Zurückhaltung öffentlicher Geldgeber gegenüber den privaten Unternehmen. Inzwischen aber laufen die Geschäfte von Betreibern wie der GEO Group Inc., CCA (Corrections Corporation of America) und den Cornell Companies (Texas) besser denn je.

Die GEO Group Inc. vermeldet in ihrem Jahresbericht für 2008 erstmals einen Umsatz von über einer Milliarde US-Dollar und ein Vermögen von 1,288 Milliarden. Neben vier Krankenhäusern und sieben Gefängnissen im Ausland wird der Löwenanteil in 52 amerikanischen Haftanstalten mit rund 52 000 Betten erwirtschaftet. Noch mehr Strafanstalten hat die CCA: Laut deren Jahresbericht betreibt das ebenfalls börsennotierte Unternehmen 66 Haftanstalten mit rund 75 000 Betten; hinzu kommt die Gefangenen-Transportfirma TransCor. Der Gesamtumsatz der CCA im Jahr 2008 betrug 1,6 Milliarden Dollar.

Die Gefängnisbetreiber haben selbst in Krisenzeiten Anlass zu den schönsten Hoffnungen: «Die Gefangenenpopulation ist während der vergangenen Rezessionen in den USA weiter gewachsen, wenn auch in etwas gedrosseltem Tempo, um dann in Zeiten wirtschaftlicher Erholung schnell zuzunehmen. Wir glauben, dass die Gefängnispopulation langfristig wachsen und CCA dann weitere Wachstumsmöglichkeiten eröffnen wird», teilt der Marktführer mit. Das Unternehmen rechnet mit einem Zuwachs von 153 000 Gefangenen innerhalb von vier Jahren bis 2011. Seit der Jahrtausendwende, so die CCA, hat sich der Anteil der privaten Haftplätze für **Federal**-Gefangene mehr als verdoppelt: 15,7 Prozent von ihnen werden heute von privaten Betreibern eingesperrt, versorgt und bewacht. «Für uns ist die Zukunft voller Chancen», frohlockte CCA-Vorstandsmitglied Damon Hininger Anfang des Jahres 2009 in einem Interview.

Aber auch die staatlichen Unternehmen der Gefängnisindustrie werden privaten Wirtschaftsbetrieben inzwischen immer ähnlicher. Bei Unicor und Con Air, den Firmen im Besitz des staatlichen **Bureau of Prisons,** geht es, nicht anders als bei der GEO Group Inc. oder CCA, vor allem darum, Geld zu verdienen, Arbeitsplätze zu schaffen, Mittel und Aufträge an Dritte zu vergeben – und mit all diesen Aktivitäten ständig an gesellschaftlicher und politischer Macht zu gewinnen. Gemeinsam ist den privaten wie den staatlichen Unternehmen, dass sie diese Macht, ihren Profit und ihren gesellschaftlichen Einfluss nur steigern können, wenn die Gefangenenzahlen weiter wachsen. Die privaten Gefängnisbetreiber sind dabei nur die Trendscouts in diesem Geschäft, die Trüffelschweine, die herausfinden, wo Expansion noch möglich ist.

Dass die Verhältnisse in Anstalten, die vom Staat betrieben werden, nicht unbedingt besser sein müssen, zeigt auch das Beispiel des **Broward County Jail** unter dem Management von Sheriff Ken Jennes BSO **(Broward Sheriff's Office)**. Dennoch geschieht mit der Übernahme von immer mehr Haftplätzen durch private Betreiber etwas grundsätzlich und qualitativ Neues: Der Staat zieht sich aus der Kontrolle über diese Einrichtungen zurück. «Die Insassen in Pecos wurden, formal gesehen, durch die amerikanische Bundesregierung in Haft genommen, aber faktisch sind sie Gefangene von privaten Unternehmen, die vom Staat wenig bis gar nicht kontrolliert werden», schreibt Tom Barry. In den komplizierten Verträgen – oder auch Verflechtungen – zwischen County, **Bureau of Prisons** und privaten Betreibern ist die Verantwortung für das Wohlergehen der Gefangenen oft nicht einmal mehr klar geregelt.

Es könnte fast so aussehen, als sei mit der **mass incarceration**, wie amerikanische Justizkritiker dieses Experiment nennen, dennoch allen – bis auf den Gefangenen selbst – gedient: Der Staat gibt öffentliche Aufgaben in kostengünstigere private Hände ab, die Gesellschaft profitiert von zusätzlichen Arbeitsplätzen, und die Betreiber der Gefängnisindustrie freuen sich über wachsende Gewinne. Im kleinen Maßstab lässt sich ohne weiteres nachvollziehen, wie der Glauben an diesen Mechanismus greift: Wenn eine Kleinstadt unter großen finanziellen Anstrengungen erst mal zur **prison town** geworden ist, können sich auch die dort tätigen Ordnungshüter und Richter nicht der Anforderung entziehen, diese Anstalt nun wirklich zu füllen – und sei es etwa durch hohe Strafen für illegale Zuwanderer. Im großen Maßstab sind, angesichts zahlreicher ineinander verschachtelter Unternehmen und ihrer Lobbyisten, die Zusammenhänge zwischen politischen, justiziellen und wirtschaftlichen Entscheidungsträgern nicht so leicht transparent zu machen, aber umso wirksamer.

Public money to private hands – der Transfer von öffentlichem Geld in private Hände – so lautet die simple Erfolgsformel der Gefängnisindustrie. Doch wie auch andere kühne Träume, die an der Wall Street immer wieder wie eine Blase zerplatzen, stoßen ökonomische Projekte zwangsläufig an Grenzen, wenn sie mit keinerlei Wertschöpfung verbunden sind. Denn das Geld, das im gefängnisindustriellen Komplex verbrannt wird, stammt aus einer einzigen Quelle: den Taschen der Steuerzahler.

185 Milliarden US-Dollar kostet das amerikanische Strafjustizsystem jedes Jahr, so rechneten es Tara Herivel und Paul Wright in ihrem Buch «Prison Profiteers» vor: Das sind allein die Kosten für Polizei, Kriminaljustiz und Haftanstalten (Stand: 2003). Die Beträge, die durch die Errichtung und den baulichen Unterhalt von Gefängnissen verschlungen werden, sind dabei noch genauso wenig erfasst wie viele andere versteckte Ausgaben, etwa die Altersrenten für ehemalige Polizisten oder Vollzugsbedienstete. Verwendet man dieselben Quellen wie Herivel und Wright – die Zahlen, die das amerikanische Bureau of Justice Statistics vorlegt –, so sind diese Kosten bis 2006 auf 215 Milliarden (in Zahlen: 215 000 000 000) US-Dollar gestiegen. Umgerechnet auf die Gefangenenzahlen von 2006 ergibt sich ein Betrag von 265 US-Dollar, die jeder Gefängnisinsasse pro Tag kostet. Aktuellere Zahlen sind bislang nicht publiziert.

Dieses Geld muss von den amerikanischen Steuerzahlern aufgebracht werden. Legt man das durchschnittliche Einkommen einer amerikanischen Familie von 43 000 Dollar pro Jahr zugrunde, bedeutet das: Das gesamte Einkommen von fünf Millionen Familien, beziehungsweise etwa 20 Millionen Männern, Frauen und Kindern, muss aufgewendet werden, um die Kosten der Strafverfolgung und -vollstreckung in den USA zu decken. Wie lange wird es eine schwindende Zahl von werktätigen Menschen noch leisten können, diese Mittel aufzubringen? Wie lange werden Amerikas Steuerpflichtige noch dafür bezahlen können, dass ein wachsender Teil der Bevölkerung damit beschäftigt wird, einen anderen, immer weiterwachsenden Teil von ihr einzusperren und zu bewachen?

In Kalifornien scheint der kritische Punkt bereits erreicht. Dort wurden, so berichtet Angela Davis, allein zwischen 1984 und 1989 neun Gefängnisse gebaut – genauso viele wie in den über hundert Jahren zwischen 1852 und 1955. Heute gibt es an die 150 Haftanstalten in diesem Bundesstaat, errichtet vorzugsweise in Kleinstädten, aus denen sich vorher alle größeren Industriebetriebe verabschiedet hatten. Dennoch platzen die Knäste aus allen Nähten: Auf 84 000 Haftplätze, so stellte ein Gerichtsurteil fest, kommen 158 000 Häftlinge (die absolute Zahl der Gefängnisinsassen in Kalifornien liegt noch höher). Dem Bundesstaat ist die Finanzierung vollständig über den Kopf gewachsen. Die Gefangenen werden in riesigen Schlafsälen, auf Matratzenlagern und in Turnhallen zusammengepfercht.

Zwei kalifornische Strafgefangene führten schließlich eine jahrelange gerichtliche Klage gegen diese Verhältnisse und argumentierten vor allem mit ihrer schlechten gesundheitlichen Versorgung. Im August 2009 entschieden drei Bundesrichter, dass die Überbelegung der Gefängnisse auf 137 Prozent zu begrenzen sei. Gouverneur Arnold Schwarzenegger wurde beauftragt, ein Konzept zu entwickeln, nach dem innerhalb von zwei Jahren insgesamt 43 000 Häftlinge aus den kalifornischen Knästen entlassen werden müssen.

Der Gouverneur von Kalifornien ist gegen dieses Urteil beim Supreme Court, dem Obersten Gerichtshof der USA, in Berufung gegangen. Gut für Unternehmen wie die CCA, GEO Group Inc. und die Cornell Companies, die in Kalifornien bereits 15 private Gefängnisse betreiben. Im Frühjahr 2009 stellte die CCA das **La Palma Correctional Center** in Arizona fertig und übergab es seinem Bestimmungszweck – 3060 neue Haftplätze, vorgesehen zur ausschließlichen Unterbringung von kalifornischen Strafgefangenen.

Die Chance zum Einstieg in den Ausstieg aus dem Projekt **mass incarceration** wurde in Kalifornien verpasst. Die Wahnsinnsspirale von wachsendem Angebot, wachsender Nachfrage und hemmungsloser Ausbeutung der Steuerzahler dreht sich weiter.

29

Ich verbrachte insgesamt acht Monate in der *Correctional Institution* Reeves, und wahrscheinlich war es gut, dass ich nicht von vornherein wusste, wie lange ich hier noch warten musste. Denn das war es, was ich in dieser Zeit vor allem tat: warten. Ich wartete auf meine Überstellung nach Deutschland, das heißt auf die Erledigung vieler verschiedener bürokratischer Schritte und Entscheidungen, die das *Treatytransfer*-Verfahren verlangt. Ich wartete auf die Zustimmung der deutschen Regierung, ich wartete auf die Stellungnahme des Anklägers Christopher Clark, ich wartete auf das Votum der amerikanischen Justizbehörden – und am Ende musste ich noch darauf warten, dass ich selbst vor einem amerikanischen Richter meiner Rückkehr nach Deutschland zustimmen durfte.

Mir war klar, dass jeder einzelne dieser Schritte Wochen in Anspruch nehmen würde, und so rechnete ich damit, nicht vor August nach Hamburg zu kommen. Dann aber würde ich achtzehneinhalb Monate, die Hälfte der im *sentencing* festgelegten Strafe, abgesessen haben. Nach deutschem Recht könnte ich zum Zeitpunkt der «Halbstrafe» sofort auf Bewährung freigelassen werden.

Ich beschäftigte mich damit, vorsichtig Bilanz zu ziehen, was in anderthalb Jahren im Gefängnis mit mir passiert war, ich freute mich unbändig auf zu Hause und war voller Pläne. Aber noch vertraute ich nicht darauf, dass mein *treaty transfer* bewilligt und zügig abgewickelt würde. Ich hatte inzwischen von Ausländern gehört, die über Jahre in amerikanischen Abschiebeknästen einfach «vergessen» wurden. Ich musste noch immer kämpfen und mit allem rechnen.

Der körperliche Zusammenbruch, den ich kurz nach meiner Verurteilung Ende April 2006 im FDC Miami erlebt hatte, lag nun gut ein Jahr zurück. Diesmal war es nicht mein Körper, sondern mein Geist, der mir signalisierte, dass ich die Anspannung nicht mehr unter Kontrolle hatte. Plötzlich beobachtete ich an mir selbst eine eigentümliche Zerstreutheit. Ich vergaß meine Lesebrille in der Zelle, wenn ich mit einem Buch nach draußen auf den *Rec Yard* ging. Ich verlor kurz nacheinander zwei Kugelschreiber. Ich ließ eine Rolle Klopapier auf der Toilette liegen. Mir entfiel der Termin für meinen Computerkurs. Ich versäumte es, eine Gitarre, die ich mir ausgeliehen hatte, abends rechtzeitig zurückzugeben. Kleine Nachlässigkeiten, denen man in einer anderen Art von Alltag vielleicht keine große Bedeutung beimessen würde. Doch hier, im Gefängnis, wo nichts wichtiger war, als die paar Dinge, die man besaß, im Griff zu behalten, waren solche Details existenziell. Jedes kleine Versäumnis konnte äußerst unangenehme Konsequenzen haben: Es dauerte bis zu zehn Tage, bis man aus der *commissary* neue Kugelschreiber bekam. Ein verschwitzter Kurstermin konnte den Rausschmiss aus der Fortbildung nach sich ziehen, eine zu spät zurückgegebene Gitarre eine Ausleihsperre für 14 Tage. Und wenn ich meine Brille in der Zelle liegenließ, konnte ich nicht mal eben zurücklaufen, um sie zu holen. Dass ich nicht mehr in der Lage war, solchen Problemen aus dem Weg zu gehen, beunruhigte mich.

Was ich dann aber wirklich schlimm fand: Ich vergaß sogar den Geburtstag meines Sohnes, obwohl ich genau an diesem Tag mit ihm telefonierte. Als er mich vorsichtig darauf ansprach, war ich schockiert und erleichtert zugleich. Denn plötzlich war mir klar: Irgendwas war nicht okay mit mir. Sofort nach dem Telefongespräch setzte ich mich hin und schrieb ihm einen Brief.

«Tja, Jonathan, so wirklich gut geht es mir gerade nicht», stellte ich darin fest. Zum ersten Mal seit fast anderthalb Jahren erlaubte ich mir selbst einen solchen Satz. Und fügte schnell hinzu: «Nun weiß ich aber, dass sich dieser Zustand ändern wird. Sollte die Überstellung abgelehnt werden, wäre das sehr ärgerlich, und ich werde mich damit auch ärgerlich fühlen. Aber meine Anspannung wird weg sein, und ich werde die Ärmel aufkrempeln. So müssen dann eben ohne Rücksicht auf Verluste alle Register sortiert werden, die evtl. noch gezogen werden können. Das wird einige Arbeit bedeuten – und letztlich nur eine geringe Aussicht auf Erfolg haben. Dennoch, ich werde nichts unversucht lassen!»

Es war eine eigentümliche Mischung von Wachsamkeit und Ruhe, die mir hier, in der Abgeschiedenheit der texanischen Wüste, abverlangt wurde. Zum Glück war ich nicht allein: Zu meinem engsten Weggefährten in dieser Warteschleife wurde Harry de Loos aus den Niederlanden, ein Autohändler, dem man noch übler mitgespielt hatte als mir. Auch ihn hatte ein Konflikt mit Geschäftspartnern im November 2005 in den Knast gebracht: Ein Kunde wollte von einem Kaufvertrag zurücktreten, obwohl die von ihm bestellten Autos schon in den USA angekommen waren. Und er wollte seine Anzahlung zurückhaben. Das lehnte Harry ab. Noch bevor die Auseinandersetzung abgeschlossen war, wurde er völlig überraschend verhaftet. Die Anklage: *money laundering* und *fraud* (Betrug). Es drohte eine Höchststrafe von 30 Jahren. Wenn er einen *plea bargain* und einer Strafe von 37 Monaten zustimme, so versprach ihm sein Richter, sei er «as prompt as possible» wieder zu Hause, in Holland. Sein Vermögen, zehn Autos und eine Wohnung im Wert von rund 720000 US-Dollar wurden beschlagnahmt – aber nicht etwa, um den Kunden auszuzahlen. Es wanderte in die Bestände des amerikanischen Staates. Aber Harry kam nicht nach Hause. Er hatte eine ähnliche Odyssee hinter sich wie ich. Nur mit dem Unterschied, dass er bei jeder Verlegung dachte, nun könne seine Heimreise beginnen. Einen Antrag auf *treaty transfer* konnte er nämlich nur aus einer Strafvollstreckungsanstalt, einer *correctional institution,* heraus stellen. Doch seitdem er seinen *plea bargain* abgeschlossen hatte, hatte man ihn von einem *holdover* zum nächsten *detention center* herumgereicht, bis er endlich in der CI Reeves in Pecos ankam. Mit Harry drehte ich jeden Tag meine Runden um den *recreation yard,* oft erst gegen Abend, wenn die Temperaturen halbwegs erträglich wurden.

Alle Ansinnen von Freunden und Familienangehörigen, mich hier in Pecos zu besuchen, wehrte ich ab. Ich ging ja davon aus, dass ich bald in Hamburg zurück wäre. Die Mühen und Kosten einer Reise nach Texas schienen mir übertrieben. Außerdem war mir nie ganz wohl bei der Sache, wenn einer meiner Angehörigen in den USA unterwegs war. Ich wusste schließlich, was einem in diesem Land passieren konnte.

Mein Freund Harry, ein neu aufgelegtes Diätvorhaben, lange Briefe und Telefongespräche und viele Stunden, die ich jeden Tag mit einer Gitarre verbrachte – das war für ein paar Monate mein Leben in Pecos. Und seltsamerweise wurde mir bewusst, dass diese Zeit trotz allem ihre eigene Qualität hatte. Fast wütend wehrte ich die guten Wünsche von Freunden ab, ich möge die «Wartezeit» gut überstehen. Diese Zeit, so schrieb ich zurück, habe für mich ihren besonderen Wert: «Es ist eine Zeit, in der ich etwas anderes machen muss, als ich es bisher getan habe. Das wiederum eröffnet Chancen und Möglichkeiten, man muss sie allerdings auch nutzen.»

In einem anderen Brief beschrieb ich meine musikalischen Fortschritte: «Stell Dir vor, Du fährst mit Deinem Auto (Gitarre) auf einem System von Landstraßen und erkundest die Gegend mal hier und mal da. Das ist nett, es gibt einiges zu sehen und Du lernst auch neue Gegenden kennen … Jetzt stell Dir vor, Du verlässt das System der Landstraßen und fährst auf die Autobahn, die große Städte und Länder miteinander verbindet und die man – wie bei den Landstraßen auch – in viele verschiedene Richtungen befahren kann. Jetzt lernst Du viel mehr kennen, ja es gibt sogar Städte und Länder, von deren Existenz Du gar nichts gewusst hast!»

Hier gab es keine Band, in der ich mitspielen konnte. Mit

der Musik, die ein paar Mexikaner von morgens bis abends auf Gitarren und Akkordeons schrammelten, wurde ich einfach nicht warm. Aber ich hatte jede Menge Musik im Kopf, und die begann ich jetzt auszufeilen und aufzuschreiben.

«Bei mir hat sich viel verändert, Dieter, und bei mir wird sich noch mehr verändern. Ich bin schon jetzt nicht mehr der, der ich vorher war», schrieb ich Ende Juni an einen Freund.

Orange Trees
Going up the highway with your
Brandnew firered sportscar out of bound
Do you see the meadows speeding
Do you see the trees and woods around?
The car ist going fast and faster
You hear Janis' music in the air
Do you know where you are going
Do you know your destination fair?

CHORUS
Ah – Ah – Ah
Lets take a break
See these green orange trees
Taste the smell of their leaves
Basking away,
Zipping an ice-cold drink
Watching the honeybees.

Day by day the time goes by fast
You think you are sitting on a cloud.
Do you see the men walk by, and
Do you hear the people talking loud?

The rising sun 'cross the mountain
Shining her bright light on everyone.
Do you feel the sweet tenderness?
Did you do what still had to be done?

(Übersetzung im Anhang)

Notenblatt vom Juli 2007

Am 20. Juli 2007 kam die erlösende Nachricht. Die US-Regierung hatte meiner Überstellung zugestimmt. Wenn jetzt alles zügig abgewickelt wurde, könnte ich Ende August in Hamburg sein. Ich rechnete vorsichtshalber mit September. «Ich bin natürlich sehr erleichtert, wie Du Dir gut vorstellen kannst! Im Prinzip habe ich seit Freitag meine Sachen gepackt. Ich werde in New York abgeholt werden, was bedeutet, dass ich wieder ca. 3 Wochen ‹unterwegs› sein werde – vermutlich geht es über Atlanta. Diese Zeit kenne ich nun schon – und Ihr auch! Ich werde vermutlich nicht schreiben können, mein *property* nicht haben, und wenn es schlimm kommt, werde ich nicht einmal telefonieren können», schrieb ich meinem Freund Uli. Und da war es auch wieder, dieses paradoxe mulmige Gefühl, das sich vor jeder Verlegung einstellte: «Wieder einmal mache ich die – sehr interessante! – Erfahrung, meine eigenen Irrationalitäten und Ängste beobachten zu können. Das mit der Veränderung hat es in sich. Selbst in der schlimmsten Situation richtet man sich nämlich ein und befürchtet dann, dass es noch schlimmer kommen könnte – auch wenn man weiß, dass das Gegenteil erwiesenermaßen richtig ist.»

Dennoch, ich war in Aufbruchstimmung. Ich ergriff die Gelegenheit, mich bei Uli Stellfeld dafür zu bedanken, dass er mich über ein Jahr lang in bis dahin 130 Briefen mit Tausenden von Druckseiten mit Nachrichten und Informationen aus Deutschland und der ganzen Welt versorgt hatte. Zeitungen und Zeitschriften hatte ich im Gefängnis nur unregelmäßig beziehen können, aber Ulis Nachrichten waren immer dabei gewesen, wenn ich irgendwo Post bekam.

Nobody knows you when you're down and out – nein, dieser Satz habe für mich weiß Gott nie gegolten, schrieb ich Uli. «Weil sich so viele Menschen um mich gekümmert haben und auch noch kümmern, war ich nie *down and out* und bin es jetzt auch nicht. Vielleicht muss der alte Satz einfach mal umgeschrieben werden: *When nobody knows you, you are down and out*. Wie dem auch sei, Du hast einen maßgeblichen Beitrag dazu geleistet, dass ich so gut klargekommen bin. Ich bin voller Energie, habe so viel vor und freue mich auf Euch alle!»

Für die Kartons, die ich in diesen Tagen vollpackte, gab es nur noch eine Adresse: Hamburg! Aber das war Ende Juli wirklich noch ein bisschen früh.

Es wurde Ende August, ohne dass irgendetwas passiert wäre. «Was mich an eventuellen Verzögerungen bis November wirklich ärgern würde, ist die Tatsache, dass sie komplett unnötig wären und nichts anderes als ein Ausdruck von ‹ist mir doch egal› bis Schikane. Dass diese Seite von interessierter Seite gefördert wird, ist völlig klar», schrieb ich.

Meine Verärgerung über die Zeit, die hier noch nutzlos verstrich, wechselte sich ab mit einer großen inneren Ruhe. Ich wusste: Im Prinzip hatte ich es überstanden. *I'm so glad that I did stay strong*, so lautete eine Zeile in meinem Song «Leaving Pecos», nicht dem letzten Stück, das ich in Texas komponierte, aber dem letzten, das sich mit dem Gefängnis befasste. «Auch wenn ich derzeit sehr dahinter her bin, die weiteren Schritte meiner Überstellung in die Wege zu bringen, verbringe ich die letzten Tage in Pecos in einer eigenartig entspannten Weise. So ganz richtig weiß ich das noch nicht richtig zu deuten, ganz ehrlich», schrieb ich meinem Freund Dieter. Da war es bereits Ende September.

Wenige Tage später passierte endlich etwas: Harry erfuhr, dass er auf der Transportliste stand. Mein Freund Harry, mit dem ich seit Monaten hier ausharrte. Bedeutete das vielleicht, dass ich auch ...? Natürlich hoffte ich das. Und registrierte zugleich ein ganz anderes Gefühl: Bestürzung. «Was, jetzt schon? Wolltest du nicht noch schnell ... Briefe beantworten, die letzten Musiktitel ins Reine schreiben (mein letzter – 14. Titel – heißt ‹Bye Bye USA›), den Wäschemann bezahlen, die Steuerunterlagen vernichten?» So schilderte ich diesen Moment in einem Brief an eine Freundin. Und räumte danach endgültig mit allem auf, was ich hier in der CI Reeves noch zu erledigen hatte.

Es war aber nur ein Fehlalarm gewesen, ein Gerücht, und auch Harry blieb mir erhalten. Ich konnte die Zahl der Musikstücke, die ich im Knast schrieb, noch mehr als verdoppeln. Am Ende waren es 29, genau so viele, wie der Blues-Musiker Robert Johnson in seinem kurzen Leben geschafft hatte.

Ende Oktober wurde es auch in Texas kalt. Ich konnte jetzt nicht mehr ab morgens um neun Uhr draußen sitzen, Gitarre spielen und Briefe schreiben, weil meine Finger dabei klamm wurden.

Am 9. November erlebte ich meinen zweiten Geburtstag in Haft. An diesem Tag wurde ich in das *Criminal Justice Center* in Pecos verlegt. Die Fahrt dorthin dauert nur zehn Minuten. Aber darauf kam es jetzt nicht an: Mein Weg *back home* hatte begonnen.

30

Im *Criminal Justice Center* Pecos schliefen wir zu acht in einem Raum, in dem sich auch fast unser gesamtes tägliches Leben abspielte. Es gab vier Doppelstockbetten, einen großen Tisch mit acht Stühlen, eine Dusche und eine Toilette, für die man sich mit etwas Mühe einen Sichtschutz aus einem Bettlaken basteln konnte. Dreiundzwanzig Stunden am Tag war Einschluss. Es gab nichts, womit man sich sinnvoll hätte beschäftigen können. Keine Fortbildungskurse, keine Bücher, keine Musikinstrumente, keine Sportmöglichkeiten bis auf ein paar Ballspiele, die wir manchmal während unseres täglichen Hofgangs betrieben.

Der einzige persönliche Gegenstand, den ich hatte mitnehmen dürfen, war ein ledernes Brillenetui, das Harry in der CI Reeves für mich liebevoll hergestellt hatte: In einem kleinen, unsichtbaren Seitenfach konnte ich einen Zettel mit den wichtigsten Telefonnummern verstauen. An ein Telefon, von dem Auslandsgespräche möglich waren, kam ich hier allerdings nicht heran, und bevor ich den ersten Brief nach Hause schicken konnte, musste ich erst einmal Papier, Umschläge und Marken auftreiben. Das dauerte gut 14 Tage.

Aber immerhin war Harry mit mir hierhergekommen, und wir lagen in derselben Zelle. Mit ihm konnte ich mich sogar auf Deutsch unterhalten, sodass die *guards* und die anderen *inmates* uns nicht verstanden. Die Konzentration auf ein Gespräch, auf eine Partie Karten oder Schach fiel mir aber schwer, denn in unserer *unit* hing ein Fernseher unter der Decke, der 24 Stunden am Tag vor sich hin lärmte und flackerte.

In diesem schäbigen Polizeiknast in Pecos erlebte ich zum

ersten Mal, dass es eindeutig zu wenig zu essen gab. Die Speisen auf den Tabletts, die uns zu den Mahlzeiten in die Zellen gereicht wurden, sahen zwar auf den ersten Blick ganz passabel aus. Aber insbesondere für die jüngeren Mitgefangenen reichten die Portionen einfach nicht aus. Der ständige Hunger führte zu Unruhe und Aggressionen, insbesondere aber dazu, dass die Geschäfte in der *commissary* brummten, wo die üblichen Lebensmittel zu stark überhöhten Preisen angeboten wurden. Jeder, der es sich leisten konnte, versorgte sich hier mit Thunfisch-*pouches,* Chips oder Süßigkeiten. Ich hatte den Verdacht, dass der Umsatz durch das schmale Nahrungsangebot aus der Gefängnisküche absichtlich in die Höhe getrieben wurde. Mir selbst machte die schmale Kost nicht viel aus, ich wollte zu Hause schließlich das erreichte Traumgewicht von 80 Kilogramm präsentieren.

Die Stimmung unter den Gefangenen war bei weitem nicht so entspannt wie in der CI Reeves. Auch hier saßen viele Mexikaner, und manchen von ihnen drohten drastische Strafen. Einer unserer Zellengenossen – nennen wir ihn Ramon – war wegen eines Vorfalles angeklagt, der in den Medien ziemliche Wellen geschlagen hatte: Ein Transporter, der illegale Einwanderer gegen Geld über die Grenze von Mexiko nach Texas schmuggelte, war verunglückt. Drei von den sechs Menschen, die auf der völlig überfüllten Ladefläche des Autos zusammengepfercht waren, starben. Ramon war zwar an diesem Unfall nicht direkt beteiligt gewesen, galt aber als Drahtzieher der illegalen Transporte. Das reichte, um ihn des Mordes zu beschuldigen und ihm mit der Todesstrafe zu drohen. Eines Tages kam Ramon freudestrahlend in unsere Zelle zurück: Der Staatsanwalt hatte ihm einen *plea bargain* angeboten, nach dem er «nur» neun Jahre im Gefängnis bleiben musste.

Ein anderer *cellie* war ein junger Typ aus Pecos, der als gewalttätig und leicht gestört galt. Die *guards* behandelten ihn auffällig freundlich, sie kannten seine Eltern. Aber uns nervte der junge Mann schon gewaltig, indem er sich stundenlang laut brüllend über eine Öffnung der Klimaanlage mit einer weiblichen Gefangenen unterhielt, die in einem anderen Stockwerk des Gebäudes einsaß. Er kannte die Frau nicht und machte sich mit allerlei eitlen Beschreibungen bei ihr wichtig. Schließlich platzte mir der Kragen:

«Geht das nicht ein bisschen ruhiger? Kannst du nicht mal den Mund halten?», fuhr ich unseren *cellie* einmal an. Die Situation wurde sofort bedrohlich. Der junge Mann, ein Riesenbaby im Alter von neunzehn Jahren, pumpte sich demonstrativ vor mir auf:

«Was willst du?», raunzte er zurück.

Ich stand kurz vor meiner ersten Schlägerei im Knast, und das war auch allen anderen in unserer Zelle klar. Ramon war der Erste, der reagierte. Eine gewalttätige Auseinandersetzung war das Letzte, was er sich jetzt leisten konnte. Er drückte den Alarmknopf, und zwei *guards* stürmten herein. Nach einer kurzen Sondierung der Lage schnappten sie sich meinen Widersacher, um ihn in den SHU zu sperren. Auch Ramon nahmen sie mit. Ich hatte den Eindruck, dass er sich dazu fast angeboten hatte, um bloß nicht den Eindruck zu erwecken, dass er in dem Konflikt auf meiner Seite stand. Ein paar Stunden später kam er zurück.

Einmal wandte sich ein *guard* mit einer Frage an mich. Das war noch nicht allzu häufig vorgekommen.

«Ist es okay für euch, wenn wir einen Schwarzen auf eure *unit* bringen?»

«Klar, warum nicht?», antwortete ich. Ich verstand nicht,

warum er mich das überhaupt fragte. Der *guard* schien erleichtert, und kurze Zeit später brachten sie den Neuzugang zu uns: einen freundlichen Zeitgenossen aus Kalifornien, der wegen eines Verstoßes gegen seine Bewährungsauflagen verhaftet worden war.

Erst nach und nach dämmerte mir: Allein die Tatsache, dass der Mann eine schwarze Hautfarbe hatte, machte das Leben für ihn in diesem texanischen Knast gefährlich. Es gab hier ansonsten keine Schwarzen, und schon in Louisiana hatte ich gelernt, dass das Verhältnis zwischen weißen und farbigen Inhaftierten nicht einfach war, das Verhältnis zwischen Latinos und Schwarzen aber höchst prekär. Mir und Harry, den besonnenen älteren Herren aus Europa, trauten sie zu, gewalttätige Konflikte zu verhindern, und wir hatten mit unserem neuen *cellie* auch keinerlei Probleme.

Fünf ganze Wochen saß ich im *Criminal Justice Center* von Pecos. Mein Aufenthalt dort diente dem einzigen Zweck, mich für eine richterliche Anhörung bereitzuhalten, in der ich gefragt wurde, ob ich denn nun wirklich nach Deutschland überstellt werden wolle. Der Termin selbst dauerte keine Viertelstunde. Zu diesem Zweck eine Anfahrt aus der wenige Autominuten entfernt liegenden CI Reeves zu organisieren war aber anscheinend logistisch nicht zu bewältigen gewesen.

Trotz der eingeschränkten Kommunikationsmöglichkeiten bekam ich, unter anderem über meine Washingtoner Anwältin Sylvia Royce, ab und zu ein paar Informationen darüber, wie währenddessen in Hamburg die Vorbereitung auf meine Rückkehr lief. Der Richter, der über meine weitere Strafvollstreckung in Deutschland zu entscheiden hatte, war bereits über meinen Fall informiert. Um meine Hamburger Anwälte mit zusätzlichen Argumenten zu munitionieren, listete ich nochmal akribisch auf, was ich bislang in sieben verschiedenen amerikanischen Gefängnissen erlebt hatte.

Die acht Blatt Papier, die ich auf der Vorder- und Rückseite engzeilig beschrieb, musste ich mir zu diesem Zweck von meinen Mitgefangenen zusammenschnorren. Schon jetzt fiel es mir schwer, mich in Gedanken und Gefühlen nochmal auf all das einzulassen, was ich hier durchgemacht hatte. Heute bin ich froh, dass ich meine Erinnerungen damals schriftlich fixiert habe. Am Ende meines Protokolls notierte ich, wie die einzelnen Anstalten nach deutschen Maßstäben zu bewerten wären:

«Broward County Jail = 1:3 (d.h., ein Monat im BCJ entspricht drei Monaten in einer deutschen Haftanstalt)
Federal Detention Center Miami = 1:1,5
United States Penitentiary (Holdover) Atlanta = 1:2
Federal Correctional Institution Oakdale, Louisiana: 1:1
Federal Transfer Center Oklahoma= 1:1,5
Correctional Institution Reeves = 1:1,5
Criminal Justice Center Pecos = 1:2»

Gemessen an diesen Kriterien hatte ich meine Strafe bereits vollständig abgesessen, aber das interessierte vermutlich niemanden.

Und dann war es endlich so weit.

«Heute, am 5.12.07 – Annes 29. Geburtstag – habe ich erfahren, dass meine zweijährige, unglaubliche und auch unfassbare Reise zu Ende geht und dass ich am 9.1.2008 wieder in Hamburg sein werde.» Als könnte ich es selbst nicht glauben, schrieb ich diesen Satz viele Male in Briefen an Verwandte und Freunde. Dabei wusste ich natürlich, dass sich die Nachricht ohnehin wie ein Lauffeuer verbreitet hätte, wenn die Post zu Hause ankam.

Mein Rücktransport nach Deutschland, das wusste ich schon lange, würde über New York erfolgen. Und natürlich wusste ich inzwischen auch, welcher Aufwand betrieben werden müsste, um mich aus Pecos dorthin zu bringen. Zehn Tage vor Weihnachten ging es dann endlich los. Harry und ich wurden abgeholt. Aber wir fuhren nicht nach Oklahoma oder Atlanta, wie wir es erwartet hatten, es ging vielmehr zurück in die CI Reeves. Wieder einmal beschlich mich die Angst: War wirklich alles in Ordnung? Würde ich drei Wochen später nach Hamburg fliegen? Aber was sollte ich dann noch einmal in der CI Reeves?

Doch ich blieb diesmal nur zwei Tage in der Obhut der GEO Group Inc. Es war gerade genug Zeit, um ein Abschiedsessen mit Harry und einigen anderen Mitgefangenen zu zelebrieren. Dann wurde ich – diesmal ohne Harry – abgeholt. Per Einzeltransport wurde ich von zwei *marshals* nach Lubbock gebracht, eine Autofahrt von etwa drei Stunden. Dort wurde ich im County Jail für eine Nacht untergebracht, es glich dem *Broward County Jail* wie ein Ei dem anderen. Ich übernachtete in einer vergitterten *holding cell,* in der es ziemlich genauso aussah wie in einer Szene des Films «Down by Law» von Jim Jarmusch. Am nächsten Morgen wurde ich in einen Bus voller Häftlinge verfrachtet, der mich ins *Federal Transfer Center Oklahoma* bringen sollte, das ich ja schon von meiner Reise von Louisiana nach Texas kannte. Wir fuhren den ganzen Tag über, und so bekam ich eine ganze Menge von der Gegend zu sehen. «Texas kann man reinen Gewissens als völlig trostlos bezeichnen: flache versteppte Landschaft (ich habe manchmal sogar Sanddünen gesehen, nicht so majestätisch wie in der Sahara und auch dreckiger), heruntergekommene Häuser, vereinzelt sich langsam bewegende Ölpumpen. Hier ist wirklich nichts, und man fragt sich ernsthaft, wie man hier leben kann. Dann Oklahoma: erste Bäume und Wäldchen, kleine Flüsse und Seen, Knicks wie in Schleswig-Holstein, grüne und bewässerte Felder zwischendurch – einfach alles viel schöner! Ich habe im Bus nach Oklahoma nach beinahe zwei Jahren das erste Mal wieder richtig Musik gehört: *Led Zeppelin,* Eric Claptons ‹Laydown Sally› und das wirklich schöne Country-Stück von *Three Dog Night*: ‹I've never been to heaven, but I've been in Oklahoma.›»

Ich war nicht im Himmel, sondern in Oklahoma angekommen, und hier würde ich auch Weihnachten verbringen. Immerhin gab es ein paar zerlesene Bücher, mit denen ich mir die Zeit vertreiben konnte. Solange der Tag meiner Rückkehr feststand, konnte ich alles andere ertragen. «Ich bin froh, dieses Land für immer verlassen zu können. Die Schauergeschichten, die ich zu hören bekomme, reißen einfach nicht ab, ich könnte inzwischen stundenlang über richtig furchtbare Fälle berichten. Was hier läuft, ist wirklich verbrecherisch», schrieb ich nach Hause.

Weihnachtsgrüße, wie ich sie im Jahr zuvor aus Oakdale nach Hamburg geschickt hatte, ersparte ich mir dieses Mal. Den einzigen Brief, den ich aus Oklahoma schrieb, nutzte ich eher für Organisatorisches: Meine Familie bat ich, schon mal einen Friseurtermin für mich in Hamburg zu organisieren. Vielleicht könnte sich auch jemand ein wenig Zeit für eine Shoppingtour mit mir reservieren. Es hing kein Kleidungsstück zu Hause im Schrank, das mir jetzt noch passen würde. Und meine Band *Friday Night* erinnerte ich daran, dass ich sie zum nächsten Probentermin am 11. Januar in unserem Übungskeller erwartete.

Den Jahreswechsel von 2007 auf 2008 erlebte ich im Herzen von Manhattan. New York hatte mich immer besonders fasziniert, ich hatte bei meinen Amerikareisen oft einen längeren Zwischenstopp eingelegt und zwei oder drei Tage hier verbracht. Eigentlich kannte ich mich ganz gut aus. Diesmal aber saß ich im *Metropolitan Correctional Center* Manhattan, und zwar im SHU, der *Security Housing Unit*. Durch einen schmalen Schlitz konnte ich nach draußen spähen: So erlebte ich die Silvesternacht. Ich hörte ein bisschen Geknalle, ansonsten bekam ich nicht viel mit.

Das Gefängnis liegt zwischen den Brückenköpfen der Brooklyn Bridge und Manhattan Bridge, in bester Citylage. Dass man mich in Isolationshaft genommen hatte, sei eine reine Routinemaßnahme, das mache man mit allen Neuzugängen hier so, erklärte mir ein *guard* nach ein paar Tagen. Was befürchteten sie? Dass sich dieser Rechtsanwalt aus Deutschland, der in wenigen Tagen in seine Heimat und in die Freiheit zurückkehren würde, am Ende noch als unberechenbarer Gewalttäter, als lebende Zeitbombe entpuppte?

Eine Woche im SHU – anscheinend sollte ich alles, was das amerikanische Gefängnissystem zu bieten hat, einmal erlebt haben, bevor ich nach Hause zurückdurfte. Nachdem ich diese Quarantäne überstanden hatte, verbrachte ich die restlichen Tage unter halbwegs annehmbaren Bedingungen. Ich durfte sogar noch einmal, versehen mit einer dick wattierten Jacke, zum Freigang aufs Dach des Gefängnisses steigen und den Himmel über New York sehen. Anhand einiger Hochhäuser, die das Gefängnis überragten, versuchte ich herauszufinden, wo ich mich eigentlich genau befand. Es war das letzte Mal, dass ich in dieser großartigen Stadt sein würde – das war mir in diesem Moment sehr bewusst.

Am 8. Januar 2008 wurde ich in einen viel zu großen blauen Jogginganzug und weiße Turnschuhe gesteckt und, in Handschellen und Fußfesseln, auf meine Abholung zum Rückflug nach Hamburg vorbereitet. Zwei Beamte des Hamburger Landeskriminalamtes waren eigens nach New York gekommen, um mich, der jetzt zu einem Strafgefangenen der Bundesrepublik Deutschland werden würde, hier in Empfang zu nehmen. Sie staunten nicht schlecht, als sie meine Fesseln sahen, und wollten von mir nur eines wissen: Wurde ich zwangsweise aus Amerika deportiert, oder erfolgte die Überstellung auf mein Verlangen?

Der *guard* aus dem MCC, der mit mir zum Flughafen fuhr, fand es reichlich übertrieben, dass zwei weitere Autos den Polizeiwagen eskortieren, als gälte es, einen Schwerverbrecher außer Landes zu bringen. An der Abflughalle vorbei ging es dann zum Flugzeug, einem Linienflug der Lufthansa. Ich stieg mit meinen beiden Begleitern ein, bevor die anderen Fluggäste kamen.

Auf der Schwelle zur Kabine nahmen mir meine amerikanischen Bewacher die Handschellen und Fußketten ab. Ich habe seitdem nie wieder irgendwelche Fesseln getragen.

31

Am 9. Januar 2008 stand ich gegen 14 Uhr vor dem Richter der Großen Strafkammer 5 des Landgerichts Hamburg. Ich war ein wenig übernächtigt. Sehr früh am Morgen war unsere Maschine pünktlich in Frankfurt gelandet. Den Mitreisenden dürfte nicht einmal aufgefallen sein, dass zwei Kriminalbeamte und ein deutscher Strafgefangener mit an Bord waren. Auf dem Rhein-Main-Flughafen hatte man mich für ein paar Stunden in eine Arrestzelle der Polizei gesperrt, in der ich immerhin ein bisschen schlafen konnte. Vor der endgültigen Einreise nach Deutschland wurde ich dann noch einer Leibesvisitation unterzogen. Die Beamten entschuldigten sich ausdrücklich für diesen Vorgang. Dann stiegen wir in das Flugzeug nach Hamburg.

Vom Flughafen Fuhlsbüttel war es zum Holstenglacis gegangen. Hier lag das Hamburger Untersuchungsgefängnis, und in unmittelbarer Nähe standen all jene Gerichtsgebäude, in denen ich jahrzehntelang ein und aus gegangen war. Ich war unendlich erleichtert, wieder in Deutschland zu sein. Und ich hatte gute Aussichten, noch an diesem Abend zu Hause in meinem eigenen Bett zu schlafen. Zwar musste ich im Untersuchungsgefängnis noch ein paar Stunden auf meinen Gerichtstermin warten, aber ich wusste, dass Tilmann Brüninghaus, der zuständige Richter der Strafvollstreckungskammer, vorhatte und darauf vorbereitet war, mich sofort in die Freiheit zu entlassen.

Was sich in den letzten Tagen hinter den Kulissen der Großen Strafkammer 5 abgespielt hatte, wusste ich allerdings nicht: Die Staatsanwältin Dr. Renate Just hatte meiner

Entlassung widersprochen. Ihre Begründung? Die Schwere meiner Tat erfordere es, dass ich zunächst psychiatrisch begutachtet würde. Es müsse eine Prognose darüber abgegeben werden, ob die Gefahr weiterer Straftaten von mir ausginge.

Tilmann Brüninghaus hatte die Staatsanwältin daraufhin gebeten, zum Termin zu erscheinen, um sich einen persönlichen Eindruck von mir zu verschaffen. Das hatte diese aber mit allen möglichen Begründungen abgelehnt. Am Ende behauptete sie sogar, sie sei verhindert, weil sie zum selben Zeitpunkt in einer anderen Strafsache benötigt würde. Brüninghaus schickte einen seiner Mitarbeiter los, um das zu kontrollieren. Das Ergebnis: Fehlanzeige. Frau Dr. Just hatte keinen anderen Termin.

So stand ich nun, begleitet von meinen Anwälten, einem Richter gegenüber, der mich freilassen wollte, aber nicht freilassen konnte. «Wenn ich Ihre Entlassung anordne, Herr Berkau», erklärte mir Brüninghaus, «wird die Staatsanwaltschaft dagegen Beschwerde einlegen. Und bis darüber vom Oberlandesgericht entschieden ist, können Wochen vergehen. Ich schlage deshalb vor, Sie gehen jetzt in eine Zelle in der Untersuchungshaftanstalt. Und ich kümmere mich darum, dass Sie so schnell wie möglich begutachtet werden. Vielleicht gibt sich die Staatsanwaltschaft ja mit einem mündlichen Gutachten zufrieden.» Er schwieg einen Moment und sah mich vorsichtig lächelnd an: «Sie sind ja hafterfahren.»

Natürlich war ich sauer und frustriert, aber ich fiel nicht aus allen Wolken. Ich wusste ja, dass Entscheidungen der Justiz nie zu hundert Prozent vorhersehbar sind, und war darauf eingestellt. Der Aufenthalt in dem finsteren und völlig überalterten Bau des Hamburger Untersuchungsgefängnisses war trotzdem eine Zumutung, auch nach all meinen Erfahrungen in den USA. Wieder einmal wurde ich für 23 Stunden pro Tag in einer Einzelzelle eingeschlossen. Den Dreck, den ich dort vorfand, durfte ich nicht einmal selbst beseitigen – man gab mir, obwohl ich ausdrücklich darum bat, keine Putzgeräte. Ich bekam auch keine Zahnpasta und kein Shampoo und konnte in drei Tagen nur ein einziges Mal duschen. Einige der Schließer schienen mit ihrem Job völlig überfordert.

Wie ich in den Augen der Staatsanwaltschaft zum gefährlichen Straftäter hatte werden können, obwohl ich wegen eines Deliktes verurteilt war, das es im deutschen Recht überhaupt nicht gibt, begann ich erst allmählich zu verstehen. Das erste Glied in der Kette war ein Vorgang, der mir schon 2006, kurz nach meiner Verurteilung, Sorgen gemacht hatte: Für eine Überstellung im *Treaty-transfer*-Verfahren war es nämlich notwendig, dass meine Verurteilung nach deutschem Recht anerkannt wurde. Das war nur dann möglich, wenn ich eine Tat begangen hatte, die auch in Deutschland strafbar war. Paragraphentreue Juristen hätten also auf die Idee kommen können, meine Überstellung abzulehnen – und ich hätte meine gesamte Strafe in den USA absitzen müssen.

Diese Klippe hatte das Landgericht Hamburg mit einem Beschluss vom September 2007 umschifft. Die *conspiracy to commit extortion* wurde darin einfach zu einer «Verabredung zur Begehung einer Erpressung» umgedeutet. Um diese Interpretation zu untermauern, hatte sich das Landgericht einen «Tatbestand» von der Hamburger Staatsanwaltschaft formulieren lassen, den diese wiederum aus dem FBI-Bericht zusammengeklaubt hatte. Juristisch gesehen war das zwar haarsträubend, aber so weit noch in meinem Interesse: Ich wollte ja nach Deutschland. In seiner Begründung ging der

Richter, vermutlich einfach aus Unachtsamkeit, noch einen Schritt weiter und führte neben dem §253 Strafgesetzbuch (Erpressung) auch den §255 (räuberische Erpressung) auf. Wer nach §255 verurteilt ist, hat aber nach der Definition des Strafgesetzbuches ein Verbrechen begangen; vor einer Entlassung auf Bewährung muss eine Sozialprognose erstellt werden. Auf einer sorgfältigen Ausführung dieser Vorschrift beharrte nun die Staatsanwältin, und ich saß einmal mehr hinter Gittern.

Damit war das Stück aus dem Tollhaus aber noch nicht zu Ende. Denn erst bei meinem Termin vor der Strafkammer war aufgefallen, dass dem Hamburger Gericht das amerikanische Urteil nicht vollständig vorlag. Dieses reichten meine Anwälte nun umgehend nach. Und was las Richter Brüninghaus darin? Er erfuhr, dass sein amerikanischer Kollege mir ausdrücklich bescheinigte, es habe «no steps toward violence» – keine Schritte in Richtung Gewalt – gegeben. Dass kein Eigentum den Besitzer gewechselt hatte – «no property changed hands». Und dass ich durchaus der Meinung sein konnte, dass ich einen rechtmäßigen Anspruch gegen Carl F. hatte: «Moreover, the defendants had an argument that they thought they were collecting a legitimate debt based upon legitimate legal claims.» Diese Auffassung war durch das Hamburger Oberlandesgericht später ja noch einmal bestätigt und damit objektiviert worden. Außerdem hatte mein Richter William Dimitrouleas in der Begründung meines Strafmaßes ausdrücklich festgehalten, er wäre «nicht überrascht» gewesen, wenn die Jury mich freigesprochen hätte.

Damit war für Brüninghaus klar: Ich hatte mich selbstverständlich keiner räuberischen Erpressung schuldig gemacht. Ich hatte überhaupt nichts getan, was nach deutschem Recht strafbar war. Eigentlich hätte er mich sofort in die USA zurückschicken müssen, denn für den *treaty transfer* fehlte die Rechtsgrundlage. Doch das ging nicht: Deutsche Staatsbürger werden aus Rechtsgründen von Deutschland nicht ausgeliefert. Die Alternative konnte nur heißen: Ich war sofort auf freien Fuß zu setzen. Und genau das verfügte Brüninghaus am Montag, dem 14. Januar 2008. Am selben Tag wurde ich in die Strafanstalt Fuhlsbüttel verlegt. In meinen Unterlagen befand sich der richterliche Beschluss, dass ich sofort freizulassen sei. Allerdings hatte die Staatsanwaltschaft eine Woche Zeit, Rechtsmittel einzulegen, und so lange blieb ich inhaftiert.

Wäre der Begriff von den «furchtbaren Juristen» nicht so eindeutig besetzt, er wäre wirklich angebracht für die Entscheidungsträger, die jetzt dafür sorgten, dass ich auch eine Woche später nicht freikam. Die Staatsanwältin Dr. Just versicherte sich erst der Rückendeckung durch ihren Oberstaatsanwalt, bevor sie gegen den Beschluss von Richter Brüninghaus Beschwerde einlegte. Ohne eine Sozialprognose könne ich nicht entlassen werden. Punkt. Das Problem dabei: Solange die Entscheidung über ihre Beschwerde beim Oberlandesgericht anhängig war, konnte auch diese Begutachtung nicht beginnen.

Ich saß also in der Justizvollzugsanstalt Fuhlsbüttel und verlor Zeit, wenn auch unter angenehmeren Bedingungen als im Untersuchungsgefängnis. Schon die Tatsache, dass ich nach wenigen Tagen hierher verlegt worden war, stellte ein Privileg dar; andere Strafgefangene sitzen oft monatelang am Holstenglacis. Die Vollzugsbeamten in Fuhlsbüttel behandelten mich freundlich und respektvoll, ich hatte alles, was ich zum täglichen Leben brauchte, und konnte von hier aus über jeden weiteren Schritt in meinem Verfahren mitdiskutieren. Meine Anwälte sah ich in Fuhlsbüttel fast jeden Tag.

Am 8. Februar 2009, einen Monat nach meiner Rückkehr nach Hamburg, verkündete dann das Oberlandesgericht seine Entscheidung: Ich hatte in Haft zu bleiben, bis ein Gutachten über mich vorliege. Was dabei herauskommen würde, teilte das Gericht allerdings auch schon mit: Man erwarte eine «eindeutig günstige Sozialprognose». Wozu dann noch eine Begutachtung? Nicht zum ersten Mal fragte ich mich, ob ich eigentlich verrückt war oder das System, das hier über mich entschied.

Was jetzt kam, war nur noch ein Wettlauf mit der Zeit. Ich wurde zweimal in die Sprechstunde eines mir wohlbekannten Hamburger Gerichtsgutachters in die Untersuchungshaftanstalt gefahren, damit er sich einen Eindruck von meiner Gefährlichkeit verschaffen konnte. Ich ersparte ihm und mir irgendwelche juristischen Erörterungen. Der Psychiater wirkte sehr zufrieden mit mir.

Gleichzeitig arbeiteten meine Anwälte und ich fieberhaft an einer Verfassungsbeschwerde: Meine Inhaftierung in Deutschland war ein Verstoß gegen das Grundgesetz, und deshalb sollte das Bundesverfassungsgericht diese Entscheidung aufheben und im Eilverfahren meine Entlassung verfügen.

Am Vormittag des 7. März 2008 saß ich in meiner Zelle in Fuhlsbüttel und schrieb die letzten Sätze der umfangreichen Begründung. Am selben Vormittag erstattete mein Gutachter gegenüber der Großen Strafkammer 5 einen mündlichen Bericht über mich, und jetzt entschied sogar die Hamburger Staatsanwaltschaft: Ich war unverzüglich freizulassen.

Gegen 14 Uhr desselben Tages wurden die Türen der Justizvollzugsanstalt Fuhlsbüttel für mich geöffnet. Meine vier Kinder waren gerade noch rechtzeitig informiert worden, um mich dort vollzählig versammelt in Empfang zu nehmen.

Es war ein Freitag. Abends probte, wie immer, meine Band *Friday Night*. Natürlich war ich dabei. Und natürlich spielten wir meinen «Blues in C», ein Stück, das jeder aus dieser Truppe schon lange kannte. Es hatte nun einen neuen Titel bekommen: «Back Home».

32

«Wenn jemand ins Gefängnis geht, wird seine gesamte Familie verhaftet», sagt die texanische Unternehmerin Karen Lucchesi Lewis, die wegen des – in ihrem Fall zweifelhaften – Vorwurfs *money laundering* fünf Jahre in Haft gesessen hat: «Niemand kann sich in dieser Zeit noch frei bewegen.» Heute würde ich ergänzen: Vieles von dem, was einem Menschen und seinen Angehörigen durch eine Inhaftierung widerfährt, versteht man erst nach und nach, wenn man wieder in Freiheit ist.

Meine größte Sorge galt während meiner gesamten Haftzeit meinen Kindern. Würden sie es schaffen, ihren eigenen Weg weiterzugehen? Sie waren in einer sensiblen Lebensphase, in der sich junge Menschen vor allem um ihre eigene Zukunft und nicht um ihre Eltern kümmern sollten. Zwei Jahre lang mussten sie gleichsam die Luft anhalten, waren sie in ihren Gedanken, Gefühlen und Plänen ständig mit meiner Situation verbunden. Niemals kehrte während dieser Zeitspanne wirklich Ruhe ein, nie war klar und absehbar, wie lange ich mich wo aufhalten würde und wann die nächste Verlegung wieder alles durcheinanderbringen würde.

In meinem Fall fiel vor allem meinen Töchtern, Jan Jütting und den Mitarbeitern meiner Kanzlei auch noch die Aufgabe zu, unser aller Existenzgrundlage vor der Vernichtung zu bewahren. Die finanziellen Mittel, aber auch Daten, Fakten und Stellungnahmen zu meiner Verteidigung mussten aufgetrieben werden. Das alles ist ihnen in einem gewaltigen Kraftakt gelungen. Und so hatte ich ein Glück, das nicht vielen entlassenen Strafgefangenen zuteilwird: Auf mich wartete eine berufliche und private Existenz, in die ich zurückkehren konnte und auch zurückgekehrt bin. Am Montag nach meiner Entlassung saß ich wieder an meinem vertrauten Arbeitsplatz in meiner Kanzlei. Am 1. Januar 2009 wurde aus dem Rechtsanwaltsbüro Berkau die Anwaltssozietät Berkau–Jütting, zu der außer mir Jan H. Jütting und meine Tochter Lisa Lou Berkau als Anwälte gehören.

Für mich hat sich viel verändert. Das Allerwichtigste ist eine tiefe Wertschätzung für die Erfüllung ganz alltäglicher Bedürfnisse: für die Nähe der Menschen, die ich liebe und als Freunde schätze, für ein gutes Essen, für die Freiheit, an dem Ort zu sein, an dem ich sein möchte. Viel zu viel hatte ich vorher als selbstverständlich hingenommen oder betrachtet.

Dennoch konnte ich nicht alles, was ich mir im Gefängnis vorgenommen hatte, ohne weiteres umsetzen. Der Alltag war schnell wieder da und stellte seine eigenen Forderungen. Vor allem aber hatte ich alle Hände voll damit zu tun, die finanziellen Folgen meiner Haftzeit zu bewältigen, die Folgen von zwei Jahren Verdienstausfall, von immensen Anwalts- und Verfahrenskosten. Um vieles hatten sich meine Töchter und Jan Jütting bereits gekümmert, während ich noch in Haft saß. Ich war froh darüber, dass ich die Dinge wieder selbst in die Hand nehmen konnte.

Es gibt vermutlich nur wenige Phasen im Leben, in denen man mit einer solchen Klarheit feststellen kann, wer ein wirklicher Freund oder ein verlässlicher (Geschäfts-)Partner ist – und wen man nicht dazu zählen kann. Ich habe eine überwältigende Unterstützung durch meine Familie, meine Freunde, Berufskollegen und Geschäftspartner erfahren, aber auch in einigen wenigen Fällen das Gegenteil – sei es die Kündigung der Kreditlinien durch die Hamburger Sparkasse, sei es die Häme von Schmierenjournalisten oder Anwaltskollegen, die es sich nicht versagen konnten, in laufenden Rechtsstreitigkeiten oder im Internet auf meinen Gefängnisaufenthalt in den USA hinzuweisen.

Meine Freunde wussten alle, was geschehen war, und freuten sich einfach, dass ich wieder da war. In meinem weiteren sozialen Umfeld hingegen habe ich die unterschiedlichsten Reaktionen erlebt. Manche Leute haben überhaupt nicht gemerkt, dass ich über zwei Jahre lang weg war. Einige haben angerufen und mich gefragt, was mit mir passiert ist. Andere Bekannte und Berufskollegen haben das bis heute nicht getan. Manche denken vielleicht: «Es wird schon irgendwas dran gewesen sein.» Möglicherweise löst auch die Mitteilung, dass man inhaftiert war, eine ähnliche Scheu und Hilflosigkeit aus wie die Nachricht von einer schweren Krankheit. Ich habe schnell gelernt, dass die Mitteilung «Ich war im Gefängnis» schlimm genug ist. Noch schlimmer ist nur, wenn man erklärt:

«Ich war unschuldig im Gefängnis.» Denn dann gilt man auch noch als uneinsichtig.

Dafür sind einige der Menschen, die ich in amerikanischen Gefängnissen kennengelernt habe, zu Freunden geworden und Freunde geblieben: zum Beispiel Harry de Loos, der erst sechs Wochen nach mir aus den USA in die Niederlande überstellt wurde. Er war trotzdem schneller wieder in Freiheit als ich. Am 21. Februar 2008 konnte er direkt vom Flughafen nach Hause fahren. Seither haben wir uns viele Male wiedergesehen.

Manchmal werde ich gefragt, wie ich diese Zeit selbst verarbeitet habe. Aus heutiger Sicht sage ich: Ich habe diese unglaubliche Reise gut überstanden. Gemessen an dem, was ich in den Gefängnissen der USA gesehen und erlebt habe, ist mir eigentlich gar nichts passiert. Man erleidet kein Trauma, weil das Essen schlecht, die Räume dreckig, die Betten unbequem und die Nächte laut sind. Solche Verhältnisse sind einfach nur unangenehm und zermürbend, und man vergisst sie am besten so schnell wie möglich. Viel schlimmer ist es zu erleben, dass alle Werte und Normen, an denen man sich ein Leben lang orientiert hat, plötzlich nicht mehr gelten und wegzubrechen drohen. Viel schwerer ist es zu ertragen, wenn die Konsequenzen des eigenen Verhaltens nicht mehr absehbar sind.

Ich war in einem System (buchstäblich) gefangen, dessen Gesetze ich weder kannte noch richtig verstand. Warum gibt es in den USA den Satz «Im Zweifel für den Angeklagten (in dubio pro reo)» nicht, der bei uns Verfassungsrang genießt? Warum wird im Revisionsverfahren *(appeal)* nach dem Grundsatz «Im Zweifel gegen den Angeklagten» *(in the most favorable light for the government* oder *in dubio contra reum)* verfahren? Warum wird ein Festgenommener in Handschellen und Ketten gelegt, ganz gleich, ob es sich um einen Rotlichtsünder oder einen auf frischer Tat ertappten Schwerverbrecher handelt? Warum halten Regierung und weite Teile der Justiz – entgegen verbalen Beteuerungen – es für legitim, Menschen zu foltern? Weil es unter bestimmten Voraussetzungen auch als legitim gilt, Menschen mit der Todesspritze umzubringen?

Für meine Selbstwahrnehmung und Selbstachtung, für die Unterscheidung von richtig und falsch, war es in dieser Lage am allerwichtigsten, im ständigen Kontakt und Austausch mit den Menschen zu bleiben, mit denen ich bis dahin meine Lebenswelt und Weltanschauung geteilt hatte. Dass es diese Welt da draußen noch gab, in der andere, rechtsstaatliche und die Würde des Menschen achtende Regeln gelten, machte mir Hoffnung, irgendwann dorthin zurückkehren zu können. Und es gab mir die Kraft, in meiner eigenen Haltung zu dem, was mit mir passierte, klar zu bleiben. Wo eine solche Klarheit und dieser Kontakt verlorengehen, drohen Selbstverlust und der Absturz in die Depression. Manche nehmen sich in der Haft das Leben, andere tun es nur deshalb nicht, weil man sie gewaltsam daran hindert.

Und so begann ich allmählich auch die Logik zu verstehen, die hinter dem US-amerikanischen Strafvollzugssystem steht. Ich war einer von mehr als zwei Millionen Gefangenen, an denen viele verschiedene Unternehmen jeden Tag verdienen: als Objekt, das bewacht werden muss, als Empfänger von Dienstleistungen, als Nutzer überteuerter Telefontarife, als Passagier von *Con Air*, als Patient auf der *infirmary,* als Kunde in der *commissary* und als potenzielle billige Arbeitskraft für die Rüstungsindustrie. Der gefängnisindustrielle Komplex konnte kein Interesse daran haben, uns in die Freiheit zu entlassen, denn Gefangene sind der einzige Rohstoff, mit dem er seinen Profit steigern kann.

Dies alles, jedenfalls in groben Umrissen, zu begreifen war wichtig, um zu verstehen und zu verarbeiten, was mir persönlich passiert ist. Ein Jahr nach meiner Entlassung aus dem Gefängnis habe ich mit der Arbeit an diesem Buch begonnen.

Nachtrag

Kurze Zeit nach dem Schuldspruch der Jury im April 2006 hatte ich ernsthaft überlegt, meine Zulassung zur Rechtsanwaltschaft zurückzugeben. Mir schien der Gedanke, dass ein deutscher Rechtsanwalt in einem Gefängnis sitzt, unerträglich zu sein – ganz gleich, ob der Schuldspruch nun zu Recht oder zu Unrecht erfolgt war. In einem Gespräch zwischen Jan Jütting, einem weiteren Rechtsanwaltskollegen und ihrem Geschäftsführer, Herrn Rechtsanwalt Hartmut Scharmer, ließ mich aber die Rechtsanwaltskammer in Hamburg wissen, dass alle Fragen im Zusammenhang mit meiner Zulassung als Anwalt in Ruhe geklärt werden können, wenn ich wieder zurück sei. Retrospektiv betrachtet war dies nicht nur eine sehr weitsichtige Entscheidung, sie war vor allen Dingen auch richtig.

Nach meiner Entlassung aus der Haft im März 2008 berichtete ich der Kammer ausführlich darüber, was geschehen war. Immerhin war von ihr zu prüfen, ob standesrechtliche Maßnahmen zu ergreifen waren oder nicht. Dies geschah dann mit deutscher Gründlichkeit. In einem Gutachten des Anwaltskollegen Dr. Gerhard Strate wurde festgestellt, dass die Verurteilung des US-Bundesgerichts in Florida keine Grundlage für Maßnahmen der Kammer bildet und ich mich nach deutschem Recht nicht strafbar gemacht habe. Der Vorstand der Hanseatischen Rechtsanwaltskammer entschied daraufhin im

März 2009, dass keinerlei Maßnahmen unter standesrechtlichen Gesichtspunkten gerechtfertigt sind.

Kraft Gesetzes war die Verurteilung des US-Bundesgerichtes in Florida in das Bundeszentralregister eingetragen worden, ich galt damit als vorbestraft. In Fällen wie dem meinen sieht das Bundeszentralregistergesetz (BZRG) vor, dass ein solcher Eintrag auf Antrag des Betroffenen entfernt wird, wenn der der ausländischen Verurteilung zugrundeliegende Sachverhalt – auch bei sinngemäßer Umschreibung – nach deutschem Recht unter keinem Gesichtspunkt eine Strafbarkeit zur Folge hat. Diese Auffassung hatte die Große Strafkammer 5 des Landgerichts Hamburg immerhin schon in ihrem Beschluss vom 14. 1. 08 vertreten und später in einem Schreiben vom 9. 10. 08 an meinen Verteidiger bekräftigt.

Das Bundesamt für Justiz in Bonn hat am 2. Februar 2009 die Eintragung des Urteils des US-Bundesgerichts in Florida im Bundeszentralregister nach umfänglicher Prüfung des Sachverhalts entfernt.

«Wenn die *feds* auf den Plan treten und behaupten, ein öffentliches Interesse zu vertreten, indem sie Bürger verfolgen, die keinen vernünftigen Grund hatten, ihr Verhalten für strafbar zu halten – dann ist nicht die Frage, wem die Stunde schlägt. Dann schlägt sie für alle.»

Harvey A. Silverglate: Three Felonies a Day. How the Feds Target the Innocent, New York 2009

Anhang

Glossar

Appeal: Rechtsmittel. Nach einer strafrechtlichen Verurteilung läuft dieses im amerikanischen Recht eher nach den Prinzipien des hiesigen Revisionsverfahrens: Es wird nur geprüft, ob in der ersten Instanz Rechtsfehler gemacht wurden.

Bond Hearing: Gerichtstermin, bei dem geprüft wird, ob eine Entlassung aus der Untersuchungshaft, meist gegen Kaution, gewährt wird

Bureau of Prisons BOP (auch Federal Bureau of Prisons): zentrale Behörde, die auf Bundesebene die Strafvollstreckung organisiert und überwacht. Näheres unter: www.bop.gov

Case manager: Vollzugsbediensteter, der für die Strafvollstreckung eines Inhaftierten zuständig ist, z. B. Aufnahme, Entlassung, Antrag auf Überstellung

Commissary: Einkaufsmöglichkeit für Gefangene, manchmal in Form eines kleinen Ladens, manchmal auch nur per schriftlicher Bestellung und Auslieferung in die Zelle möglich

Conspiracy to commit: Verschwörung, um etwas (eine Straftat) zu begehen, mehr dazu siehe S. 73f.

Correction, Correctional Institution: Besserung bzw. Besserungsanstalt, d. h. Strafanstalt

Correctional Officer (CO): Vollzugsbediensteter, umgangssprachlich «Schließer», ähnlich wie *guard*

Counsel: Vollzugsbediensteter, der für die Verwaltung persönlicher Angelegenheiten eines Inhaftierten zuständig ist, z. B. Post, Besuch, Arzttermine

County: politischer Verwaltungsbezirk, ähnlich deutschen Landkreisen

Court: Gericht

Detention Center: Vollzugsanstalt, eher zum vorübergehenden Aufenthalt

Extortion: Erpressung

Deputy: Stellvertreter (des Sheriffs), hier: Vollzugsbediensteter

Federal Prisoner: Gefängnisinsasse, der nach Bundesrecht angeklagt oder verurteilt ist

Feds: Abkürzung für *Federals,* Beamte von Bundesbehörden, hier verwendet für die Beamten des FBI

Felony: Verbrechen

Facility: Einrichtung

Forfeiture: Beschlagnahme

Good time: Haftverkürzung um 15 Prozent für *Federal*-Strafgefangene, die regelmäßig dann gegeben wird, wenn man sich während der Haftzeit nichts zuschulden kommen lässt

Government: Regierung, im Zusammenhang von Strafverfahren: Staatsanwaltschaft

Guard: Vollzugsbediensteter

Holdover: Zelle oder Gefängnis zum vorübergehenden Aufenthalt

ICE: Immigration and Customs Enforcement, Abteilung des Ministeriums für Heimatschutz (US Department of Homeland Security)

Infirmary: Krankenstation, hier: im Gefängnis

Inmate: Insasse

Jail: Gefängnis, das vor allem für die Untersuchung und die Verbüßung kürzerer Haftstrafen bis zu einem Jahr genutzt wird

Legal claim, auch lawful claim: Ein Anspruch, z. B. auf Zahlung, der rechtlich begründet ist, etwa durch ein Gerichtsurteil

Low security: niedrige Sicherheitsstufe. Die amerikanischen Gefängnisse sind in verschiedene Sicherheitsstufen eingeteilt, die von minimum security bis maximum security reichen.

Marshal: Bediensteter des Bundes oder einzelner Bundesstaaten, der insbesondere für die Bewachung von Angeklagten im Gerichtsverfahren, bei Gefangenentransporten etc. zuständig ist

Medium security: mittlere Sicherheitsstufe. Die amerikanischen Gefängnisse sind in verschiedene Sicherheitsstufen eingeteilt, die von minimum security bis maximum security reichen.

Plea Offer, Plea Bargaining: Vereinbarung mit dem Staatsanwalt, die ein Strafverfahren ohne Prozess beendet, Näheres s. S. 49 ff.

Prison: Strafanstalt, die vor allem der Verbüßung längerer Haftstrafen (über ein Jahr) dient

Probation: Bewährung

Recreation Time, Rec Yard: «Freizeit» bzw. «Freizeitgelände» im Gefängnis, meist ein Sportraum oder -platz, gelegentlich auch Musik- oder andere Hobbyräume

Roommate: Mitbewohner, hier: Zellengenosse

Sentencing: Verfahren, mit dem in *Federal*-Strafprozessen nach dem Schuldspruch das Strafmaß festgelegt wird. Hierfür ist eine Frist von mindestens 70 Tagen vorgesehen. In Strafverfahren auf der Ebene der einzelnen Staaten wird die Strafe direkt nach dem Jury-Schuldspruch durch den Richter festgesetzt.

Sheriff: Leiter der Polizeibehörde eines Countys. Oft ist der Sheriff auch Leiter der regionalen Gefängnisse.

SHU (Security oder Segregation Housing Unit): separate Zelle bzw. separater Zellentrakt, in dem Gefangene in Einzel-, oft auch in Isolationshaft genommen werden

Snitch: Gefangener, der einen anderen «verpfeift», indem er als Belastungszeuge gegen ihn auftritt

Treaty Transfer: Verfahren, nach dem ein rechtskräftig verurteilter ausländischer Strafgefangener zur Strafvollstreckung in sein Heimatland überstellt werden kann

Trial: Prozess vor Gericht

Trustees: Gefangene, die für Versorgungsdienste eingesetzt werden, z. B. zu Essens- oder Wäscheausgabe in den Zellen, und dadurch größere Bewegungsfreiheit innerhalb eines Gefängnisses haben

Unicor = Federal Prisons Industries: Das Unternehmen organisiert in unterschiedlichsten Bereichen Lohnarbeit von Gefangenen (Näheres siehe S. 212 ff.).

Unit: bauliche Einheit, Abteilung

Übersetzungen

High Pressure – Unter Hochdruck

Sie nehmen dich fest, fahren dich zum Knast
Unter Hochdruck!
Aber denen bist du zu krank, jetzt wird's kompliziert
Der Doc gibt dir Pillen, damit du funktionierst
In Handschellen geht es zurück in den Knast.

Formblätter, Fotos, Fingerprints, aber kein Schlaf
Unter Hochdruck!
Deine Sachen weg, kein Anruf möglich, nichts geht hier
Du kennst niemanden, weißt nicht, wo du bist
Grelles Licht scheint, keine Pause und du kriegst keinen Schlaf.

Morgen ist Sonntag und der Tag darauf – Feiertag
Unter Hochdruck!
Anwälte sprechen vom Geld und wie's weitergeht
Sie haben dich abgehört, doch du hast nichts getan,
Aber nach Sonntag kommt erst mal ein Feiertag

Der Richter sagt, du bleibst jetzt im Knast
Unter Hochdruck!
Nur weil er die Wahrheit nicht sehen kann
Deine Unschuld beweisen, das wird kein Spaß
Und das Gericht nimmt deine Kaution nicht an.

Midnight Special

Wachst am frühen Morgen auf, denn die Glocke ruft dich raus
Und sie hol'n dich an den Tisch, doch es ist das alte Ding:
Wieder nichts zu essen da, und im Blechnapf ist kein Fleisch
Aber sag mal besser nichts, sonst gibt's Ärger mit dem Cop

CHORUS:
Schick den Midnight Special mit seinem Licht zu mir
Schick den Midnight Special mit seinem ewigen Lichtstrahl voll Liebe her

Und da hinten kommt die Rosie. Woran ich das wohl erkenn?
Das seh ich an ihrer Schürze, und am Kleid, das sie heut trägt
Mit dem Schirm auf ihrer Schulter, einem Brief in ihrer Hand
Geht sie jetzt direkt zum Chef, fordert Freiheit für ihr'n Mann.

CHORUS

Wenn du jemals kommst nach Houston, dann pass lieber auf dich auf
mach 'nen Bogen um das Glücksspiel, leg dich bloß mit keinem an
sonst wird dich der Sheriff greifen, seine Jungens, die sperrn dich ein
und das Nächste, was dir klar wird: Junge, du sitzt jetzt im Knast

CHORUS

«Ich glaub nicht, dass Rosie mich liebt» – «Warum das?»
Sie ist hier nicht mehr aufgetaucht seit dem letzten Juli
Hat mir wenig Kaffee gebracht und etwas Tee
Hat mir fast alles gebracht – außer dem Jailhouse Key

CHORUS

Dahinten kommt Doctor Adams. «Woher weißt du das?»
Er hat mir gestern 'ne Tablette verpasst
Doch es gibt hier im Land keinen einzigen Arzt,
Der das Fieber kuriert, wenn du dein Urteil hast.

Orange Trees – Orangenbäume

Ohne Grenzen auf der Straße unterwegs,
Mit deinem neuen feuerroten Sportscar.
Siehst du die Wiesen an dir vorbeigleiten?
Und die Bäume und Wälder links und rechts?
Das Auto fährt schnell und schneller
Janis' Musik liegt in der Luft
Weißt du, wo deine Reise hinführt?
Hast du dabei ein klares Ziel?

CHORUS:
Ah – Ah – Ah
Halt doch mal inne
Sieh die grünen Orangenbäume
Riech den Duft ihrer Blätter
Klink dich einfach aus
Nimm 'nen eiskalten Drink
Und schau den Honigbienen zu.

Tag für Tag rast die Zeit vorbei
Du hast das Gefühl, auf 'ner Wolke zu sitzen
Siehst du die Leute da entlanggehen?
Hörst du ihr lautes Reden?
Die aufgehende Sonne über dem Berg
Scheint mit ihrem hellen Licht für alle
Spürst du diese süße Wärme?
Hast du getan, was getan werden musste?

Quellen

Einer von hundert – die Gefangenenzahlen der USA (S. 38):

The Pew Center on the States: One in 100: Behind Bars in America 2008, http://www.pewcenteronthestates.org/

The Pew Center on the States: One in 31. The Long Reach of American Corrections, März 2009

U.S. Department of Justice: Bureau of Justice Statistics: Prison Inmates at Midyear 2008, www.ojp.usdoj.gov/bjs/

U.S. Department of Justice: Bureau of Justice Statistics: Jail Inmates at Midyear 2008

King's College London: International Centre for Prison's Statistics: Roy Walmsley World Prison Population List (sixth edition)

Plea Bargaining oder: Ein Schnäppchen vom Staatsanwalt (S. 49):

Felix Bommer: Abgekürztes Verfahren und Plea Bargaining im Vergleich. Beitrag zum Schweizerischen Juristentag 2009. In: Zeitschrift für Schweizerisches Recht, Band 128 (2009) I, Heft 1

Freie Marktwirtschaft in geschlossenen Anstalten – zum Thema Telefontarife (S. 63):

Steven J. Jackson: Mapping the Prison Telephone Industry. In: Tara Herivel/Paul Wright: Prison Profiteers. Who makes Money From Mass Incarceration, New York 2007

Die Miami Five: Amerikas Kampf gegen fünf Anti-Terror-Kämpfer (S. 73):

Solidaritätskomitee ¡Basta ya!: Die USA und der Terror. Der Fall der «Cuban Five», Böklund 2007

Georg Hohman: Mit Kuba ins Weiße Haus, Süddeutsche Zeitung vom 8.7.2004

Laufende aktuelle Berichte unter www.miami5.de

Zum Fall Alvarez

Julie Kay: For accused Cuban agent, coffee Danish and the FBI, Palm Beach Daily Business Review, 18. Juli 2006

Oscar Caroll: How the FBI coaxed Cuba «confession», Miami Herald, 9. Juni 2006

Reiseveranstalter mit besonderen Aufgaben: Con Air & Co. (S. 165):

Alex Friedmann: For-Profit Transportation Companies: Taking Prisoners and the Public for a Ride. In: Tara Herivel/Paul Wright: Prison Profiteers. Who makes Money From Mass Incarceration, New York 2007

Jason R. Wojdylo: Con Air: America's High-Flying Paddy Wagon. In: Sheriff, März/April 2005. Im Internet: http://www.usmarshals.gov/jpats/conair.htm

Factory with Fences – Industrie hinter Gittern (S. 179):

Betty Brink: A New Kind of Wage Slave. Artikelserie, erstmals publiziert in der Fort Worth Weekly 2008, nachzulesen unter www.fourwinds10.com

Federal Prisons Industries Inc., Annual Report 2006

Federal Prisons Industries Inc., Annual Report 2008

Federal Prisons Industries Inc., Unicor Factories Location, December 2008

Bureau of Justice Statistics: Census of State and Federal Correctional Facilities, 2005

Kapitel 28 (S. 201):

Tom Barry: A Death in Texas. Profits, poverty and immigration converge. Boston Review November/Dezember 2009. Die Autoren danken Tom Barry für die freundliche Genehmigung, seinen Beitrag ausführlich zu zitieren.

Tom Barry: Poor Pecos, Poor Prisoners – Criminal Justice for Immigrants in Texas' Reeves County, http://americas.irc-online.org/am/6503, Oktober 2009

Website der GEO Group Inc: http://www.thegeogroupinc.com/

ICE (U.S. Immigration and Customs Enforcment): Fiscal Year 2008 Annual Report, www.ice.gov/

Die Gefängnisindustrie als Wirtschaftsfaktor oder: Public money to private hands (S. 212):

Angela Davis: Eine Gesellschaft ohne Gefängnisse? Der gefängnisindustrielle Komplex der USA, Berlin 2004

Joel Dyer: The Perpetual Prisoner Machine. How America Profits from Crime, Colorado 2000

Alan Elsner: Gates of Injustice, New Jersey 2006

Ruth Wilson Gilmore: Golden Gulag. Prisons, Surplus, Crisis, and Opposition in Globalizing California, Berkeley and Los Angeles 2003

Tara Herivel/Paul Wright: Prison Profiteers. Who makes Money From Mass Incarceration, New York 2007

Tara Herivel/Paul Wright: Prison Nation. The Warehousing of America's Poor, New York 2003

Jonathan Simon: Governing Through Crime. How the War on Crime Transformed American Democracy and Created a Culture of Fear, New York 2007

Wer in den USA hinter Gittern sitzt

Inhaftierungsraten nach ausgewählten demographischen Kriterien

Den Daten zufolge, die zum 1. Januar 2008 erreichbar waren, saß zu diesem Zeitpunkt statistisch mehr als **1 von 100 erwachsenen Amerikanern hinter Gittern.**

Allerdings sind die demographischen Unterschiede nach ethnischer Herkunft, Geschlecht und Alter groß. Vor bei allem unter rassischen und ethnischen Minderheiten ist die Inhaftierungsrate hoch. Am stärksten betroffen sind schwarze Männer zwischen 20 und 34 Jahren. Unter den Frauen sind es ebenfalls die Afroamerikanerinnen, hier im Alter zwischen 35 und 39.

Männer

Männliche Weiße ab 18 **1 von 106**

Alle Männer ab 18 **1 von 54**

Männliche Hispanics ab 18 **1 von 36**

Männliche Schwarze ab 18 **1 von 15**

Männliche Schwarze von 20–34 **1 von 9**

Frauen

Weibliche Weiße von 35–39 **1 von 355**

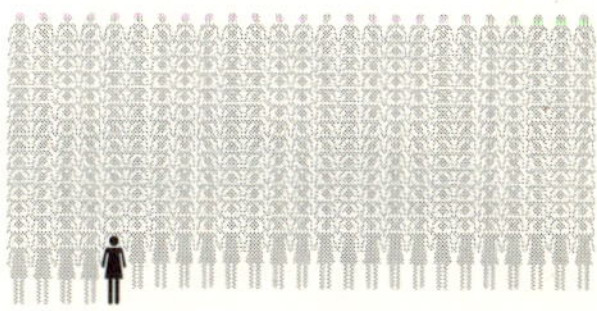

Weibliche Hispanics von 35–39 **1 von 297**

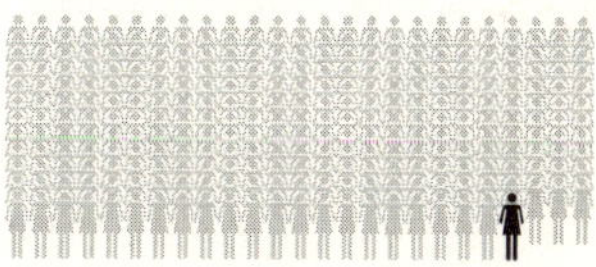

Alle Frauen von 35–39 **1 von 265**

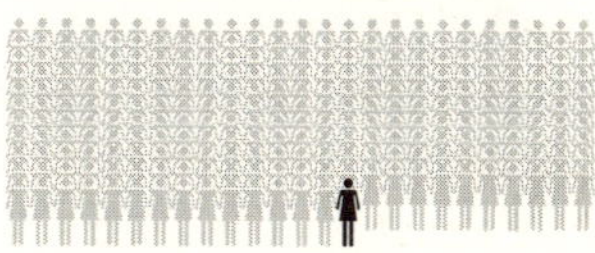

Weibliche Schwarze von 35–39 **1 von 100**

Quelle: «Prison and Jail Inmates», U.S. Department of Justice, Bureau of Justice Statistics. Nach: One in 100: Behind Bars in America 2008, Hg.: The Pew Charitable Trust, Washington 2000; siehe auch www.pewtrusts.org

Inhaftierte US-Amerikaner 1920–2007

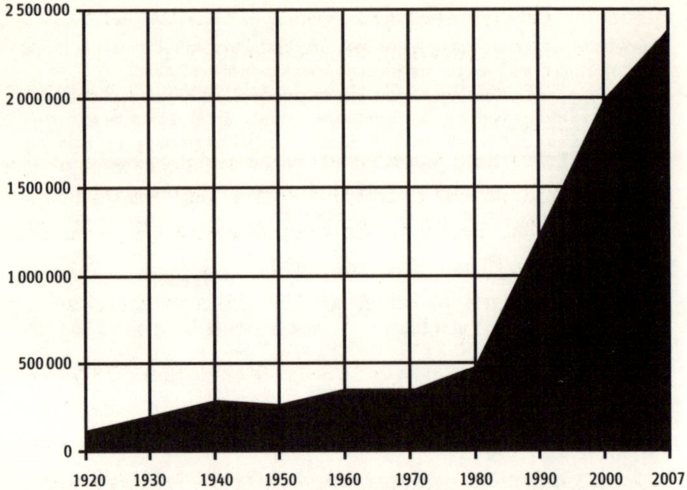

Quellen: Justice Policy Institute Report: The Punishing Decade;
U.S. Bureau of Justice Statistics Bulletin NCJ 221944: Prisoners in 2007

Graphik: November Coalition/Wikimedia Commons;
siehe auch: www.november.org/graphics

Literatur

Curtis R. Blakely: America's Prisons. The Movement Toward Profit and Privatization, Boca Raton 2005

Ted Conover: Vorhof der Hölle. Undercover in Sing Sing, Reinbek 2001

Angela Davis: Eine Gesellschaft ohne Gefängnisse? Der gefängnisindustrielle Komplex der USA, Berlin 2004

Joel Dyer: The Perpetual Prisoner Machine. How America Profits from Crime, Colorado 2000

Alan Elsner: Gates of Injustice, The Crisis in America's Prisons, New Jersey 2006

Larry Fassler: Busted by the Feds. 9th Edition, 2009, siehe auch www.bustedbythefeds.com

Ruth Wilson Gilmore: Golden Gulag. Prisons, Surplus, Crisis, and Opposition in Globalizing California, Berkeley and Los Angeles 2003

Tara Herivel/Paul Wright: Prison Profiteers. Who makes Money From Mass Incarceration, New York 2007

Tara Herivel/Paul Wright: Prison Nation. The Warehousing of America's Poor, New York 2003

Donna Selman: Punishment for Sale. Private Prisons, Big Business, and the Incarceration Binge, Lanham 2010

Harvey A. Silverglate: Three Felonies a Day: How the Feds Target the Innocent, Encounter Books 2009

Jonathan Simon: Governing Through Crime. How the War on Crime Transformed American Democracy and Created a Culture of Fear, New York 2007

Sol Wachtler: After the Madness. A Judge's own Prison Memoir, New York 1997

Wichtige Links

www.bop.gov
Website des Bureau of Prisons, mit der Möglichkeit, *Federal*-Gefangene zu lokalisieren («Inmate Locator»)

www.ojp.usdoj.gov/bjs/
Bureau of Justice Statistics, alle aktuellen Zahlen zu Gefängnissen, Verurteilungen etc.

Projekte, die sich kritisch mit der amerikanischen Justizpolitik auseinandersetzen:

www.bustedbythefeds.com
www.sentencingproject.org
www.pewcenteronthestates.org
www.realcostofprisons.org/
www.texasprisonbidness.org
www.fear.org

S 42/6

Abenteuer Leben bei rororo

Menschen, Schicksale, Geschichten

Gundis Zámbó
Mein heimlicher Hunger
Ich hatte Essstörungen und bin geheilt. rororo 62332

Ralph «Sonny» Barger
Hell's Angel
Mein Leben. rororo 61453

Marie Nejar
Mach nicht so traurige Augen, weil Du ein Negerlein bist
Meine Jugend im Dritten Reich
rororo 62240

Iris Alanyali
Die Blaue Reise
und andere Geschichten aus meiner deutsch-türkischen Familie
rororo 62134

Maren D.
Nur noch ein Mal
Als Drogenkurierin im härtesten Frauengefängnis Brasiliens. rororo 62377

Ronald Miehling mit Helge Timmerberg
Schneekönig
Mein Leben als Drogenboss
rororo 23712

Amon Barth
Breit
Mein Leben als Kiffer
Eine Jugend im Dauerrausch: «Ich bereue nicht die Erfahrungen, die ich gemacht habe, sondern dass ich meine Jugend versäumt und viele Erfahrungen nicht gemacht habe.» (Amon Barth)

rororo 62046

Weitere Informationen in der Rowohlt Revue *oder unter* www.rororo.de